新媒体·新传播·新运营 系列丛书

第2版 微课版

New Media

新媒体信息编辑

贾昆霖 胡婧◎主编

侯靖俊 程晓锦 林尤吉◎副主编

人民邮电出版社

北京

图书在版编目（ＣＩＰ）数据

新媒体信息编辑 ： 微课版 / 贾昆霖，胡婧主编. --
2版. -- 北京 ： 人民邮电出版社，2024.1（2024.8重印）
（新媒体·新传播·新运营系列丛书）
ISBN 978-7-115-63112-1

Ⅰ. ①新… Ⅱ. ①贾… ②胡… Ⅲ. ①新闻编辑
Ⅳ. ①G213

中国国家版本馆CIP数据核字(2023)第217387号

内 容 提 要

在内容与流量并重的新媒体时代，如何运用各种新媒体信息编辑手段吸引受众关注是新媒体编辑必备的能力与素质。本书理论与案例相辅相成，系统地介绍新媒体信息编辑的各种知识。本书共分为9 章，主要内容包括新媒体信息编辑概述，新媒体信息搜集，新媒体文案写作，新媒体图片编辑，新媒体图文排版，新媒体数据分析与可视化，新媒体音频编辑，新媒体视频编辑，以及新媒体 H5 页面设计等。

本书内容新颖，案例丰富，既适合作为高等院校新媒体类、新闻传媒类、市场营销类等相关专业的教学用书，也适合从事宣传、推广、营销活动的新媒体编辑人员、新媒体运营人员学习。

◆ 主　编　贾昆霖　胡　婧
　　副 主 编　侯靖俊　程晓锦　林尤吉
　　责任编辑　连震月
　　责任印制　王　郁　彭志环

◆ 人民邮电出版社出版发行　　北京市丰台区成寿寺路 11 号
　邮编　100164　电子邮件　315@ptpress.com.cn
　网址　https://www.ptpress.com.cn
　山东华立印务有限公司印刷

◆ 开本：787×1092　1/16
　印张：14.25　　　　　　　　2024 年 1 月第 2 版
　字数：346 千字　　　　　　2024 年 8 月山东第 2 次印刷

定价：49.80 元

读者服务热线：(010)81055256　印装质量热线：(010)81055316
反盗版热线：(010)81055315
广告经营许可证：京东市监广登字 20170147 号

前言
FOREWORD

在新媒体时代，人们的阅读习惯已经悄然改变，多数人不再满足阅读简单的图文信息，而是追求更加有趣、新鲜的内容。在接收信息时，人们并非只是单向地阅读新媒体平台上发布的内容，而更看重的是自己在信息传播过程中的参与感、存在感和成就感，这对新媒体编辑工作提出了更多、更高的要求。

新媒体编辑是新媒体环境下信息传播的重要角色，他们策划、编辑与发布内容，利用各种新媒体平台将信息传达给受众，这需要丰富的专业知识和敏锐的嗅觉，善于抓住受众的痛点和兴奋点，有针对性地制作出有价值、有吸引力的内容，促进信息的高效传播，推动社会的发展与进步。

作为新媒体编辑，如果只会单纯地写文章，而不会创新信息呈现的形式，那么自己发布的信息很可能被淹没在浩如烟海的信息海洋中。因此，如何高效地搜集有用信息，如何写出轻、快、准、深的新媒体文案，如何进行专业的图文排版，如何制作高品质的信息图表、音频、视频、H5 页面等，已经成为每个新媒体编辑迫切需要掌握的重要技能。

党的二十大报告指出，"教育、科技、人才是全面建设社会主义现代化国家的基础性、战略性支撑。必须坚持科技是第一生产力、人才是第一资源、创新是第一动力，深入实施科教兴国战略、人才强国战略、创新驱动发展战略，开辟发展新领域新赛道，不断塑造发展新动能新优势"。

为了帮助读者快速掌握新媒体信息编辑的方法与技能，编者策划并编写了《新媒体信息编辑》，受到广大院校师生和读者的一致好评。但是，市场处于不断发展变化中，新媒体行业也在不断发展与变化。为了紧跟时代的发展，更好地满足读者在当前环境下对新媒体信息编辑知识的需求，编者立足新发展阶段，贯彻新发展理念，结合新媒体领域新发展、新趋势，对第 1 版教材内容进行了全面修订。本次修订的主要内容如下。

● 根据市场发展变化，对第 1 版中的案例进行了全面更新，更新后的案例更新颖、更丰富，更能体现当前市场环境下新媒体信息编辑的特点。

● 新增了部分内容，包括新媒体宣传文案写作、新媒体平台文案写作、短视频与直播脚本写作、AI 写作、新媒体数据分析与可视化等，与时俱进，更符合新媒体发展趋势，学习价值更高。

● 新增了"素养目标""实训案例"等板块，让教师能够根据实际需求有针对性地开展教学实践，使学生加深对知识和技能的理解与掌握，既有利于学生拓展知识、发散思维，也便于教师开展素质教育，实现立德树人的教育目标，提高学生的综合素养。

　　与第 1 版相比，本版教材的内容更加新颖，更注重理论与实践的结合，突出时代性、实用性和科学性，内容更加充实、案例更加精彩，更有利于教师的课堂教学和学生对知识的吸收。

　　本书提供了配套的微课视频，读者使用手机扫描书中的二维码即可观看。此外，本书还提供了丰富的立体化教学资源，包括 PPT 课件、教学大纲、教案、课程标准等，教师可以登录人邮教育社区（www.ryjiaoyu.com）搜索本书书名下载获取。

　　本书由贾昆霖、胡婧担任主编，由侯靖俊、程晓锦、林尤吉担任副主编。由于编者水平有限，书中难免存在不足之处，恳请广大读者批评指正。

编　者

2023 年 11 月

目录
CONTENTS

第1章

新媒体信息编辑概述

知识目标

> 了解新媒体的概念、特点和类型。
> 了解新媒体的发展现状与未来趋势。
> 了解新媒体与传统媒体的区别。
> 了解新媒体信息编辑的特点和原则。
> 了解新媒体信息编辑的相关法规。
> 了解新媒体信息编辑从业人员的要求。

能力目标

> 能够充分认识新媒体信息编辑工作。
> 能够有意识地培养新媒体信息编辑的能力和素质。

素养目标

> 坚持科技创新，推动媒体融合高质量发展。
> 遵守行业法规，提高自律意识，加强自我管理。

移动互联网的发展不仅促进了报纸、电视等传统媒体的转型，也催生了微博、微信、直播、短视频等各种类型的新媒体。在新媒体迅速发展的今天，各个行业逐渐开始采用新的营销手段来扩大自身的影响力。本章将详细介绍新媒体的含义、特点、类型和新媒体信息编辑的特点、原则、相关法规，以及新媒体信息编辑从业人员的能力和素质要求，让读者对新媒体信息编辑建立一个初步的认知。

1.1 什么是新媒体

在移动互联网迅速发展的当下，新媒体作为一种新的媒体形态，极大地改变了人们的生活。它不仅对传统媒体造成了巨大的冲击，还为其他行业的发展提供了新的营销手段。

1.1.1 新媒体的概念

"媒体"一词是拉丁语"Medius"的音译，也常被译为"媒介"。广义的媒体，泛指人们用来传递信息与获取信息的工具、渠道、载体、中介物或技术手段；狭义的媒体，则指传统的四大媒体，即电视、广播、报纸和杂志，它们是早期的媒体形态。那么，究竟什么是新媒体呢？目前，业界分别从狭义和广义两个角度对新媒体做出了定义。

从狭义上讲，新媒体是指继报纸、广播、电视等传统媒体之后，于最近几年发展起来的一种新的媒体形态，主要包括网络媒体、手机媒体、数字电视等。

从广义上讲，新媒体是指在各种数字技术和网络技术的支持下，通过计算机、手机、数字电视等各种网络终端，向受众提供信息和服务的数字化媒体形态。

与传统媒体相比，新媒体更偏重为受众提供个性化的服务。新媒体在注重个性化的同时，也为传播者和受众提供了一个可以交流的平台，如微博、微信等。

无论从何种角度来定义新媒体，其概念总是会围绕以下3个方面来进行界定。

（1）从时间的角度来说，新媒体起源于信息技术高速发展的时代，具有时代特色，发展时间较短。新媒体的概念一直随着信息技术、数字技术的发展而不断地自我更新与演化，所以新媒体所涵盖的范围也在朝着多样化领域发展。新媒体在时间上是一个相对的概念，只有与传统媒体相对比，才能凸显新媒体的"新"。

（2）新媒体的界定离不开数字技术，而与数字技术相对的是模拟技术。换句话来说，新媒体信息传播的方式与传统媒体信息压缩、传递、解压的方式有所不同。

（3）提到新媒体必然离不开互联网，而互联网是典型的互动性交流方式，所以新媒体的传播者与受众之间不仅可以信息共享，还可以互动交流。

1.1.2 新媒体的特点

随着新媒体的不断发展，其呈现的形式逐渐向自媒体方面发展，微博、微信、短视频等逐渐成为新媒体的主要表现形式。新媒体主要具有以下特征。

1. 信息的双向传播

在新媒体中，信息是双向传播的。新媒体改变了传统媒体"传播者单向发布信息，受众被动接受信息"的状态，每个受众既是信息的接受者，又可以成为信息的传播者。这样就增强了信息的互动传播，提升了信息的传播效果。

2. 多元化的传播内容

新媒体在传播内容上呈现出多元化的特点，受众可以发布文字、图片、视频等多种形式的内容。新媒体传播内容的多元化增加了传播内容的信息量，同时也在一定程度上拓展传播内容的深度和广度。

3. 受众传播行为个性化

通过分析微博、微信等新媒体的表现方式可以发现，在当前的新媒体环境下，每一个人既可以是信息的接收者，也可以是信息的传播者。无论是作为信息的传播者，还是信息的接收者，人们都可以自由地发布个性化的观点、信息等。

4. 信息传播与接收的移动化

移动互联网的发展大大促进了新媒体的发展。在移动互联网技术的支持下，受众在接收信息时带有明显的移动化特性，从而摆脱了固定场所对信息传播和接收的限制。

5. 信息传播与接收的实时性

在互联网技术的支持下，新媒体的信息传播速度比传统媒体的传播速度要更加迅速，新媒体能够让受众实时接收信息，还可以让受众对接收的信息做出实时反馈。

1.1.3 新媒体的类型

由于划分标准不统一，因此目前业界对新媒体的分类并没有硬性的规定。就当前新媒体行业的发展状况来说，具有代表性的新媒体有数字电视、移动数字电视、IPTV、微博、微信、网络直播、短视频等类型。

1. 数字电视

数字电视是指音频、视频信号从编辑、制作到信号传输，直至接收和处理均采用数字技术的电视系统。如果按信号传输方式进行分类，数字电视可以分为3类，如图1-1所示。

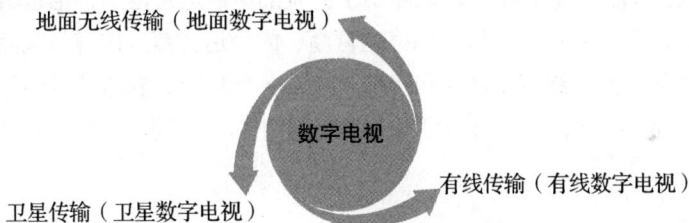

图 1-1　数字电视的类型

与原来的模拟电视相比，数字电视主要具有以下优势：具有更清晰的电视画面，其画面的清晰度可与DVD相媲美；采用数字技术，伴音效果更加逼真；数字电视受其他电器的干扰更小，画面更加稳定；数字电视的扩展功能更多，如扩展上网、点播等功能。

2. 移动数字电视

移动数字电视就是可以在移动状态下收看的电视，是全新概念的信息型户外移动数字电视媒体，也是传统电视媒体的延伸。移动数字电视采用了先进的数字电视技术，通过无线发射、地面接收的方法进行电视节目传播，受众可以在任何安装了接收装置的移动载体中收看清晰的移动电视画面。当然，受众也能在非移动的情况下收看移动电视节目。

移动数字电视具有安装简便、覆盖面广泛、反应迅速、移动性强等特点。移动数字电视除了具有传统媒体宣传和欣赏功能外，还承担着发布城市应急预警、交通、食品卫生、商品质量等信息的重任。移动数字电视一般出现在公交车或地铁上。图1-2所示为公交车上的移动数字电视。

3. IPTV

交互式网络电视（Internet Protocol Television，IPTV）是一种集互联网、多媒体、通信等技术于一体，向受众提供包括数字电视在内的多种交互式服务的崭新技术。IPTV以机顶盒或其他具有音视频编码能力的数字化设备为终端，通过聚合服务提供商的各种流媒体服务内容和增值应用，为受众提供多种互动多媒体服务。互联网技术的迅速发展为IPTV产业的发展奠定了良好的基础，受众可以通过计算机、网络机顶盒搭配电视、移动终端来享受IPTV服务。

IPTV是互联网和传统电视的结合，不再以固有的传播者与受众的定位进行传播，而更偏重于二者之间的互动，以实现资源共享。IPTV的软件端界面如图1-3所示。

图1-2　公交车上的移动数字电视

图1-3　IPTV软件端界面

作为一种交叉型的新产业，IPTV既超出了传统的电信运营范围，也超出了传统的广电运营范畴。在IPTV的产业链条中，涉及网络运营商、内容运营商、内容供应商、设备提供商、软件供应商、系统集成商、终端生产商和终端受众等各个环节，涵盖节目制作、内容管理、接入及运营、IPTV设备终端，以及与IPTV相关的软件标准、硬件标准、网络安全、电视标准和增值服务等方面。

4. 微博

微博是一种以受众关系为基础、通过关注机制分享简短实时信息的广播式社交媒体平台，以文字、图片、视频等多种媒体形式实现信息的即时分享、传播和互动，受众可以通过PC、手机等多种终端接入平台。借助一对多的互动交流方式，以及快速、广泛传播的特性，微博已经成为企业开展营销推广的常用平台。图1-4所示为微博的关注页。

5. 微信

微信是一款为智能终端提供即时通信服务的免费应用程序，支持跨通信运营商、跨操作系统平台通过网络快速发送语音短信、视频、图片和文字等信息。

受众可以通过朋友圈发表文字、图片和视频，还可以通过其他软件将文章或者音乐分享到朋友圈。受众可以对好友发表的照片、视频等进行评论或点赞，其他受众只能看到共同好友的评论或点赞。

在微信中设有微信公众平台，为个人、企业和组织提供相关业务支持和粉丝管理服务。微信公众平台主要具有实时交流、消息发送和素材管理的功能，管理者可以与微信公众平台账号的粉丝进行实时交流，并对其进行分组管理，同时也可以使用高级功能对粉丝的信息进行自动回复。目前，微信公众平台已经成为各类企业开展营销推广的重要平台。图1-5所示为微信公众平台订阅号消息栏。

图1-4 微博的关注页

图1-5 订阅号消息栏

6. 网络直播

网络直播是一种新兴的网络社交方式，其利用现场直播的方式可以将产品展示、相关会议、网上调查、对话访谈、技能培训等内容发布到互联网上，借助互联网的传播速度快、交互性强、地域不受限、受众可划分等优势，达到推广宣传的目的。网络直播结束后，还可以随时为受众继续提供重播、点播等服务，有效地延长了网络直播的时间和空间范围。

网络直播可以分为两大类，即网络现场直播和网络互动直播。网络现场直播是指在现场随着事件的发生、发展进程同步制作和发布信息的方式，与电视直播方式相比，网络现场直播具有成本低廉、方便快捷、互动性强的特点。

网络互动直播主要由直播客户端、直播网页端及管理后台组成，利用互联网（或专网）和先进的多媒体通信技术在网上搭建一个集音频、视频、桌面共享、文档共享、互动环节于一体的网络直播平台，主播在该平台上在线与受众进行语音、视频、文字的全面互动交流。

7. 短视频

短视频一般是指在互联网上传播的时长在 5 分钟以内的视频。随着移动终端的普及和网络的提速，短视频凭借生产流程简单、制作门槛低、参与性强等特点逐渐获得了各大平台、粉丝和企业的青睐。随着"网红"经济的出现，一批优质原创内容制作者在短视频行业逐渐崛起。截至目前，短视频行业竞争已经进入白热化阶段，内容制作者也开始偏向专业运作。

1.1.4 新媒体的发展现状与未来趋势

随着网络技术的不断创新与发展，新媒体已经成为人们获取信息、交流思想的重要渠道。当前新媒体行业仍在快速发展，而且可以看出其未来的发展潜力仍然很大。

1. 新媒体的发展现状

新媒体的发展现状主要有以下体现。

（1）平台和内容多样化

新媒体平台从最初的博客、论坛、微博、微信等形式扩展到了短视频、直播等多种形式，各类平台同时存在，可以让受众更加便捷地获取信息，而且新媒体的内容变得越来越多元化，覆盖新闻、娱乐、体育、旅游、健康、科技、美食等诸多领域，可以满足不同受众的个性化需求。

（2）新媒体的受众数量庞大

随着信息技术的发展和新媒体工具的大量涌现，传统媒体和新媒体之间的界限被逐渐打破，使新媒体的受众不再是以年轻人为主，而是普及到各个年龄段。据统计，2022 年我国新媒体受众规模超 12 亿，移动端设备上网比例占绝大多数，这为新媒体的发展提供了广阔的市场空间。

（3）个性化推荐给新媒体传播带来重大变革

在新媒体时代，各项传播技术不断发展，算法推荐技术的运用直接推动平台型媒体的崛起，为新闻资讯行业带来了翻天覆地的变化。算法推荐技术抛弃了传统人工选择、推送新闻内容的方式，而是采用内容算法和协同过滤算法进行信息的调取、过滤、聚合与分发，极大地提高了内容分发的效率，同时可以更加精准地针对受众群体推送丰富多彩的内容，实现普惠更广泛、消费更便捷的受众体验。

（4）盈利模式变得更多元化

在新媒体时代，在线广告、内容付费等传统盈利模式依然存在，而随着新媒体数据的不断积累和人工智能（Artificial Intelligence，AI）技术的飞速发展，新的盈利模式不断出现，如基于数据分析的个性化服务、移动端的话题营销、短视频与直播电商等。

2. 新媒体的发展趋势

随着新媒体技术的发展，新媒体的发展主要有以下趋势。

（1）内容生产更加垂直细分

在未来，新媒体的内容生产类型会持续多元化，内容制作者要在具体实践中不断提升新媒体内容的创新能力，积极开拓垂直领域，提高内容细分程度，以满足受众多样化的需求。

（2）新媒体产业数字化趋势明显

新媒体产业将积极推进数字化改造，提高数字经济比重，其产业数字化趋势明显。首先，新媒体内容的策划、采编、发布将迈向集云计算、大数据、5G 技术于一体的全周期升级，同时打造贴合业务流程与应用场景的 AI 中台架构；其次，新媒体行业不断整合互联网思维，推动传统广告模式朝着电商广告、信息流广告等以流量转化为导向的广告经营新模式发展。

（3）继续推进媒体融合发展

媒体融合是在新的传播技术的推动下，传统媒体和新媒体不断走向合作，利用各自的传播优势相互取长补短，达到最大的信息传送能力和最强的广告售卖能力。

媒体融合的趋势主要表现在3个方面，一是媒体融合在传播方式上可以实现多媒体传播，做到图文声像并存；二是传统媒体利用新媒体传播、接收、储存、检索都极其便捷；三是传统媒体经营可以充分利用新媒体的商业模式。

1.1.5　新媒体与传统媒体的区别

新媒体与传统媒体是一组相对概念，两者在传播方式、传播内容与传播效果等方面有一定的区别。

1. 传播方式的区别

在传播方式上，新媒体与传统媒体的区别主要表现在以下2个方面。

（1）信息传播的实时性与滞后性

在传统媒体中，一条信息的传播通常需要经历发现、发布、传播、接收等各个环节，这需要花费较长的时间，而且其中任何一个环节发生意外都可能影响整个信息的传播进程，这样就会降低信息传播的实时性。

而新媒体依靠的是数字化技术，信息的传播不会受到太多实物的制约。例如，在网络上发布一条信息的速度要比在报纸或电视媒体上发布一条信息的速度快得多。

（2）信息的单项传播与多维度传播

在传统媒体中，信息的传播通常是单向传播，即信息被附着在某种载体上，然后再传播出去。对于受众来说，他们没有传播信息的载体，所以只能接收信息，很难对信息做出反馈。因此，从某种意义上来说，在信息的传播过程中，受众多数时间是在接收信息。

而对于新媒体来说，其信息的传播是多维度的。例如，普通人同样具有使用信息传播载体（如网络）的权利。一旦信息从网络上传播出去，任何人都可以在网络上对其做出反馈。这种反馈并非是一对一的双向交流，而是一对多的散射式交流。

2. 传播内容的区别

在传播内容上，新媒体与传统媒体的区别主要表现在传播信息量上。

基于新媒体在信息传播方式上具有多维度和实时性的特点，决定了新媒体所能传播的信息量要比传统媒体多得多，这主要是因为新媒体的受众更加广泛，人们在新媒体上发布信息的自由度更高。当更多的人使用新媒体这种传播方式并且可以在比较小的限制范围内自由地发布信息时，新媒体所能传播的信息量是非常大的。因此，受众每天都可以在微博、微信、抖音、快手等新媒体平台上看到图文、视频等各种各样的信息，而传统媒体则很难一次性传播如此多的信息。

此外，在信息传播的过程中，新媒体所带来的传播内容也是多方面、多角度的，除了媒体官方渠道发布的信息，普通民众的想法和意见也能成为信息的一部分。

3. 传播效果的区别

从传播效果的角度来说，新媒体与传统媒体在传播率、受众的参与程度以及影响力3个方面存在着一定的区别。

（1）传播率

如今新媒体的使用已经比较普及，通过新媒体进行传播的传播率要远远高于传统媒体。受众可以随时随地共享信息，并发表自己的观点和看法，是新媒体高传播率的一种表现。

（2）受众的参与程度

在媒体传播信息的过程中，受众的参与程度是反映信息传播效果的一个重要体现。如果受众广泛参与了某条信息的传播，那么这条信息的影响范围将会扩大。

新媒体具有信息传播实时性的特点，也就具有更为广泛的受众群体，且受众可以很便捷地参与信息的传播过程，这就决定了在新媒体信息的传播过程中受众的参与程度会更高。

（3）影响力

新媒体信息的流动性强，覆盖面积比传统媒体信息更广，所以有着更大的影响力。新媒体信息的影响力得益于其高传播率和较高的受众参与程度，同时新媒体信息更符合碎片化时代个性化、实时性的信息需求，所以比传统媒体信息更容易影响受众，其受众黏性更强。

1.2 新媒体信息编辑

新媒体的特殊性决定了新媒体信息编辑的特殊性与重要性。下面将从宏观角度介绍新媒体信息编辑的特点和原则，以及新媒体信息编辑的相关法规。

1.2.1 新媒体信息编辑的特点

在以信息技术为基础的移动互联网模式下，新媒体对传统媒体产生着越来越深刻的影响。随着信息技术的飞速发展，新媒体信息编辑越来越具有时代性。具体来说，新媒体信息编辑具有以下特点。

1. 内容图形化、互动性强

与使用纸质图书进行阅读这种静态沉浸式的阅读模式不同，使用计算机和移动终端阅读信息是一种交互式阅读模式，受众需要一步步自行选择自己的阅读内容。在设置新媒体内容时，要对内容的打开速度进行测试，保证其打开速度在受众可接受的时间范围内。

此外，为了最大限度地吸引受众的注意力，降低受众在阅读过程中跳出的可能性，新媒体平台越来越喜欢设计和发布更轻松、更强调趣味性、更具互动性的内容，所以制作图形化文章、短视频、交互式 H5 页面等阅读载体成为新媒体从业者必须要掌握的新技能。

2. 适用于移动终端

随着移动终端的广泛普及，很多人已经习惯了使用移动终端来完成诸如工作交流、邮件收发、内容制作等原来必须依靠计算机才能完成的工作。同时，人们开始利用碎片化时间进行阅读，在公交、地铁、餐厅、会议等各种场合，只要有碎片化时间，人们就会通过移动终端阅读各类信息。

进入移动阅读时代后，虽然移动终端屏幕越来越大，但其仍然无法与计算机屏幕相比。如果一条信息不能在移动终端屏幕的首页上得到展示，那么这条信息获得关注的可能性就会很小。

这就强化了内容对显示空间的争夺，谁能尽可能多地占据移动终端屏幕的首页显示位置，谁就能获得更多的曝光量，谁就能获得更好的宣传效果。

3. 强调参与感

在很早以前，电视综艺节目是先录制再定期播放，受众只能观看节目。后来开始出现直播类型的节目，节目现场的受众可以参与节目互动。再后来，节目场外的受众也被允许参与节目互动中，最开始是受众可以通过拨打热线电话来参与互动或发表意见，但这也只是少数人可以参与。

到了短信时代，受众可以使用移动终端发送短信参与节目互动。而到了互联网时代，越来越多的人更愿意在网络上观看综艺节目，因为这样可以对节目进行在线点赞、评论和分享。随着弹幕技术的出现，在线观看节目的受众所发表的弹幕甚至可以成为节目内容的一部分，此时普通受众在节目中的参与感得到了最大的体现。

因此，在当前受众追求参与感的环境下，如果媒体上的内容无法为受众提供参与感，那么这样的媒体很可能会逐渐被受众抛弃。

1.2.2　新媒体信息编辑的原则

进入互联网时代后，新的"新媒体"层出不穷，人们关于新媒体的理论研究成果也一直在深化。虽然各个新媒体平台在信息发布和编辑的方向上有所不同，也没有明确的编辑规则，但对于整个新媒体行业来说，其信息编辑仍体现出以下基本原则。

1. 针对目标受众的特征进行信息编辑

每一种新媒体在组织内容之前，需要确定自己所面对的目标受众是谁，自己的目标受众有何特点，这样才能让自己所发布的信息更具针对性，才能让信息更好地满足受众的需求。

2. 针对新媒体的自身风格进行信息编辑

每一种类型的新媒体都会有不同的风格，所以在进行新媒体信息编辑时需要考虑不同的信息编辑风格。

人们之所以愿意接受一种新媒体的影响，就是因为其认可该新媒体所传递的信息内容，认可该新媒体所形成的媒体形象。因此，新媒体要注意打造具有独特风格的媒体形象，并根据自身的媒体形象进行信息的组织和内容发布，从而提升其公信力和流量转化率。

1.2.3　新媒体信息编辑的相关法规

与新媒体信息编辑相关的法规主要有《互联网新闻信息服务管理规定》《互联网新闻信息服务许可管理实施细则》《关于加强"自媒体"管理的通知》等。

《互联网新闻信息服务管理规定》中明确指出，新闻信息有约定的范围，目前主要限制的是政治、经济、军事、外交等社会公共事务的报道、评论，以及有关社会突发事件的报道、评论。非公有资本投资的媒体可以涉足娱乐、体育等报道领域，但不能采写时政类新闻。任何单位和用户都不得制作、复制、发布、传播法律和行政法规禁止的信息内容。需要强调的是，作为互联网平台，需要承担审核平台账号的开设信息、服务范围等主体责任。

根据《互联网新闻信息服务许可管理实施细则》中的规定，互联网新闻信息服务包括互联网新闻信息采编发布服务、转载服务和传播平台服务。其中，互联网新闻信息采编发布服务是指对新闻信息进行采集、编辑、制作并发布的服务，转载服务是指选择、编辑并发布其他主体已发布新闻信息的服务，传播平台服务是指为用户传播新闻信息提供平台的服务。获准提供互联网新闻信息采编发布服务的，可以同时提供互联网新闻信息转载服务。获准提供互联网新闻信息传播平台服务，拟同时提供采编发布服务、转载服务的，应当依法取得互联网新闻信息采编发布、转载服务许可。按照此规定，未获得许可的自媒体（如微信公众号）不仅不能发布新闻信息，还不能转载和传播新闻信息。

《互联网新闻信息服务管理规定》和《互联网新闻信息服务许可管理实施细则》压缩了网络不实信息的生存空间，能有效惩治"标题党"、网络谣言、侵犯著作权等乱象。

由于新媒体监管涉及的对象数量庞大、管理难度较大，主管部门不一定会直接监管某个自媒体，而是通过监管自媒体平台来实现。

此外，《互联网新闻信息服务管理规定》还对互联网新闻信息服务提供者及其从业人员非法牟利做出了禁止性规定，针对社会上出现的一些非法网络公关等现象予以明确禁止，要求互联网新闻信息服务提供者及其从业人员不得通过采编、发布、转载、删除新闻信息，干预新闻信息呈现或搜索结果等手段谋取不正当利益。

2023年7月10日，中华人民共和国国家互联网信息办公室（以下简称"国家网信办"）发布了《关于加强"自媒体"管理的通知》，其内容要点如表1-1所示。

表1-1 《关于加强"自媒体"管理的通知》内容要点

维度	要点	主要内容
注册"自媒体"账号的注意事项	严防假冒仿冒行为	强化注册、拟变更账号信息、动态核验环节账号信息审核，有效防止"自媒体"假冒仿冒行为
	强化资质认证展示	对从事金融、教育、医疗卫生、司法等领域信息内容生产的"自媒体"，网站平台应当进行严格核验，并在账号主页展示其服务资质、职业资格、专业背景等认证材料名称，加注所属领域标签
保证内容真实性	规范信息来源标注	"自媒体"在发布涉及国内外时事、公共政策、社会事件等相关信息时，网站平台应当要求其准确标注信息来源，发布时在显著位置展示
	加强信息真实性管理	"自媒体"发布信息时，网站平台应当在信息发布页面展示"自媒体"账号名称，不得以匿名用户等代替。"自媒体"发布信息不得无中生有，不得断章取义、歪曲事实，不得以拼凑剪辑、合成伪造等方式，影响信息真实性
	加注虚构内容或争议信息标签	"自媒体"发布含有虚构情节、剧情演绎的内容，网站平台应当要求其以显著方式标记虚构或演绎标签
	完善谣言标签功能	涉公共政策、社会民生、重大突发事件等领域谣言，网站平台应当及时标记谣言标签，在特定谣言搜索呈现页面置顶辟谣信息
规范"自媒体"账号运营管理	规范账号运营行为	严禁个人或企业操纵"自媒体"账号矩阵发布传播违法和不良信息

维度	要点	主要内容
规范"自媒体"账号运营管理	明确营利权限开通条件	"自媒体"申请开通营利权限的，需 3 个月内无违规记录。账号主体变更的，自变更之日起 3 个月内，网站平台应当暂停或不得赋予其营利权限
	限制违规行为获利	网站平台对违规"自媒体"采取禁言措施的，应当同步暂停其营利权限，时长为禁言期限的 2 至 3 倍
	完善粉丝数量管理措施	"自媒体"因违规行为增加的粉丝数量，网站平台应当及时核实并予以清除。禁言期间"自媒体"不得新增粉丝
	加大对"自媒体"所属 MCN 机构管理力度	网站平台应当健全 MCN 机构管理制度，对 MCN 机构及其签约账号实行集中统一管理。在"自媒体"账号主页，以显著方式展示该账号所属 MCN 机构名称
出现违规行为时如何处理	严格违规行为处置	网站平台应当及时发现并严格处置"自媒体"违规行为。对制作发布谣言，蹭炒社会热点事件或矩阵式发布传播违法和不良信息造成恶劣影响的"自媒体"，一律予以关闭，纳入平台黑名单账号数据库并上报网信部门
	强化典型案例处置曝光	网站平台应当加强违规"自媒体"处置和曝光力度，开设警示教育专栏，定期发布违规"自媒体"典型案例，警示"自媒体"做好自我管理

1.3 新媒体信息编辑从业人员的要求

目前，新媒体行业发展迅速，且更新迭代快，对行业从业人员的能力和素质也不断地提出新的要求，但总体来说，新媒体行业对从业人员的能力和素质要求主要包括以下方面。

1. 敏锐的网络感

网络感是指从业人员对网络的一种感觉，即从业人员要对网络信息有很强的敏感度，能够准确地把握受众关注的方向及网络信息的发展趋势，每天都能从海量的信息中捕捉到网络舆论的焦点，从中精准地找到可以引发受众热议的信息，并创造话题引发广泛讨论。

网络感并非是一朝一夕就能自动形成的，个人的思维方式、兴趣爱好、学习能力等都会影响到网络感的培养和形成。因此，在日常生活中，从业人员应该注意培养自己积极动脑、主动深究问题的习惯，并在学习中积极地总结经验。

2. 基本的文字表达能力

在新媒体运营中，"内容为王"是关键。在这个信息爆炸的时代，任何人都可以发出属于自己的声音。如果从业人员观察事物的角度足够巧妙，观点足够犀利，就能写出具有鲜明个人特色的、原创性的、有干货的文章，就很容易引起受众的关注。任何不具备内容创作能力，且只会抄袭或改编他人原创内容来冒充是自己原创作品的人，只能成为他人信息的"搬运工"，无法为自己的账号吸引更多的流量。

3. 带有创意的策划能力

当前，很多新媒体平台上的账号之所以备受欢迎，就是因为他们总能创作出颇具创意的内容。作为从业人员，要想打造独具特色的品牌，创意是必不可少的一个重要因素。只有不断地给受众创造惊喜、不断地提供讨论话题、不断给受众创造价值，才能吸引受众长久关注。在这个"人人都是自媒体"的时代，光有创意还是远远不够的，从业人员还要具有将创意转化为操作方案的策划能力。

4. 洞察受众心理的能力

受众群体细分化是新媒体时代的一个基本特征。在新媒体运营过程中，从业人员会逐渐发现即使自己发表的言论非常理智、中肯、客观，也无法让所有的人都信服；即使自己的文章风趣幽默，也会有人不喜欢，而且喜欢与不喜欢的人往往会形成非常分明的阵营。从业人员无法赢得所有人的喜欢，但能够选择一个目标群体来进行重点经营。因此，一名优秀的从业人员应该具备洞察目标受从心理的能力。

5. 人际沟通的能力

新媒体运营不是一项独立的工作，而是需要各个部门的通力合作，因此各个部门之间需要进行有效的沟通。一方面，从业人员需要做好内部沟通，能够将产品需求、设计需求、文案需求、客户数据等信息准确地传递给各个部门；另一方面，从业人员还要做好客户的沟通工作，随时了解客户的需求并收集客户的反馈意见或建议。

6. 数据分析能力

大数据技术为新媒体产业的发展提供了新的技术支持。具体来说，大数据分析对新媒体信息编辑的价值主要体现在 4 个方面：分析并掌握市场动态，帮助从业人员把握市场变化；分析受众行为特征，帮助从业人员寻找高价值的优质客户；挖掘受众需求，为制订具有针对性的营销计划提供数据支持；检测新媒体平台上账号的运营情况，加强运营管理。因此，从业人员需要懂得基本的数据分析，会使用 Excel 或其他一些更专业的数据分析工具进行数据总结、数据预设等处理。

虽然目前各个平台都为受众提供了强大的数据分析工具，如百度指数、微信指数、淘宝指数、头条指数等，且它们都为受众提供了非常直观的数据表现，但是数据单纯地放在那里是没有太大意义的，只有通过数学模型和比例关系将它们整合到一起，才能让这些数据充分地发挥作用。这些数据并不是孤立的，而是相辅相成的，只有学会分析数据，才能真正地了解这些数据背后所代表的信息。

7. 学习新知识，快速接受新事物的能力

新媒体的表现形式日新月异，从业人员必须能够随时随地接受新鲜事物，能够熟练地运用各种新媒体平台，如抖音、快手等各类 App，并结合这些 App 的特点开展有效营销。

8. 运用各类新媒体工具的能力

所谓"工欲善其事，必先利其器"，从业人员还需要熟练使用一些信息编辑工具。从寻找热点、构思选题到图文排版、制作音频和视频，从业人员应该熟悉每个环节可用的工具及其使用方法，这样才能高质量、高效率地完成各项工作。

实训案例

请说出如图 1-6 所示的微博文案分别展现了新媒体信息编辑的什么特点？从哪里可以体现出来？

图 1-6　微博文案

课后思考

1. 简述新媒体的特点。
2. 简述新媒体的发展现状与未来趋势。
3. 简述新媒体信息编辑的原则。
4. 新媒体行业对从业人员有哪些能力和素质要求？

第 2 章

新媒体信息搜集

知识目标

➤ 了解搜索引擎技术、网络爬虫技术和 AI 技术。

➤ 了解新媒体信息搜集渠道与工具。

➤ 掌握文件分类管理的方法。

➤ 了解文件管理和搜索工具。

能力目标

➤ 能够运用信息搜集工具采编信息。

➤ 能够准确甄别数据信息的可靠性。

➤ 能够根据需要对文件进行分类管理。

素养目标

➤ 构建新一代信息技术、AI 增长引擎，建设数字强国。

➤ 提升信息搜集与甄别能力，坚决抵制虚假信息。

信息搜集是指通过各种方式获取所需要的信息的过程。信息搜集是信息得以利用的第一步，也是关键的一步。信息搜集工作的好坏直接关系到整个信息运用于管理工作的质量。本章主要介绍信息搜索技术、新媒体信息搜集的渠道和工具，以及文件管理与搜索的方法。

2.1 信息搜索技术

随着互联网技术的迅猛发展，网络信息量急剧增加，用户想要在信息海洋里查找自己所需的信息，有时就像大海捞针一样，而信息搜索技术的出现恰好解决了这一难题。用户可以借助该技术使用合适的搜索工具，运用一定的搜索方法，从信息集合中快速找出自己所需要的信息。

2.1.1 搜索引擎技术

随着互联网的发展壮大，人们获取信息的传统途径逐渐被网络所替代。互联网发展初期，人们主要通过浏览门户网站获取所需的信息，但随着网络环境的发展，采用这种方式寻找自己所需的信息变得越来越困难。目前，人们通常利用搜索引擎来获取有用信息，所以搜索引擎技术的发展直接影响着人们获取所需信息的速度和质量。

1. 搜索引擎分类

目前，我国主要的搜索引擎工具有百度搜索、搜狗搜索、360 搜索、神马搜索、必应、夸克等。搜索引擎按其工作方式主要分为全文搜索引擎、目录索引类搜索引擎和元搜索引擎。

（1）全文搜索引擎

全文搜索引擎是名副其实的搜索引擎，其工作原理是利用互联网上提取的各个网站信息（以网页文字为主）建立数据库，从中检索与用户查询条件相匹配的信息，然后按一定的排列顺序将结果呈现给用户。

全文搜索引擎又可细分为两种，如图 2-1 所示。

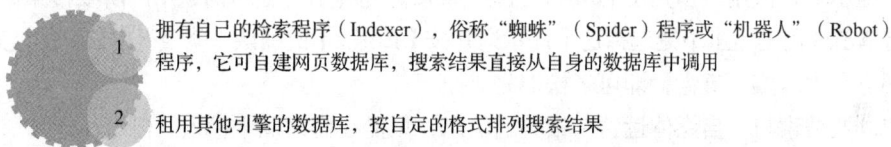

1 拥有自己的检索程序（Indexer），俗称"蜘蛛"（Spider）程序或"机器人"（Robot）程序，它可自建网页数据库，搜索结果直接从自身的数据库中调用

2 租用其他引擎的数据库，按自定的格式排列搜索结果

图 2-1　全文搜索引擎的类型

（2）目录索引类搜索引擎

与全文搜索引擎不同的是，目录索引类搜索引擎的索引数据库是由编辑人员建立起来的。编辑人员在访问过某个 Web 站点后，根据一套自定的评判标准及主观印象做出对该站点的描述，并根据站点的内容和性质将其归为一个预先设好的类别，将其分门别类地存放在相应的目录中。用户在搜索信息时既可以通过关键词搜索，也可以按分类目录逐层搜索。

由于目录索引类的索引数据库是依靠人工来评价一个网站内容的，所以用户从目录搜索到的结果往往比全文搜索到的结果更具有参考价值。实际上，目前很多的搜索引擎都同时提供目录索引和全文搜索的搜索服务，尽可能为用户提供更全面的查询结果。

（3）元搜索引擎

元搜索引擎是将用户提交的搜索请求发送到多个独立的搜索引擎，然后将搜索结果进行集中统一的处理，再以统一的格式返回给用户，因此它有"搜索引擎之上的搜索引擎"之称。元搜索引擎将主要精力放在提高搜索速度、智能化处理搜索结果、个性搜索功能的设置和用户搜索界面的友好性等方面，其查全率和查准率相对较高。

元搜索引擎的特点是本身并没有存放网页信息的数据库，当用户搜索某个关键词时，它将用户的搜索请求转换成其他搜索引擎能接受的命令格式，通过访问多个搜索引擎来搜索该关键词，然后将这些搜索引擎返回的结果经过处理后再返回用户。在搜索结果排列方面，有的是按信息来源排列搜索结果，有的则是按搜索引擎自定的规则排列搜索结果。

2. 搜索引擎的基本构成

搜索引擎主要由 Spider 搜索模块、索引模块和检索模块 3 部分构成。

Spider 搜索模块是一个特殊的 Web 客户端程序，会定期对互联网中一定范围内的网站进行访问，一旦发现网站更新或出现新的网站，就会自动提取网站信息和网址并将其加入到自己的数据库中；索引模块是一个庞大的数据库，将 Spider 提取的网站信息放入索引模块中建立资源数据库；检索模块是一个匹配程序，它会根据用户输入的查询条件搜索资源数据库中的信息，然后将相关信息按查询相似性的降幂顺序进行返回。

Spider 搜索模块一般要定期访问以前搜集到的网站，刷新资源数据库，以及时反映网站信息的更新情况并去除死链接，其信息的部分内容和变化情况也将会反映到用户搜索的结果中。

3. 百度搜索引擎应用分析

打开百度首页，首先映入眼帘的是位于页面中间的搜索框，这个看似简单的搜索框是实现搜索任务、获得所需信息的重要途径。为了减少不必要的反复搜索行为，如何正确使用搜索框是用户急需学习的。

（1）搜索框设置

在搜索框中输入文字或拼音，百度会根据输入的内容自动在搜索框下方实时展示最符合搜索条件的提示词，供用户多角度思考和选择。如果百度展示的提示词是用户所要搜索的，那么用户只需单击或用键盘上下键选择这个提示词并按【Enter】键确认，就会得出该词的搜索结果。用户不必再费力地敲打键盘，即可轻松地完成搜索。

例如，要搜索与"自媒体运营"相关的信息，只需在搜索框中输入"自媒体运营"这5个字，就会立刻看到搜索框下方出现"自媒体运营主要做什么""自媒体运营师证书""自媒体运营从入门到精通""自媒体运营培训"等提示词，如图 2-2 所示，用户只需单击需要的提示词就会出现相关搜索结果，从而节省了搜索时间，提高了搜索效率。

图 2-2　在百度搜索框中输入搜索词后出现的提示词

如果用户输入的是拼音，在百度搜索框中会提示用户最符合要求的汉字。例如，输入"zimeiti"，在搜索框中会显示"自媒体是什么""自媒体运营是做什么的"等提示词。不仅如此，即使用户不小心输入了错别字，百度也会提示正确的输入词。总之，搜索框提示词的设置无疑为用户对未知事物或已知世界进行相关问题的思考提供了省时、省力的搜索帮助。

（2）初级搜索

在百度首页的搜索框中输入关键词后，搜索结果中既有用户心目中想找的结果，同时也出现了其他意想不到的内容。这是因为百度拥有搜索分词功能，当用户输入关键词进行搜索时，它会自动将关键词分为若干个词，所以在搜索结果中必然会有许多用户不需要的信息。

为了使搜索结果更加精准，用户可以通过添加书名号的方式让百度将输入的关键词识别为一个词。单击"百度一下"按钮，得到的相关搜索结果相较于前面的搜索结果，冗余信息就会少得多，大大提高了搜索的准确性。

使用搜索引擎利用关键词进行搜索时，还可以运用逻辑关系对关键词进行限定，从而进行精准搜索。例如，在百度搜索引擎的搜索框中输入"小米"，得到的相关搜索结果既有与粮食小米有关的结果，也有与"小米"电子产品有关的结果。若在"小米"后加一个空格再输入"食物"进行搜索，就会得到作为食物食用的小米的相关搜索结果，去除了许多关于"小米"电子产品的信息。当然，还可以对"小米"进行更加细致的限制，比如进一步搜索"白小米 食物"，这样就会得到更多与"白小米"相关的搜索结果。

对搜索过程进行分析，用户可以得出这样的结论：搜索信息的用户所掌握的信息越详细，得到的搜索结果就越接近心目中的目标。因此，在搜索信息时，用户可以使用加以限定的关键词进行搜索，这样能够有效地避免二次、三次甚至多次搜索，不仅大大提高了人工筛选的速度，还能获得较为精准的信息。

除此之外，还有一种方法可以让用户简单地通过关键词获得较为精准的信息——要求搜索结果中不含特定的关键词，即若在已得的搜索结果中有某一类网页是用户不需要的，而且这些网页都包含某些特定的关键词，那么用减号语法就可以筛选所有这些含有特定关键词的网页。

除了减号指令外，在搜索文本信息时还可以使用一些其他指令，使搜索结果更精确。这些常用的指令如表2-1所示。

表2-1 搜索文本信息时常用的指令

指令	指令作用	使用方法	使用示例
双引号（""）	表示完全匹配搜索，将搜索内容放入双引号中，搜索结果页面中将会显示与双引号中所有词语完全匹配的信息，连词语的顺序也完全匹配	引号+搜索内容	"工欲善其事，必先利其器"
site	在某个特定的网站上搜索信息	搜索内容+空格+site+冒号+网站域名	2023年北京市平均工资 site:www.xxx.com
filetype	搜索特定格式的文件，如PDF、JPG、DOC、XLS等格式	搜索内容+空格+filetype+冒号+文件格式	考勤表 filetype:XLS
书名号（《》）	搜索与某本书籍或某部电影相关的内容	书名号+搜索内容	《新媒体信息编辑》

（3）高级搜索

前面介绍的通过加限定词来增加或减少搜索限制和使用引号标记添加搜索限制的方法，都只是提升搜索效率的简单技巧，而如何实现一站式搜索，瞬间满足自己的搜索需求，就需要用户对搜索引擎进行更深入的了解和研究。

下面仍以百度搜索为例进行介绍，在百度搜索框右侧的"设置"列表中选择"高级搜索"选项（见图2-3），即可进入更为详细的关键词搜索页面，如图2-4所示。

图2-3 "设置"的下拉列表

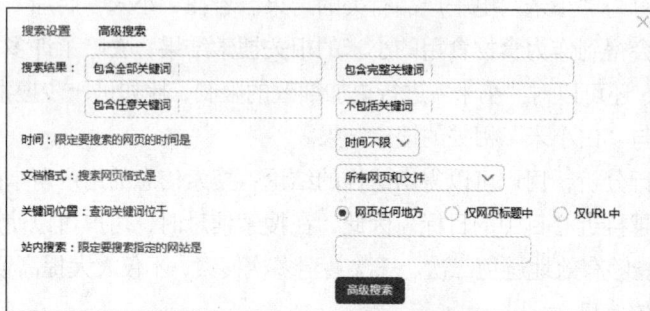

图2-4 "高级搜索"页面

在"高级搜索"页面中，共有4个相关关键词搜索的搜索选项。

- 设置"包含全部关键词"搜索条件后，最终得到的搜索结果与不输入限制条件得到的搜索结果是一样的。也就是说，它与使用百度首页搜索框得到的搜索结果相同。

- 设置"包含完整关键词"搜索条件后，百度则会根据用户设置的搜索条件对搜索结果进行区分。

- 设置"包含任意关键词"搜索条件后，百度可以让用户找到任何一个与输入关键词相关的页面（该页面至少与一个关键词相关，但不一定与全部关键词相关）。

- 设置"不包括关键词"搜索条件后，百度则可以排除所有与用户输入的不希望包含的关键词相关的页面，从而自动去除用户不想要的页面。

2.1.2 网络爬虫技术

网络爬虫是一个功能非常强大的自动提取网页的程序，作为搜索引擎的重要组成部分，其可以为搜索引擎从万维网下载网页信息。网络爬虫通过请求站点上的 HTML 文档访问某一站点，遍历 Web 空间，不断从一个站点移到另一个站点，自动建立索引，并将其加入网页数据库中。

网络爬虫进入某个超级文本时，利用 HTML 语言的标记结构来搜索信息并获取指向其他超级文本的 URL 地址，其可以完全不依赖用户干预实现网络上的自动"爬行"和搜索。网络爬虫在搜索时往往采用一定的搜索策略，包括深度优先搜索策略、宽度优先搜索策略及聚焦搜索策略。

1. 深度优先搜索策略

深度优先搜索是在开发网络爬虫早期使用较多的方法，目的是要达到被搜索结构的叶结点（不包含任何超链接的 HTML 文件）。在一个 HTML 文件中，当一个超链接被选择后，被链接的 HTML 文件将执行深度优先搜索，即在搜索其余的超链接之前，必须先完整地搜索单独的一条链。深度优先搜索沿着 HTML 文件上的超链接走到不能再深入为止，然后返回某一个 HTML 文件，再继续选择该 HTML 文件中的其他超链接，当不再有超链接可以选择时，说明搜索已经结束。

深度优先搜索的优点是能遍历一个 Web 站点或深层嵌套的文档集合，其缺点是 Web 结构相当深，有可能会出现一旦进去就再也出不来的情况。

2. 宽度优先搜索策略

在宽度优先搜索中，网络爬虫先搜索完一个 Web 页面中所有的超链接，然后继续搜索下一层，直到底层为止。例如，一个 HTML 文件中有 3 个超链接，网络爬虫先选择其中一个超链接，并处理相应的 HTML 文件；然后返回，选择第二个超链接，并处理相应的 HTML 文件；然后再返回，选择第三个超链接，并处理相应的 HTML 文件。一旦一层上的所有超链接都被选择过，网络爬虫就开始在刚处理过的 HTML 文件中搜索其余的超链接。这样就保证了对浅层超链接的优先处理，当遇到一个无穷尽的深层分支时，不会发生陷进 Web 深层文档中出不来的情况。此外，宽度优先搜索策略还有一个优点，它能在两个 HTML 文件之间找到网络爬虫的最短路径。

宽度优先搜索策略通常是实现网络爬虫的最佳策略之一，因为它容易实现，而且具备大多数常用的功能。但是，用户如果要遍历一个指定的站点或深层嵌套的 HTML 文件集，采用宽度优先搜索策略则需要花费较长的时间才能到达深层的 HTML 文件。

3. 聚焦搜索策略

聚焦搜索策略是指跳出某个特定主题的页面，根据"优先原则"进行访问，快速、有效地获得更多与主题相关的页面，网络爬虫主要通过内容与 Web 的超链接结构指导进一步的页面抓取。网络爬虫会给它所下载的页面信息一个评价分，根据页面信息的得分排序将其插入一个队列中。下一个搜索对弹出队列中的第一个页面进行分析后执行，这种策略保证网络爬虫能优先跟踪最有可能超链接到目标页面的页面。

决定网络爬虫搜索策略的关键是如何评价超链接值，即超链接价值的计算方法。不同的价值评价方法计算出的超链接价值不同，表现出的超链接的"重要程度"也不同，从而决定了不同的搜索策略。由于超链接包含于页面中，而通常具有较高价值的页面包含的超链接也具有较高的价值，所以对超链接价值的评价有时也转换为对页面价值的评价。这种策略通常运用在专业搜索引擎中，因为这种搜索引擎只关心某一特定主题的页面。

2.1.3 AI 技术

使用 AI 技术来搜索信息已经成为当今互联网技术发展的重要方向，也是未来搜索引擎发展的必然趋势。随着 AI 技术的不断发展，文本 AI 搜索成为搜索引擎领域的热门话题。

文本 AI 搜索是一种基于 AI 技术的全新搜索方式，它可以通过对用户输入的关键词进行深度学习和语义分析，从而更加准确地理解用户的需求，并在庞大的数据库中找到最符合用户需求的内容。

文本 AI 搜索技术包括以下几个方面。

- 自然语言处理（Natural Language Processing，NLP）：通过对用户输入的文本进行分析，实现对用户需求的理解和解释。
- 机器学习：通过对大量数据进行学习，提高搜索结果的精准度。
- 深度学习：利用深度神经网络模型对文本进行分析，提高搜索结果的准确性。
- 语义分析：通过对用户输入的文本进行分析，实现对用户需求的理解和解释。

利用 AI 技术来搜索信息并不意味着可以随便搜索出精准的信息，而要懂得如何提出好的问题，驯化 AI 服务用户，以下是几种提问技巧。

1. 提出具体而清晰的问题

以 ChatGPT 为代表的文本 AI 搜索工具是一种基于深度学习的语言模型，其理解力还不如人类，所以用户在提问时要避免过于笼统或有二义性的表达，而要使用具体、清晰的语句提出完整的问题，以最大限度减少 ChatGPT 等工具理解错误或回答不准确的可能性。

如果用户提出的问题过于宽泛和复杂，最好适度细分，将其拆解为多个相关但较为具体的小问题，逐个进行提问，这样有利于 AI 给出较为准确的回答。

2. 提供足够的上下文信息

在与 AI 对话的过程中，用户要尽量提供当前话题相关的上下文信息，如相关的历史讨论、背景知识，帮助 AI 理解问题的含义和要点，以免 AI 回答问题偏离主题或者不太准确。

3. 选择客观的事实型问题

文本 AI 搜索工具不具备自己的主观判断，其立场是中立的，给出的答案也是中立的，因此用户在提问时不要提出需要主观判断才能回答的问题，而要选择比较客观的事实型问题。

4. 指出提问的目的或要点

在提问时，指明问题的要点或者想要获取的信息类型，就可以指导 AI 的回答方向，使回答更加符合需求。如果用户不指出要点，AI 在回答时只能根据自己的理解给出尽可能全面的回答，这就增加了甄别答案的时间和精力成本。

5. 评估回答

用户要对 AI 提供的回答进行评估，确保回答正确。要记住，AI 不是万能的，它很有可能给出错误的回答或者遇到无法理解的问题，因此用户要对其回答给出定性评论或打分，使 AI 对回答的效果有所感知，并帮助其判断在多大程度上达成了用户的交互意图，进而改进其回答方式。

2.2 新媒体信息搜集渠道与工具

为用户提供及时、有效的信息是新媒体平台吸引用户关注的重要因素。对新媒体运营者来说，搜集信息是一项非常重要的工作，其应该掌握各类新媒体信息的搜集渠道与工具。

2.2.1 内容搜集工具

在新媒体运营中，选题是一项重要且困难的工作，新媒体运营者要想每天都能为用户提供极具热点的高质量内容并非一件轻而易举的事情。大多数人在创作内容时只是偶尔灵光乍现，劳神苦思才是常态。其实新媒体运营者可以借助一些内容搜集工具来寻找当前热点和潜在热点，如表 2-2 所示。

表 2-2　常用内容搜集工具

工具类型	工具名称	简介
搜索引擎	百度搜索	强大的中文搜索引擎，大量用户在使用
	搜狗搜索	与微信、知乎等平台展开合作，用户在搜狗搜索上可以搜索微信平台的内容和知乎平台的内容
	夸克	夸克是阿里巴巴旗下的智能搜索 App，搭载极速 AI 引擎，前置结果，用户可以直接获取搜索的结果信息，覆盖了官网、夸克百科、天气、快递等 30 多个类目
媒体平台	微博	国内大型社交媒体平台，入驻了很多传统媒体、自媒体，每天都会产生大量内容
	今日头条	一款基于数据挖掘的推荐引擎产品，它根据每个用户的兴趣、位置等多个维度向用户进行个性化推荐，推荐内容不仅包括新闻，还包括音乐、电影、游戏、购物等资讯
自媒体平台	微信公众号	微信公众平台可以推送文字、语音、视频、图片、多图文消息等内容，每位关注用户都能收到推送的内容。此外，微信公众号可以作为企业品牌推广的主要渠道之一，发布最新的产品信息、企业新闻、营销活动等内容，增强品牌的知名度和美誉度，增强用户黏性
	头条号	头条号是今日头条旗下媒体/自媒体平台，致力于帮助企业、机构、媒体和自媒体在移动端获得更多曝光和关注，在移动互联网时代持续扩大影响力，同时实现品牌传播和内容变现。基于移动端今日头条的海量用户基数，通过强大的智能推荐算法，优质内容将获得更多曝光，而业界领先的消重保护机制让新媒体运营者远离侵权烦恼，专注内容创作，借助头条广告和自营广告让入驻媒体/自媒体的价值变现有更多可能
新闻网站	新华网	新华社主办的中国重点新闻网站，每天 24 小时以 7 种文字、通过多媒体形式不间断地向全球发布新闻信息
	环球网	人民网和环球时报共同投资设立的中央级综合性网络新闻媒体，为用户提供全方位国际化的信息内容
	人民网	《人民日报》建设的以新闻为主的大型网上信息发布平台，也是互联网上最大的中文和多语种新闻网站之一
知识分享平台	知乎	网络问答社区，用户在这里分享彼此的知识、经验和见解，同时也可以关注与自己兴趣一致的人
	果壳网	一个泛科技主题网站，用户可以在这里阅读、分享、交流和提问
	36氪	国内极具影响力的互联网创投媒体，为用户提供创业资讯、科技新闻、投融资对接、股权投资、极速融资等创业服务

互联网上各类内容搜集工具有很多，表 2-2 只是其中的一部分。新媒体运营者应该多关注各个行业的专业网站，以及一些有趣的自媒体、微信公众号，从中不断汲取营养，发现有趣的话题。

2.2.2　大数据舆情分析工具

在大数据时代，新媒体运营者要懂得充分利用"数据"这一工具。利用一些大数据舆情分析工具，能够帮助新媒体运营者快速发现当前的热点话题。

1. 微热点

微热点是新浪微博投资的，专注于社会化大数据应用的平台。图 2-5 所示为微热点首页。微热点基于海量媒体数据，专注帮助政府、企业、媒体及新媒体运营者发现正在发生或潜在的全网热点，致力于打造"热点发现-热点分析-传播效果评估-热点事件案例库"的媒体传播大数据应用平台。

图 2-5　微热点首页

2. 百度指数

百度指数是以百度海量用户行为数据为基础的数据分享平台，首页如图 2-6 所示。在这个平台上，新媒体运营者可以研究关键词搜索趋势、洞察用户需求与兴趣、监测舆情动向、定位用户特征。

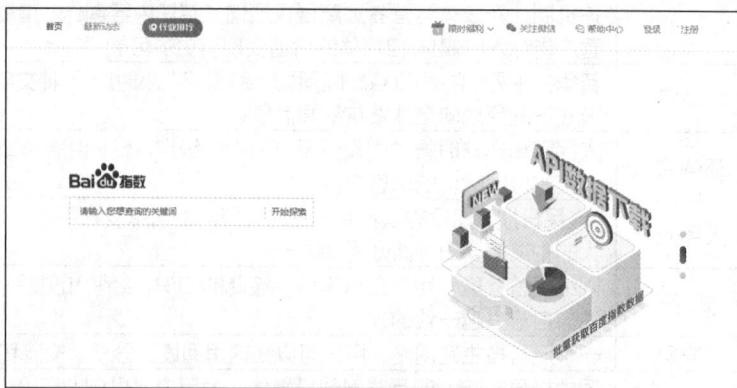

图 2-6　百度指数首页

3. 清博智能

清博智能是全域覆盖的新媒体大数据平台，拥有清博指数、清博舆情、新媒体管理考核系统等多个核心产品，能为用户提供微信、微博、头条号等新媒体排行榜，以及广告交易、舆情报告、数据咨询等服务。图 2-7 所示为清博智能首页。

图 2-7　清博智能首页

2.2.3　AI 问答工具

AI 问答是一种基于 AI 技术的问答系统。它通过 NLP、知识图谱和机器学习等技术，能够理解和回答用户提出的问题，并且不断地从海量的数据中学习和优化自己的回答能力，从而提供越来越准确的答案。

AI 问答不仅可以回答问题，还可以进行对话。用户可以向 AI 提出一系列相关问题，它将始终保持连接状态，处理复杂的对话情境。例如，询问它某个事物的定义，然后追问其来源、相关性等问题，或者提出一个假设，并询问它是否正确，以及具体的理由等。

目前，常用的 AI 问答工具有以下几个。

1. ChatGPT

ChatGPT 是一种 AI 问答系统，利用机器学习技术和 NLP 能力，为用户提供快速、准确、有效的答案。

ChatGPT 可以回答的问题分为 3 类，包括事实性问题、意见性问题和知识性问题，其智能搜索算法可以在海量数据中快速寻找最佳答案。ChatGPT 的 NLP 技术可以识别不同的语言和方言，并根据用户的提问方式和语境来提供答案，因此用户可以按照自己习惯的方式进行提问，不必担心语言上的障碍。

此外，ChatGPT 还可以学习用户的偏好和行为，根据用户的搜索历史和行为模式提供个性化的答案，这意味着 ChatGPT 可以为用户提供更加准确的答案，随着使用时长的增加，使用起来会更加便捷。

2. Fun AI

Fun AI 是一款精致小巧的智能 AI 问答助手工具，内置了新一代的 AI 对话模块，支持多领域、多方向的提问，同时也支持实时录音转写、语音翻译、文字识别和图片文字视频转语音等功能。同时，它还支持各种音频编辑功能，如格式转换、音频分割混合、变声和压缩等，是一款日常学习和工作中的实用问答工具。

3. 文心一言

文心一言是百度全新一代知识增强大语言模型，可以与用户对话互动，回答问题，协助创作，能够高效、便捷地帮助用户获取信息、知识和灵感。

4. 讯飞星火

讯飞星火是科大讯飞推出的新一代认知智能大模型，拥有跨领域的知识和语言理解能力，能够基于自然对话方式理解与执行任务，从海量数据和大规模知识中持续进化，实现从提出、规划到解决问题的全流程闭环。讯飞星火在与用户自然对话互动中，具备语言理解、知识问答、逻辑推理、数学题解答、代码理解与编写等多种能力。

2.2.4 互动信息的采编

在新媒体环境下，人们可以通过即时通信、社交媒体、公共论坛等形式来进行互动信息的采编。

1. 即时通信

即时通信（Instant Messenger，IM）是指用户直接建立联系进行实时信息交流的通信方式。进入21世纪以来，IM已经成为人们在互联网上进行沟通的最主要方式之一。腾讯旗下的QQ和微信便是IM的典型代表。

IM实现了信息的即时交互传播。跨越时间进行传播正是IM所具备的最大优势，不管是QQ还是微信，这些IM工具的共性就是通过自身让用户发起和实现与好友、陌生人等的实时交流沟通，而且这些工具还纷纷融入各类新媒体的特色，以增强自身的服务功能。

以微信为例，它已经成为新闻记者重要的采访工具之一。通过微信进行采访，新闻记者需要提前和被采访对象联系，双方共同约定好上网时间，然后通过微信开展采访工作。新闻记者可以采取一问一答的方式直接进行采访，也可以将采访内容通过文件的方式发给被采访对象，让对方来解答，或者双方直接进行视频聊天，这样不但节省了双方在文字输入上花费的时间和精力，而且这种采访方式的现场感比较强。

通过视频聊天进行采访，可以让新闻记者看到被采访对象的表情，并能实时听到对方的声音，可以制造虚拟现场采访的效果。但是，由于新闻记者和被采访对象没有处于同一个空间范围，使得双方交流依然不如面对面交流容易产生共鸣。因此，虽然它有类似现场采访的场景，但并不等于现场采访。

2. 社交媒体

微博、小红书等社交媒体改变了人们获取信息的方式和习惯，也为新闻传播提供了新的载体和途径。新闻媒体借助社交媒体平台实现与用户的互动和交流，及时获取用户的意见和反馈，为新闻选题和报道提供了信息支撑和动力支持。新闻媒体可以借助社交媒体平台开展互动活动、调查问卷等，了解用户需求和反馈，不断优化新闻报道的内容和形式。

3. 网络论坛

在网络论坛（Bulletin Board System，BBS）中，用户可以实现一对多和多对多的交流。

用户可以在网络论坛上发布自己感兴趣或针对某事件发表见解的帖子，如果这个帖子得到了他人的认同，就会出现跟帖现象，于是围绕着主帖内容就会出现一系列跟帖的讨论。

通过网络论坛，新闻媒体不仅可以发现新闻线索，寻找新闻题材，还可以通过跟帖提升新闻的传播速度，扩展新闻的传播范围。更重要的是，网络论坛能够提升新闻媒体的社会影响力。

2.2.5　信息可靠性的甄别

在信息时代，随着互联网技术的发展，人们搜集信息变得越来越便捷。面对海量的信息，人们需要懂得如何辨别它们的真伪，这样才能保证信息的准确性。具体来说，可以从以下几个方面来甄别信息的可靠性。

1. 从信息的来源进行判断

首先，查看信息中是否包含时间、空间、主体、事件、结果等各项要素。其中，时间是指反映信息发生的具体时间，空间是指反映信息发生的地点或范围，主体是指信息中涉及的参与者，事件是指信息中要反映的问题，结果是指信息所反映的事件状态。

其次，判断信息是否为原始信息。在信息被转述的过程中，每个人都可能在信息中加入自己的想法或观点，此时信息就可能会失真。因此，要尽量去寻找原始信息。一般来说，当事人、官方网站、原创者发布的信息往往就是原始信息。

再次，从质量的角度判断发布原始信息的人是否专业、权威。如果原始信息来自于个人，可以从其受教育程度、成就、声誉、经验等方面来判断其所发布信息的专业性。如果原始信息来自于某个渠道，可以从该渠道的资质、口碑等方面来判断其所发布信息的专业性。

最后，从信息内容所体现的立场来判断原始信息的发布者是否因受到主观因素的影响而对论题抱有偏见。对于利益相关方提供的信息，要注意分析信息的客观性和准确性。

2. 从信息的时效性进行判断

有些信息具有较强的时效性，在搜集这类信息时，要通过分析时效性来判断信息的可靠性。对于突发性或跃进性的事件来说，在事件发生的第一时间发布的信息更具有时效性；对于渐进式的事件来说，可以在事件发生的过程中找到一个最新、最近的时间点来判断信息的时效性；对于过去发生的最近才被披露出来的事件，可以通过分析自己得到该条信息的最近时间和来源来判断信息的时效性。

3. 从信息中所涉及的数据进行判断

人们常常会使用一些数据来支持自己的论证，因为数据会让信息看起来非常精确、科学，但事实并非如此，数据有时也会说谎。在获取带有数据的信息时，人们需要学会识别数据中隐藏的陷阱，只有确保数据的客观性、真实性与准确性，才能让其真正成为强有力的证据。

数据中隐藏的陷阱主要表现在以下几个方面。

（1）结论与数据不符

结论与数据不符指用正确的数据证明错误的结论。例如，某条信息中提到"这款App的差评率只有6%"，并不能说明这款App的满意率就是94%（94%中可能还包含那些不满意但没有给出差评的用户，不给差评并不代表就是满意）。

（2）数据选取的指标不规范

在数据统计中，选用的指标不同，最终得出的统计结果可能会大相径庭。例如，某公司对外宣称"公司的人均月工资为1万元"，这是因为它选择了用算数平均数或者中位数来代表公司整体的平均工资水平，"人均月工资1万元"很可能是被公司高管的工资水平拉上去的，普通员工的工资可能很低。

（3）选取的对比基数模糊

在对数据做对比的时候，注意不要忘记分析做对比的基数。例如，某店铺宣称"通过采取有效的营销推广方案，本月的销售额比上个月提升了50%"，此时就需要考虑所谓的"提升了50%"的基数是多少：如果上个月销售额为10000元，本月的销售额为15000元，那么本月的销售额比上个月多了5000元，提升了50%；如果上个月的销售额为1000元，本月的销售额为1500元，那么本月的销售额虽然只比上个月多了500元，但也比上个月提升了50%。

2.3 文件的管理与搜索

随着互联网技术的飞速发展，信息的发布与获得变得越来越便捷，人们在计算机中保存的文件也越来越多。面对数量众多的文件，很多人都可能会遇到查找文件困难的问题。之所以会遭遇这种困难，往往是因为他们平时没有养成文件分类管理的习惯。

2.3.1 文件分类管理

对文件进行分类管理，既是为了存放文件，也是为了辅助记忆，让文件存放得有"迹"可循，或有规则可循。对文件进行科学的分类和规范化命名是文件管理的精髓所在。下面介绍几种文件分类管理的方法。

1. 构建适合自己的文件夹结构

文件夹是文件管理系统的骨架，在文件管理系统中发挥着至关重要的作用。每个人的生活和工作场景不同，所接触的信息也就大有不同，所以构建适合自己的文件夹结构，首先需要对自己接触到的各类信息、内容进行归纳和分类。例如，IT行业的从业者经常以软件、硬件的类别来建立文件夹。

2. 控制文件夹和文件的数量

要把文件夹中文件的数量控制在合理的范围内。一般来说，一个文件夹里保存的文件在50～100个为宜，这样便于进行文件浏览和检索。如果文件夹中的文件数超过100，那么文件夹的打开速度往往会变慢，而且会因为文件夹中的文件数量太多而不便于查看。

如果文件夹中的文件数量太多，可以考虑删除一些无用的文件，或者将一些长期不用的文件存档，也可以在此文件夹中建立一些子文件夹。

3. 注意文件夹结构的层级数

在构建文件夹结构时，要注意文件夹结构的层级数不宜过多。文件夹结构的级数越多，检索和浏览的效率就会越低。一般来说，整个文件夹结构的层级数不宜超过三级。此外，越是常用的文件夹，其权重应该越高，文件夹的目录层级应该往上调。

4．为文件夹和文件规范化命名

文件夹和文件的名字会影响到它们的排序，为文件夹和文件取一个好名字有利于对文件进行检索和浏览。"好名字"是没有统一的规范和标准的。以最简短的词句描述一个文件夹或文件的类别与作用，能让自己不用打开就能知道文件夹或文件中的大概内容，这就是好名字。

虽然每个人为文件夹和文件命名的方法有所不同，但是都应遵循两个原则，即唯一和统一。

（1）唯一

唯一是指每个文件夹、每个文件的名称都要不同，能做到文件夹名和文件名完全不一致。

（2）统一

统一是指每个文件夹的名称格式与每个文件的名称格式要统一。可以建立一套属于自己的命名规则。例如，使用"序列号+物+描述"的格式为文件夹命名。其中，"序列号"可以是编号、日期、版本等，"物"是指文件的核心名称，"描述"是指对文件核心名称的附加描述。因此，文件夹的名称可以是"2023-02-11 培训课件 新媒体营销""2023-05-10 演示文稿 新媒体文案写作"。除了"物"是必不可少的元素外，其他元素的加入都是为了确保文件夹名称的唯一性。如果在文件名称中使用了中画线、下划线等符号，也要保证这些元素在格式上的统一。

5．对文件进行定期清理和归档

用户要定期对文件进行评估，需要备份的文件要为其备份，没有用的文件要及时删除。可删除的文件包括重复的文件、过时失效的文件、可留可不留的文件、在其他地方能够轻易找到的文件等。

6．合理使用云盘和云文档

随着云计算技术的快速发展，云盘已成为人们工作与学习中不可或缺的存储工具。用户可以用云盘把文件存储在云端，随时随地使用任意设备来访问和管理这些文件。如果需要在不同设备之间共享和同步文件，可以使用自动同步云盘，当用户修改本地文件后，自动同步云盘会自动将这些修改更新到云盘中，从而保证文件内容的同步和一致性，且全部过程完全自动化，无须人工干预，适合快节奏的工作环境。

使用自动同步云盘后，所有文件都存储在云端，并会自动备份，即使设备发生故障，用户仍可以在云端找回重要数据。云盘服务供应商为了用户的数据安全，会采用加密和技术手段保证数据的安全性和保密性。另外，自动同步云盘支持多种操作系统和各种移动设备，用户无须顾虑使用的设备类型和系统是否兼容的问题。

云文档与云盘类似，都可以存储及查阅文件，但不同的是云文档还可以在网上进行在线编辑，其相当于一个网络平台，当想要编辑处理某些文件时，只要登录云文档进行操作即可，操作完成之后不用特意保存，系统会直接进行备份。这对办公人员非常有利，尤其是多人协同办公，彼此之间不用再逐个地传送文件，可以极大地提升工作效率。

2.3.2 文件管理和搜索工具

Windows 自带的文件资源管理器可以帮助用户进行文件的管理与搜索工作，但 Windows的这些功能使用起来往往效率不高，所以用户可以选择使用第三方提供的文件资源管理工具来更好地实现文件的管理与搜索。下面简要介绍几款文件管理和搜索工具。

1. Everything

Everything 是一个运行于 Windows 系统，基于文件、文件夹名称的快速搜索引擎，它能基于文件名快速找到文件和文件夹所在的位置。

与 Windows 内置搜索不同，Everything 默认显示计算机上每个文件和文件夹，用户第一次打开 Everything 并为文件建立索引后，其以后使用时只要在搜索框中输入关键词，Everything 就能迅速筛选并显示与关键词相符的文件和文件夹。

此外，在 Everything 中还可以通过使用搜索函数 "content:" 来搜索文件内容。但是，如果文件内容未被索引，那么搜索速度就会很慢。

2. Directory Opus

Directory Opus 是一款功能强大且简单、易用的文件资源管理工具，其主程序采用与 Windows 系统相似的用户交互页面，操作逻辑也与 Windows 相似，特别容易上手。

Directory Opus 的主要优点体现在其内置功能与文件收集两大方面，其丰富的资料浏览及窗口排列方式、偏好设置给用户带来了极大的便利。用户通过这款软件可以查看自己计算机中保存的文件，也可以对保存的文件进行编辑操作等。

3. 百度网盘 App

百度网盘 App 是百度推出的一项云存储服务，用户可以轻松地将自己的文件上传到网盘上，并可跨终端随时随地查看和分享文件。用户在使用百度网盘 App 保存文件时，可以先注册并登录百度网盘 App，然后可以扫描识别百度网盘二维码，或者点击"共享"菜单，在页面右上角输入好友昵称添加好友，然后用户和好友之间即可分享文件。

用户可以在百度网盘 App 的文件列表中进行文件管理，如对文件进行复制、剪切、重命名、删除、分享、添加到专辑等操作。专辑类似于 PC 端的文件夹，可以对重要文件进行分类管理，以提高寻找特定文件的效率。点击百度网盘 App 中"文件"菜单右上角的◨图标（见图 2-8），然后点击"新建专辑"，输入专辑名称，即可新建专辑，如图 2-9 所示。

图 2-8　点击◨图标

图 2-9　新建专辑

点击"添加文件"按钮，可以选择要添加的文件，如图 2-10 所示。将文件添加到专辑中，可以按照修改时间、文件名、文件类型、文件大小等对文件进行排序，以便查找，如图 2-11 所示。

图 2-10　选择要添加的文件

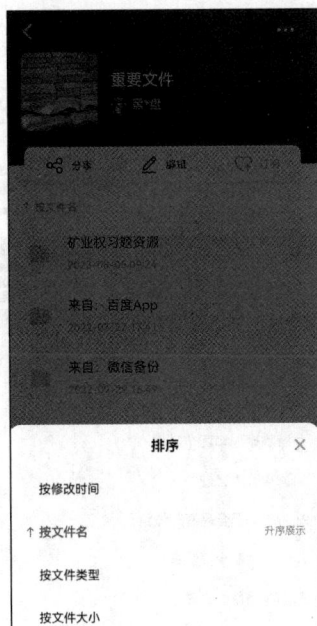

图 2-11　对文件进行排序

实训案例

如果你想搜索旅游攻略，会选择在哪些平台搜索相关信息？请说出这些平台在内容搜集时的特征，如图 2-12 所示。通过尝试搜索旅游攻略，查看相关信息，并进行对比分析，你觉得哪个平台更适合用来搜集与旅游攻略有关的信息？

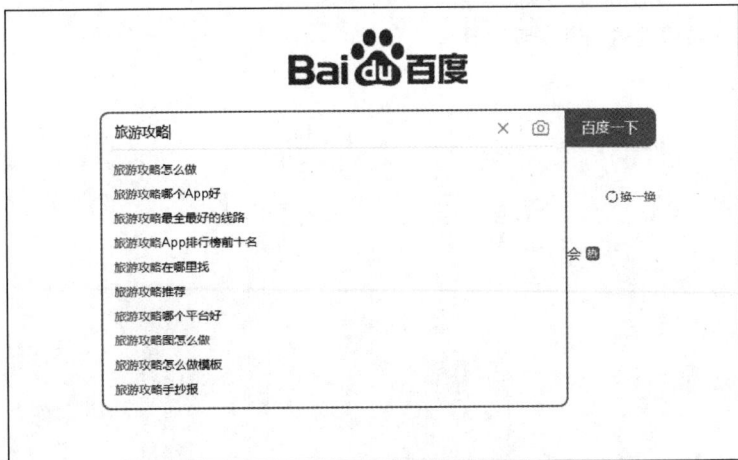

图 2-12　内容搜集工具对比

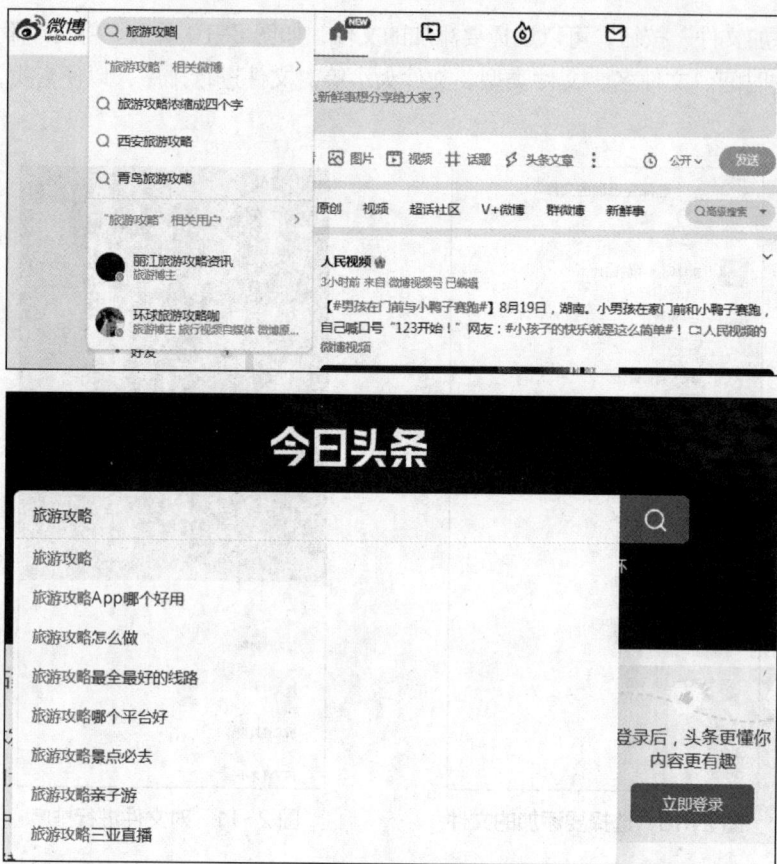

图 2-12　内容搜集工具对比（续）

课后思考

1. 简述利用 AI 技术搜索信息时的提问技巧。
2. 简述如何甄别信息的可靠性。
3. 简述如何做好文件分类管理。

第 3 章

新媒体文案写作

● 知识目标

➢ 掌握新媒体文案的选题筛选和写作流程。

➢ 掌握新媒体新闻的写作方法。

➢ 掌握新媒体宣传文案的写作方法。

➢ 掌握新媒体平台文案的写作方法。

➢ 掌握短视频与直播脚本的写作方法。

➢ 了解 AI 写作工具及使用方法。

● 能力目标

➢ 能够写作优质的新媒体文案。

➢ 能够写作新媒体新闻和数据新闻。

➢ 能够写作软文、产品推广文案和各种宣传文案。

➢ 能够写作微博、小红书、微信、今日头条和知乎文案。

➢ 能够写作短视频与直播脚本。

● 素养目标

➢ 在新媒体文案写作中弘扬社会主义核心价值观。

➢ 坚持正确舆论导向，充分发挥网络传播优势。

在当今这个快节奏生活时代，新媒体运营强调"内容为王"。与传统媒体的文案相比，新媒体文案更加注重轻、快、准、深，追求能引发受众兴趣、共鸣和议论的目标。本章从新媒体写作基础出发，详细介绍撰写新媒体新闻、新媒体宣传文案、新媒体平台文案、短视频与直播脚本的技巧，以及 AI 写作工具的应用。

3.1 新媒体文案写作基础

新媒体文案写作是一项创造性的劳动，新媒体编辑需要对搜集到的信息进行审查与判断，从中筛选出正确、有用的信息，通过编辑处理将其转化为有价值、可发表的信息并分享给受众。

3.1.1 新媒体文案的选题筛选和写作流程

要想创作出优秀的新媒体文案，新媒体编辑首先要确定合理的选题，把握好写作流程，做足写作前的准备。

1. 新媒体文案的选题筛选

筛选新媒体文案选题时，新媒体编辑要考虑以下四大核心要素。

（1）关注度

关注度是指选题的潜在目标受众数量是否足够多，新媒体文案的内容是否能够打动目标受众。如果对新媒体文案中的话题感兴趣的受众数量不多，即使新媒体文案内容再优质，阅读量和传播率都不会高。

关注度高的话题一般是热门话题，即网络热点涉及的话题。新媒体编辑在确定选题时要把握热门话题的时机，考虑在当下时间节点有无相关的热点事件，或者在当下时间节点是否反映了某一种流行文化。

（2）新鲜感

针对同样的话题，新媒体编辑是否可以提供不一样的角度，或者提供不一样的呈现形式，这些对新媒体文案的新鲜感有着很大的影响。当网络热点出现时，会有一大批新媒体编辑紧跟热点发布新媒体文案，如果只是人云亦云，发布随大流的观点，受众可能会感到索然无味，毫无新鲜感。因此，新媒体编辑要打造不同的表现形式，在同样的选题中寻找令人耳目一新的观点。

（3）价值感

新媒体文案必须要有价值，这样才能被更多的受众阅读。新媒体文案的价值主要体现在以下 3 个方面。

- 知识价值：即"干货"，指对某一问题的科普，为目标受众提供问题的解决方案。
- 资讯价值：网络上有很多热门话题，关注度很高，讨论度提升之后，人们难免会对该话题产生好奇，想要厘清事情的来龙去脉，但由于获取资讯的手段和渠道有限，对事情的前因后果并不清楚，自己想要一探究竟是很困难的。如果新媒体文案内容可以把这件事情说得一清二楚，对受众来说就是很有价值的资讯，如果内容特别好，受众还会主动分享给好友，从而扩大新媒体文案的影响力。
- 情感价值：人活于世，总会经历各种情感，而情感的产生经常伴随着矛盾、冲突、和谐与不和谐，从而激发受众不同的情绪。新媒体文案的情感价值是指其能够引起受众情感共鸣的程度。

（4）转发设计

转发设计是指设计新媒体文案的传播点和话题的发酵点。有利于转发的新媒体文案才能产生裂变，而不利于转发的新媒体文案只能被自己的粉丝看到，无法成为爆款文案。

在进行转发设计时，新媒体编辑需要注意以下3点。

- 圈层效应：在微信平台上，最大、最有效的传播途径之一是朋友圈，因此新媒体编辑要确定目标受众的朋友圈，多发布与行业、地域、年龄等有关的新媒体文案，这些会在微信朋友圈传播得很快。

- 社交价值：很多人转发分享新媒体文案，目的是塑造自身形象，例如，转发行业干货，是为了向好友展示自己的职业素养或专业形象；转发生活小窍门，可能在展示自己是一个热爱生活、关爱家庭的人。因此，新媒体编辑在确定选题时要认真思考自己发布的新媒体文案能为受众提供怎样的社交价值。

- 设置金句：在新媒体文案末尾设置金句，如有哲理的句子，会让受众感觉这句话很经典，很赞同其观点，从而产生转发的想法。

确定选题并不只是确定新媒体文案的主题，还要确定新媒体文案的主题及结构。为了让新媒体文案更具可读性，新媒体编辑可以采用"六要素发散法"。

"六要素发散法"是指围绕事件本身，结合"新闻六要素"进行发散，如表3-1所示。

表3-1 六要素发散法

六要素	Who（相关人物）	What（事件维度）	When（时间维度）	Where（发生地）	Why（原因）	How（事件经过）
发散后的结果	性格、家庭、阶层、身份、言论、特征、成就、经历	本质、性质、发展趋势（深度思考事情件本质，挖掘事件背后的连带事件）	过去、现在、未来	地域、行业、圈层	经济、政治、文化、社会、心理	事件发生的过程，来龙去脉
相似或相反的人物或事件	存在相似或相反之处的人	有无相同或相反的事件	人物在其他时间点有无相同或相反经历	其他地域、行业、圈层有无相同或相反事件	造成事件发生的各种原因	相同或相反的事件经过

由表3-1可以归纳出：在一个事件发生后，要思考事件发生的起因、经过和结果，事件主角的人物特征和导致事件发生的潜在因素，过去有无相同事件与之联系，事件发生区域、行业、圈层有何特征等。

2. 新媒体文案的写作流程

新媒体编辑要想写出优质的新媒体文案，并不是将文字组合并加以修饰即可，也不是文笔好就可以，而是要思考并找到所描述的商品或撰写的内容在当下最需要解决的问题是什么，并通过创造性的新媒体文案帮助受众理解与接受。看似简单的新媒体文案其实包含着新媒体编辑对行业的调查研究、目标受众分析和竞争对手分析，为了写作新媒体文案所做的准备时间要远大于新媒体文案写作的时间。

新媒体文案的写作流程如下。

（1）明确写作目的

写作目的不同，新媒体文案的写作思路和方法也会有所不同。因此，新媒体编辑要首先明确写作目的，到底是为了品牌传播、提高销量，还是推广营销活动。

- 品牌传播：思考如何让新媒体文案的内容符合整体的品牌风格，以引起受众的共鸣。
- 提高销量：考虑如何让受众感觉到自己有需要，并产生信任，进而付诸购买行动。
- 推广营销活动：思考如何让受众觉得该活动有吸引力，值得参与，且门槛不高。

（2）列出创意纲要

列出创意纲要有利于新媒体文案的写作和输出。在梳理创意纲要时，新媒体编辑要厘清3个核心问题，即"对谁说"（新媒体文案给谁看，进行目标受众分析）、"说什么"（深入挖掘商品卖点，参考竞争对手的说服策略，提炼出自身文案的说服点）和"在哪说"（根据目标受众选择合适的媒体、合适的时间来发布新媒体文案）。

新媒体文案的创意纲要一般包括三个方面：一是简要说明新媒体文案的目的或想要解决的问题；二是简要说明支持商品卖点的证据；三是说明品牌特点或品牌风格，以及希望传达出怎样的品牌价值。

（3）输出文案创意

在明确写作目的、目标受众、竞争对手和自身卖点后，新媒体编辑要找到写作新媒体文案需要解决的问题，并结合媒体投放渠道的特征进行创意思考，完成新媒体文案的写作输出。

（4）复盘

在发布新媒体文案之后，新媒体编辑要及时对做过的工作进行梳理和总结，可以通过数据分析和收集目标受众的反馈等方式进行复盘。

3.1.2 新媒体文案的创意方法

新媒体文案写作是一种创造性思维活动，需要激发新媒体编辑不同的思维状态，不能过于保守，要有创意。一般来说，人的思维方法主要有水平思维、垂直思维、发散思维、收敛思维、顺向思维、逆向思维和头脑风暴法等。

1. 水平思维和垂直思维

水平思维和垂直思维的概念是由剑桥大学心理学博士爱德华·德博诺提出的。

垂直思维又称纵向思维，这种思维方法偏重于以往的经验与模式，是对旧意识的改良，并不能产生新的创意。

水平思维则不同，水平思维又称横向思维，是与垂直思维相对应的一种思维方法。这是一种摆脱传统意识、旧经验的约束来思考问题的方法，往往能打破常规，创造一些新的观点想法，适合进行创新。

2. 发散思维和收敛思维

发散思维与收敛思维是相对的。收敛思维又称集中性思维，是指以某个思考对象为中心，从不同的方向和角度将思维指向这个中心，以达到解决问题的目的。收敛思维通常是综合已有的信息，推断出一种结论的思维过程。

发散思维是指人们的思维方向是辐射性的，而不是沿着一个确定的方向发展。发散思维通常是指在思维过程中充分发挥人的想象力，从一点向四面八方延伸，通过知识和观念的重新组合，找出更好的答案和想法。这种思维方法与收敛思维相比更具创造力。

3. 顺向思维和逆向思维

顺向思维是指顺着一条固定的思路想下去。逆向思维则是相对于顺向思维而言的，是与通常的思路相反，逆着那些思路想下去。在新媒体文案写作中，新媒体编辑要想做到一针见血地表达自己，有时可以尝试用倒推的思维顺序去写作充满意境与态度的文字，有可能新媒体文案会更理性、更沉稳、更为企业实际所需。

4. 头脑风暴法

"头脑风暴法"又称"脑力激荡法"，是美国学者 A.F.奥斯本提出的一种创造能力的集体训练法。头脑风暴有利于激发创新思维，在不受任何限制的情况下，集体讨论问题能激发人的想象、热情及竞争意识。人人自由发言、相互影响、相互感染，能形成热潮，突破固有观念的束缚，可以最大限度地发挥创造性的思维能力。

头脑风暴法通常就是举行一个小型研讨性会议，使与会者可以自由地、毫无顾虑地提出各种想法，彼此鼓励，相互启发，引起联想，刺激形成创意想法，产生很多的创意。

3.1.3 新媒体文案的关键词设置

关键词是指受众输入搜索引擎搜索框中的提示性文字或符号。关键词可以是一个字、一个词组或一句话，也可以是一个数字、英文或其他符号。

大部分受众在购物类网站上是通过关键词搜索自己所需商品的，与网络购物行为类似，受众同样可以通过百度、搜狗甚至微信顶部的搜索框来搜索自己所需的信息。例如，工作汇报需要制作 PPT，却不知如何下手的受众会在相关网页的搜索框中输入"PPT""PPT 怎么做""PPT 排版方法""怎么做 PPT 才好看"等关键词，并在搜索结果中寻找自己需要的相关信息。若新媒体文案标题及内容中恰巧含有受众在搜索框中输入的关键词，那么该文案就会更容易被受众看到。因此，关键词的合理设置是新媒体文案获取流量并达到预期营销效果的前提。

1. 关键词设置的原则

关键词就像一座桥梁，连接着企业和受众。企业可以通过分析受众往常使用的关键词推断受众的搜索意图、兴趣偏好和需求。例如，受众搜索"连衣裙"，意味着该受众可能有购买连衣裙的需求。而在搜索结果中，位置排名靠前的结果获得受众点击的可能性会更高，交易成功的可能性也就更大。因此，为了让新媒体文案获得更高的展出率及点击率，达到最大化的营销效果，就要求新媒体编辑能合理地设置关键词。

设置新媒体文案关键词需遵循两大原则。

（1）相关性

新媒体文案设置的关键词要与品牌、商品及所在行业具有相关性。例如，干洗店要做新媒体营销，其关键词的设置应与洗衣、衣物保养等内容相关，如"羽绒服清洗""衣服干洗"等，而不能设置"手机测评""笔记本"等毫不相关的关键词。

（2）符合受众的搜索习惯

要根据受众习惯使用的词汇设置关键词。例如"红薯"，因为不同地区的叫法不一样，位于不同地区的受众所搜索的关键词也不一样：山东人和东北人一般会搜索"地瓜"，上海人会搜索"山芋"，安徽人会搜索"芋头"，江西人则会搜索"红薯""白薯""红心薯""粉薯"等。因此，售卖红薯的商家或企业需根据自身商品的目标市场及新媒体文案投放策略去设置和调整新媒体文案的关键词。

2. 关键词的位置选择

在关键词的设置中，关键词所处的位置也是非常重要的。一般来说，新媒体文案的关键词可以设置在以下位置。

（1）标题

由于搜索引擎展示搜索结果时往往会优先展示标题上的关键词，所以在新媒体文案标题中植入关键词既能让受众更快速地搜索到新媒体文案，还不会影响新媒体文案的可读性。

（2）首段内容

与标题相同，新媒体文案的第一段内容对搜索引擎的抓取作用是非常大的。第一段内容会被搜索引擎默认为新媒体文案的摘要部分，同样会被展示到搜索结果中。因此，新媒体文案的第一段要尽可能地展现新媒体文案的核心观点，同时合理地布局关键词，使新媒体文案获取更高的排名。

（3）正文内容

在不影响受众整体阅读体验的前提下，可以将关键词自然地嵌入新媒体文案的正文部分。需要注意的是，关键词的设置要与标题的关键词相匹配。此外，如果网站或平台允许，则可以对新媒体文案中的关键词设置加粗或加下划线，这样也有利于搜索引擎的收录。

（4）配图文件的命名

为新媒体文案中的素材图片文件设置一个含有关键词的名称，有利于受众在图片类搜索中搜索相关的关键词时搜索到该文案的配图，进一步提高新媒体文案的曝光率和推广效果。

当然，在新媒体文案的写作过程中，应在确保句子逻辑清晰、语义通畅的前提下设置关键词，切忌因刻意设置关键词而导致句子不通。如果新媒体文案的篇幅较短，在正文中嵌入过多的关键词可能会影响受众的阅读体验，则可把关键词尽量布局在新媒体文案的标题、开头及结尾部分。

3. 设置关键词的注意事项

一篇新媒体文案的关键词设置得正确、合理，才能有效增加曝光率，吸引更多的流量；反之，新媒体文案将会淹没在信息的洪流中，根本无法起到宣传推广的作用，也无法达到预期的营销效果。因此，企业要想通过新媒体文案更好地实现营销目的，在设置标题时需要在兼顾企业品牌、目标客户需求、搜索引擎的搜索规则的前提下，正确、合理地选择并设置关键词。

具体来说，设置关键词要注意以下事项。

（1）选择高热度、低竞争度的关键词

热度是指一个关键词被受众搜索的次数和频率，被搜索次数多的关键词可称为高热度关键词。竞争度是指受众使用某个关键词进行搜索得出的相关结果数量的多少，得出的搜索结果多，说明该关键词的竞争度高，得出的搜索结果少，则说明该关键词的竞争度低。因此，设置高热度、低竞争度的关键词有利于提升新媒体文案的排名和曝光率。

（2）关键词出现的频率及密度应适宜

关键词出现的频率及密度大小会影响搜索效果，太多或太密则会影响受众的阅读体验。如果新媒体文案的字数不是太多，同一个关键词一般出现不超过 5 次。新媒体文案的开头及结尾各植入 1 次，正文部分自然地植入 2～3 次即可。如果想要增加关键词在新媒体文案中出现的次数，可以尝试使用辅助关键词和长尾关键词来拓展。但是，关键词的字数不要超过一句话总字数的 10%，否则会被判定为关键词堆砌。

（3）标题与正文的关键词要相互匹配

当标题与正文设置的关键词一致时，搜索引擎会抓取正文中与标题相同的关键词作为页面描述，这样有利于提高新媒体文案的曝光率。此外，新媒体文案的关键词选择还要符合企业长期的营销目标，这样有利于降低新媒体文案投放的营销成本，最大限度地发挥新媒体文案的营销效果。

3.1.4　新媒体文案的标题写作要点

在新媒体文案中，标题是引起受众阅读兴趣的关键所在。新媒体文案再好，如果标题不能吸引受众的注意力，那么新媒体文案的传播功能也很难发挥作用。

1. 写作新媒体文案标题的注意事项

在写作新媒体文案的标题时，新媒体编辑要注意以下几点。

（1）突出亮点

在写作标题时，要将新媒体文案内容中的亮点找出来并体现在标题中。一般来说，新媒体文案中最新鲜、最重要、最显著的内容，广大受众共同感兴趣的内容，与广大受众关系密切的内容，在社会上已经产生重大影响或将产生深远影响的内容，新异的或反常的内容等，都可作为新媒体文案的亮点，可以将其提炼出来并放在标题中。

（2）新颖且有创意

新颖且有创意的标题更容易在海量的信息中脱颖而出，给人留下深刻的印象。新媒体文案标题写作的新颖性主要表现在以下 3 个方面。

* 立意新颖，就是要求新媒体编辑站得高、看得远，"明别人知而不明之理，见别人视而不见之物"。

* 角度新颖，不同的新媒体文案对同一事件描述的角度不同，所以在写作标题时的侧重点也会不同。

* 语言新颖，就是要求标题语言清新、时尚，陈词滥调和空话只会引起受众的反感。

（3）语言简练

好标题要达到"立片言而居要"的效果，这就要求新媒体编辑要用心锤炼标题语言，使标题精要简练。

（4）亲切、贴近

亲切、贴近主要是指新媒体文案标题所包含的信息与受众的心理和地理距离越接近，就越容易受到受众的关注。

在网络媒体中，随着受众交往空间的扩大，贴近性原则已经不仅仅局限于地域的接近，有着共同兴趣爱好的受众不管在物理空间中存在多大的距离，在网络的世界中都可以"类聚"和"群分"。因此，心理的贴近性原则已经成为新媒体文案标题写作的一个重要原则。构成心理贴近的因素包括相似的年龄、经历、思想意识、文化修养，以及难以割舍的情感等。

（5）标题长短适中

新媒体文案的标题常常会使用空格来进行断句，这样无形中就会增加标题的长度，所以必须把握好标题的长度和字数，遇到表意复杂的长句标题时，可以将其简化为短句。但是，标题也不能过短，因为太短的标题可能无法将意思表达清楚，字数要控制在 8～30 字。

（6）标题要有文采

标题是文案的"眼睛"，有文采的标题更容易吸引受众的关注。要想使标题有文采，可以从以下几方面来考虑。

- 善用各类修辞手法，修辞手法包括比喻、对比、比拟、借代、反复、对偶等。修辞手法的使用可以增强标题的可读性和感染力，让受众在阅读时产生美的感受。例如，标题《别人的屋檐再大，也不如自己有把伞》采用的是比喻，标题《千万不要成为积极的"懒人"》采用的是对比，《多念别人的好，常修自己的心》采用的是对偶。

- 巧用数字和字母符号，巧妙地运用数字，可以在突出重要信息的同时让信息内容变得具体。字母符号生动形象、言简意赅，如果运用得当，就能有效地吸引受众的注意力，而且给其留下深刻的印象，如标题《好好说话，能解决你 90% 的问题》《斗胆给"网络红人"泼一盆冷水》等。

2. 打造"爆款"标题的有效方式

通过研究一些标题点击率特别高的新媒体账号发现，其标题尽管各有不同，但拟订标题的规律值得借鉴学习。

（1）设置"吸睛"关键词

要想快速吸引受众的注意力，标题中必须要有吸引眼球的关键词，让受众看到关键词就觉得这篇新媒体文案与其有关，是其感兴趣的内容，从而产生点击阅读行为。

关键词有 3 类（见表 3-2），关键词越多，痛点程度越深，就越能吸引人点击。

表 3-2　关键词的类型

类型	说明	举例
对号入座	人们天生就对与自己有关的事物感兴趣，将它们写在标题里，受众就会对号入座，产生好奇，如年龄、性别、地区、职业、爱好等。每个垂直定位的账号都有一群特定的目标受众，他们大多对某些事情、某家公司、某种产品或某些人物有着浓厚的兴趣	《这就是南方人冬天的自拍》（地区）；《"00 后"生活方式报告，信息量很大》（年龄）
设置升维词	语言是一门艺术，即使表达的是同样的意思，有些词语就稍显平淡，有些词语就很吸引人，新媒体编辑要善于把普通的词语升维成吸引人的词语	原标题为《钵钵鸡这样做最好吃》，可改为《大厨告知钵钵鸡配方，麻辣爽口十分劲爆，快学起来吧》
借势	名人、权威人士、热点话题和 KOL（Key Opinion Leader，关键意见领袖）等的热度很高，适当在标题中添加这些关键词，可以给标题带来热度，增加点击率	《眼镜起雾怎么办？清华博士支招，一招搞定！》《冰箱滋生细菌怎么办？专家教你如何正确使用和清洁冰箱！》

（2）设置强烈的冲突和反差

人们天生对常识之外、充满冲突和反差的信息抱有好奇心，而一个好标题要能吊起受众的胃口。冲突和反差可以从数字对比和认知矛盾入手，如表 3-3 所示。

表 3-3　设置冲突和反差的方法

方法	说明	举例
数字对比	通过前后数字对比形成强烈的反差，引发受众的好奇心	《这 4 个灵魂问题，解决你 80% 的困境》《下班后的 1 小时，决定你未来 5 年的薪资》
认知矛盾	在受众的惯性认知和熟悉的事物基础上，可以添加一些有悖常理的信息，更容易引发他们的好奇心	《为什么建议你买几十块的衣服》《形象，一定要走在能力前面》

在写作这一类标题时，标题要与内文相符，不要做"标题党"，以免引起受众的反感。

（3）提出戳中"痛点"的问题

新媒体编辑可以在标题中提出能够戳中受众"痛点"的问题，直击受众的灵魂，从而引发共鸣。

提问有两种类型，一是纯"痛点"提问，这类提问的关键在于问题是否是受众想解决、想知道答案的，这就要求新媒体编辑深入了解受众需求，知道受众会问什么问题、想了解什么信息，不要自己随意编造问题。纯"痛点"提问要能吸引受众的注意力，让其有进入新媒体文案看答案的冲动，如《一个人在大城市，如何过得精彩？》。二是自问自答，即不仅在标题中提出直戳受众痛点的问题，还直接给出解决方案，且方案简单易行，让受众觉得可以花最少的精力就能有所收获，如《出去游玩如何避免花钱遭罪？别怕，有这个 App 就 Go！》。

（4）设置强烈的悬念

设置悬念是指不在标题中把关键内容概括清楚，而只是将正文中最能吸引人眼球的内容或细节提取出来，放到标题中提前来个暗示，或把事件的经过描述出来但不说明结果，或直接说出一个令人惊讶的结论但又不说明其原因或过程，刻意营造悬念并制造疑问，让受众产生猎奇的心理，刺激其点进去一看究竟，如《深夜，老板竟然给我发了一个调皮的表情！难道……》《经常自我总结的年轻人，后来都怎么样了？》。

（5）设置新闻式标题

新媒体编辑可以设置新闻式标题，在标题中准确、清楚地描述时间、地点、人物、事件等基本要素。相对于向受众展示简单、直接的销售广告标题，新闻式标题采取从第三者的角度报道的形式，更容易被受众接受。受众从关注新闻资讯的角度去阅读，更容易对新媒体文案建立信任感。新闻式标题重在准确地传达信息，其组成要素为"时间+地点+事件"或"人物+时间（地点）+事件"，如标题《不限户籍！下午 3 点开约！杭州一波九价 HPV 疫苗到货！》。

（6）在标题中分享经验

干货盘点、经验分享类新媒体文案本身就自带流量，容易受到受众的青睐，是因为受众觉得通过新媒体编辑的经验总结和分享快速获取一些信息或技能，可以少走一些弯路。如果能在标题上善用数字概括，强调文章内容的实用性和可达性，让受众觉得内容有聚焦价值，能够帮助他们省时省事、解决麻烦，就更容易提升文案的阅读量、收藏量和转发量，如标题《微信视频号怎么变现？教给你 6 大变现方法》。

（7）描述与受众息息相关的场景

新媒体编辑可以在标题中用具体细节描述一个与受众息息相关的场景，不管是工作中的场景还是生活中的场景，只要能让受众感同身受，产生共鸣，就能吸引他们点击阅读。例如，新媒体编辑或多或少遇到过原创新媒体文案被侵权的经历，只要经历过类似场景，在看到《急！在线等！我被侵权了怎么办？》时自然会打开新媒体文案，查看是否有好的解决办法。

（8）激发受众的情绪

新媒体编辑可以在标题中使用某些语句激发受众的情绪，这是把"双刃剑"，运用得当，可以获得受众的强烈认同，极大地增加文章的打开率，反之则可能被受众厌恶，如《别再偷看我的朋友圈了！》《你凭什么说我不努力？》《有事直说，别问"在吗"》。

（9）利用受众的损失厌恶心理

新媒体编辑可以通过一些强调词，如"最好""注意""必须""一定""千万""刚刚"等，利用受众的损失厌恶心理，使其产生不打开这篇新媒体文案阅读就会有很大损失的感觉，如《运营人，你必须知道的裂变技巧》《刚刚！1 月浙 A 牌摇号结果新鲜出炉！速查有没有你！》。

3.1.5　新媒体文案的正文写作要点

新媒体文案能否吸引人，关键不在于文采，而在于思路。新媒体编辑要有清晰的段落架构思路，按照特定的思路来阐述观点。新媒体文案的正文有以下 6 种常见的段落架构。

1. 瀑布式

瀑布式又称总分式、自上而下式，可以分为瀑布式故事架构和瀑布式观点架构。瀑布式故事架构是指先点明故事的核心要素，然后按照顺序把故事的起因、经过、结果等环节分别讲明白。瀑布式观点架构是指先提出观点，即"是什么"，然后分析"为什么"和"怎么办"，逐层推进，说明问题，或者从多个方面阐述开头的主题，结尾并无再次强调。

例如，微信公众号"有书"发布新媒体文案《认清一个人，看这 3 点就够了》，开头便道出观点："认清一个人，要听其言观其行，不妨先从这三个细节入手。"然后，新媒体文案分别从对家人的态度、对利益的态度、对弱者的态度来表现一个人的人品、人性和教养，如图 3-1 所示。

2. 水泵式

水泵式又称分总式、自下而上式，与瀑布式刚好相反，即先剖析观点或讲故事的来龙去脉，最后提炼出新媒体文案的核心。

3. 沙漏式

沙漏式又称总分总式，指新媒体文案首尾呼应，开头便提出核心观点，结尾再次强调或升华观点。例如，微信公众号"洞见"发布的新媒体文案《一茶一书一知己，不负岁月不负卿》的正文结构就是沙漏式，如图 3-2 所示。新媒体文案开头说出核心观点"仅需一书一茶一知己，和朋友一起品茶香，徜徉书海，便足矣"。然后，新媒体文案从读书、喝茶、交友三个方面论述，"唯有书，不负时光""一茶一世界，一味一人生""遇人无数，知己难求"，最后再次总结观点"一茶一书一知己，一生有此相伴，足矣"。

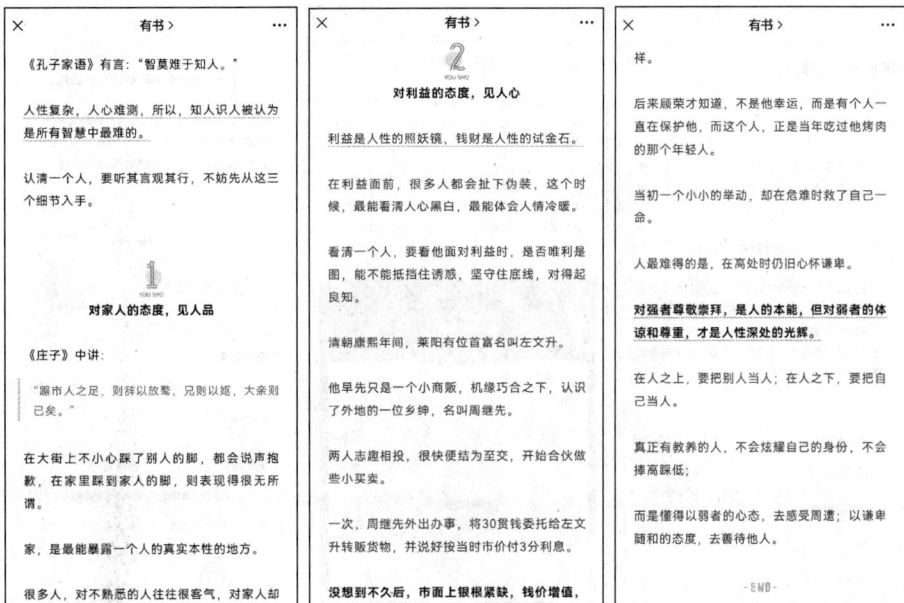

图 3-1　瀑布式

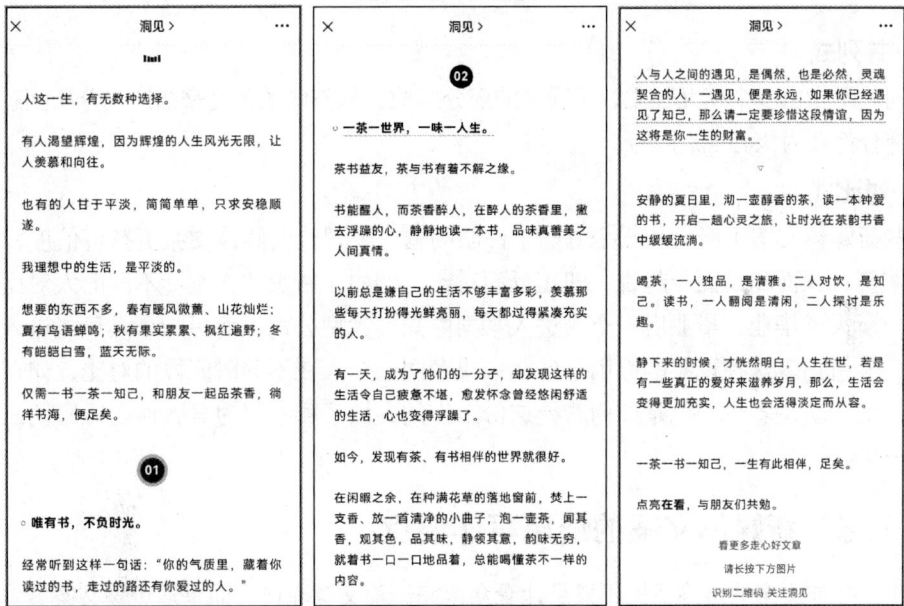

图 3-2　沙漏式

4．拼盘式

拼盘式又称盘点式，大多由新媒体编辑拟订小标题整合而成，省去受众"找素材、做总结"的步骤，节省了受众的时间。

例如，微信公众号"支付宝"发布的新媒体文案《虽然小，但有用》为受众介绍了几个支付宝的小功能，帮助受众保护个人信息，防止钱财丢失，如图 3-3 所示。新媒体文案开头先向受众说明要介绍的相关功能，并指出新媒体文案的目的是保护受众财产，然后分条介绍功能，每一条都是保护受众财产的功能，属于典型的拼盘式结构。

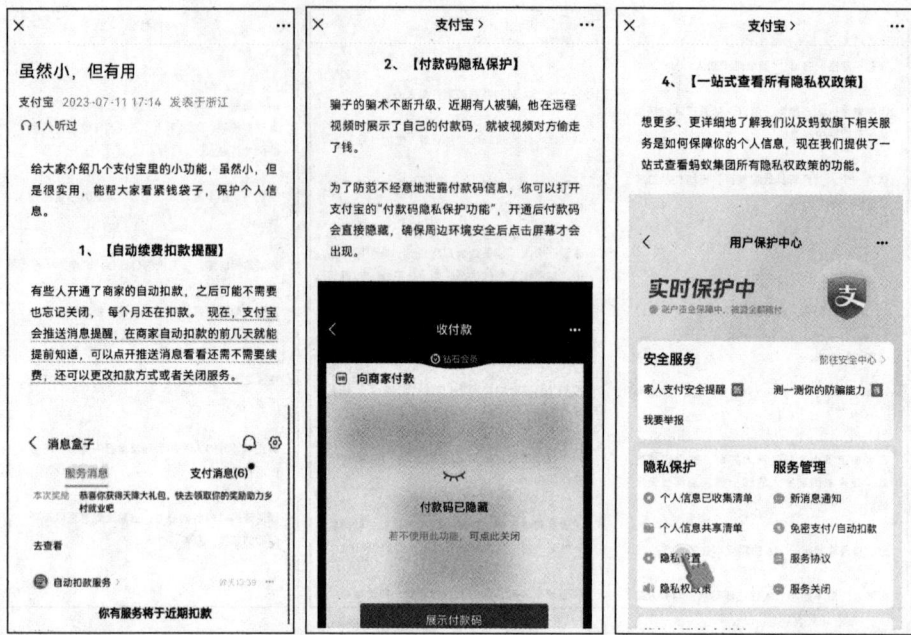

图 3-3　拼盘式

5. 并列式

并列式是指由多个相互独立、无联系的部分组成，从不同的角度来描述或分析问题，这些独立的部分都要为核心观点服务。

6. 对比式

有些新媒体文案不能只从一个方面来说明问题，要想让新媒体文案更有可信度，往往需要反面案例，正面和反面一起说，即正反面对比。例如，新媒体文案让不同的人对比，两个人是同一所大学毕业，毕业后一个人进入某国内知名大型公司，而另一个人只能进入当地的小公司，分析出现这种现象的原因是什么；或者同一个人在不同时间段的对比，如在职场初期一个人的工资是多少，他是如何看待这份工作的，做了哪些努力导致他在短短两三年工资翻了两三倍。

3.1.6　新媒体文案的结尾写作要点

一篇新媒体文案的最终目标不只是让受众读完一篇文章而已，而是通过该文案激发受众做出新媒体编辑期待的行为。

有的人看完新媒体文案会大呼一声"写得太扎心了"，点赞之后会把新媒体文案转发到朋友圈分享；有的人喜欢新媒体文案中描述的商品，于是点击新媒体文案中的链接下单购买；有的人会在新媒体文案后面的评论区写下自己的想法和观点，与新媒体编辑进行交流……

之所以会出现以上行为，主要原因是新媒体文案结尾具备引导作用。新媒体文案都有其营销目的，要么为品牌服务，提升品牌的知名度和美誉度；要么为销售服务，推广商品，提升销量。因此，新媒体编辑要对新媒体文案结尾进行优化，引导受众做出相应的行为。

新媒体文案的结尾可以从以下几个角度来进行设计。

1. 融入生活场景

在新媒体文案结尾融入场景，更容易打动人心。结尾的场景应当截取受众在生活中常见的场景，生活气息浓厚，代入感强。例如，育儿文案的结尾可以描述妈妈和孩子在一起快乐玩耍的场景，强化某种育儿商品的强大功能及其给妈妈和孩子带来的巨大改变。

2. 设置金句

在结尾设置金句，可以起到画龙点睛的作用，帮助受众领悟文案的核心观点，引起受众的共鸣，因此这种新媒体文案一般转发率较高。金句一般有名人名言、原创经验两种。例如，微信公众号"青年文摘"发布新媒体文案《离你最近的 5 个人，暴露了你的人生走向》阐述了社交圈对人生走向的影响，所谓"近朱者赤，近墨者黑"，因此要学会选择社交圈，借助外力发展自己，并在最后引用荀子的话语来强化自己的观点，如图 3-4 所示。

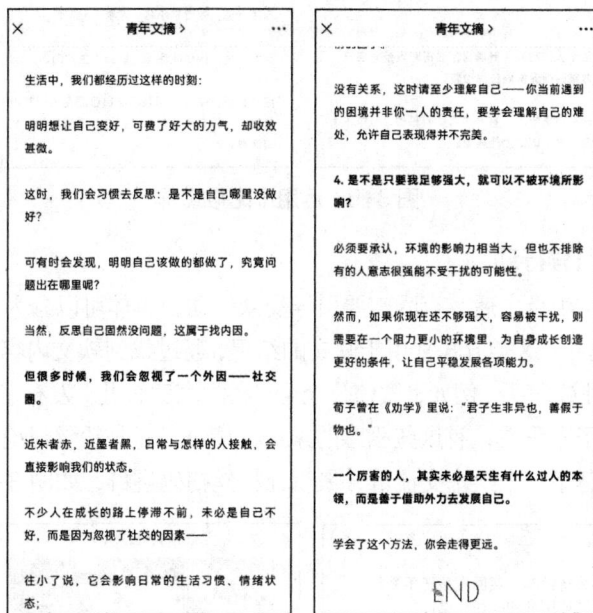

图 3-4　设置金句

3. 用提问引导受众思考

与正面陈述相比，提问的力度更大，可以引导受众思考，而且提问是一种发起互动的方式，能够提升受众的参与感。

4. 设置神转折

神转折是指用无厘头的逻辑思维将两个毫无关联的事物联系起来，用结尾的三言两语把前文营造的氛围破坏得一干二净，制造出一种强烈的反差感，让受众读起来有趣，有利于网络传播。

5. 运用排比句式

运用排比句式结尾，不仅可以总结新媒体文案的内容，有层次性地递进主题，起到强调的作用，还能累积和引发受众的情绪。例如，微信公众号"洞见"发布的新媒体文案《真正厉害的人：常自省，能自律，懂自愈》从自省、自律和自愈 3 个方面阐述了成为命运强者、活成人生赢家的途径，并在新媒体文案结尾采用排比句式强调了这 3 个途径，如图 3-5 所示。

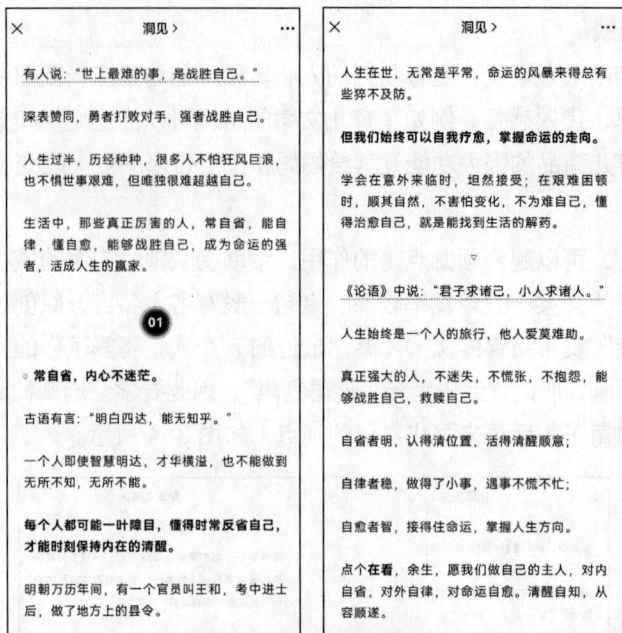

图 3-5　运用排比句式

6. 关联受众，引导行动

新媒体文案在表达观点之后，有时需要引导受众行动，具体可以分为以下 3 种方式。

- 引导关注或购买：这类方式常用于软文的结尾，通过找到软文内容与软文宣传对象的共同特点，引导受众关注或购买。例如，微信公众号"科学家庭育儿"发布了一篇新媒体文案《不会选绘本，买回家孩子不爱看，有这些困惑的家长，请进！》，与粉丝讨论了合理选择绘本的重要性，并宣布自己筹备了一个绘本交流群，最后让粉丝扫码进群，如图 3-6 所示。

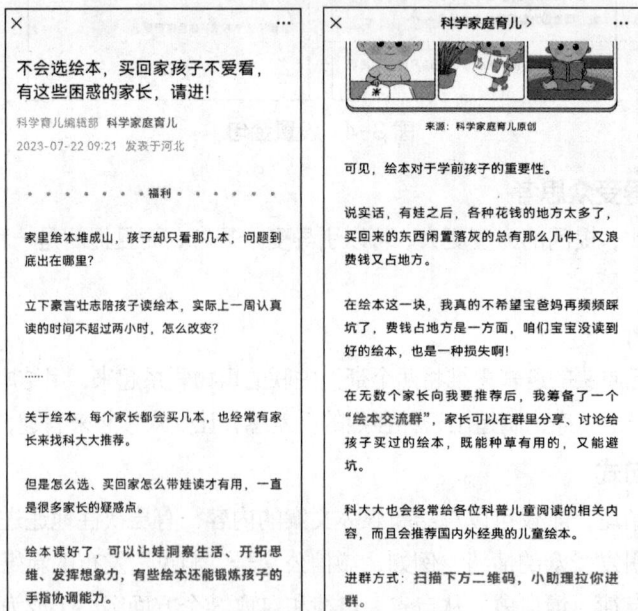

图 3-6　引导关注

- 引导评论：在正文结束之后，新媒体编辑可以加一句话引导受众进行评论，提升受众的活跃度。例如，微信公众号"小米公司"在发布的文章《你真的构了》科普了 7 种常用的摄影构图方法，最后向受众提问，并引导受众到评论区互动，如图 3-7 所示。

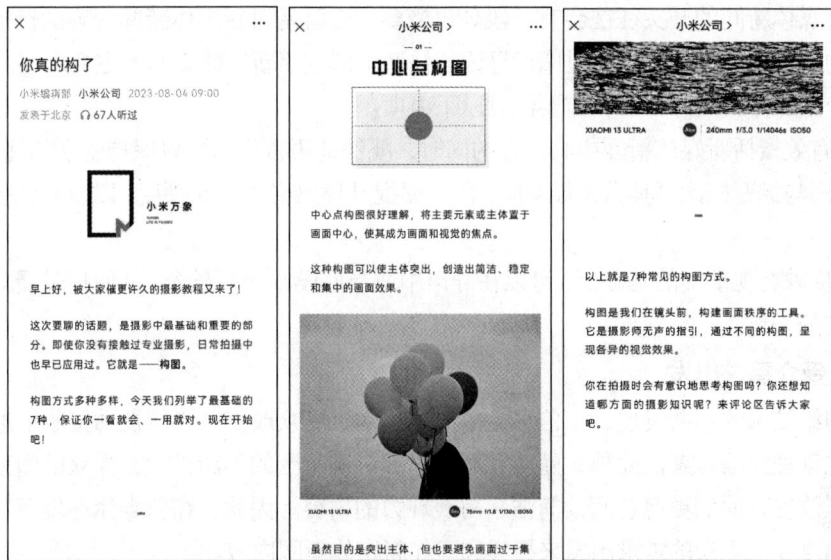

图 3-7　引导评论

- 呼吁行动：在讲述某个观点之后，号召受众在实际生活中加以运用。

3.2　新媒体新闻写作

新媒体新闻对于新媒体编辑及新媒体运营来说是十分重要的一部分。媒体平台通过发布新媒体新闻，尤其是深度整合报道，能够旗帜鲜明地体现媒体平台对新闻事件和视角的选择、诠释和思考。

3.2.1　新媒体新闻的写作语言

随着互联网技术的不断发展，受众对新媒体新闻的需求日益呈现出多元化的特点，新媒体新闻写作在坚持传统媒体"内容为王"的基础上，还要不断地进行个性化创新，其通过不断地调整内容来满足当前受众的阅读和审美需求。

在新媒体背景下，新媒体新闻的传播方式、写作方式、传播载体及受众阅读偏好都发生了一定的变化，新媒体新闻的写作和传播受到越来越多因素的影响，新媒体新闻写作也呈现出更多的特点。

互联网技术的发展提高了新媒体新闻素材搜集的速度和质量，扩大了新媒体新闻素材搜集的范围，增强了新媒体新闻传播的视觉化、形象化和立体化效果。因此，在新媒体环境下，新媒体新闻的写作语言需要遵循 4 个原则。

1. 注重新媒体新闻标题的写作

在新媒体环境中，标题是一篇新媒体新闻的重中之重，是吸引受众注意力的关键因素，所以新媒体编辑要重视新媒体新闻标题的写作。新媒体新闻标题不宜太长，也不宜太短。通常来说，新媒体新闻标题的字数不宜超过 25 个字。

2．注重导语的写作

一篇新媒体新闻的开头往往会有一段导语概要，它既是对新媒体新闻内容的概括总结，也是对标题的进一步解释，受众通过阅读导语能快速了解这篇新媒体新闻的主要内容。

在写作新媒体新闻导语时，需要注意以下事项。

- 在有效概括新媒体新闻中心思想的同时，要保证语言简洁，以保持受众的阅读兴趣。
- 导语与标题相比更具有发展空间，所以要提升导语格式的新颖度，以更好地吸引受众的注意力。
- 在反映客观事实的基础上，可以在导语中适当地设置一些悬念，从而提升受众阅读新媒体新闻正文的兴趣。

3．从受众需求出发

随着网络技术的不断发展，在信息传播的过程中，受众改变了以往被动接收信息的状态，进而成为主动搜集信息者。此外，随着互联网思维影响范围的不断扩大，受众的阅读兴趣和习惯也发生了改变，他们更愿意阅读简洁、有表现力的内容。因此，在新媒体环境下，要学会站在受众的角度，从受众的需求出发来搜集和写作新媒体新闻内容。

4．丰富新媒体新闻表现形式

为了更好地满足受众的阅读需求，应该丰富新媒体新闻的表现形式，提升新媒体新闻的感染力。新媒体编辑在写作新媒体新闻时应做好以下几个方面的工作。

首先，从客观事实出发写作相应的文字内容，建立新闻报道的整体框架；其次，在适当的位置插入与文字叙述相符的图片，让受众通过图片更好地理解新闻内容；再次，插入画面清晰、时长合适的视频，以更加客观、清晰地还原事实真相；最后，合理地运用数据与图表，让新闻内容更加直观、更具说服力。添加相应的数据图表既可丰富新媒体新闻的表现形式，让新闻内容更具说服力，同时也增强了新媒体新闻的传播力，如图 3-8 所示。

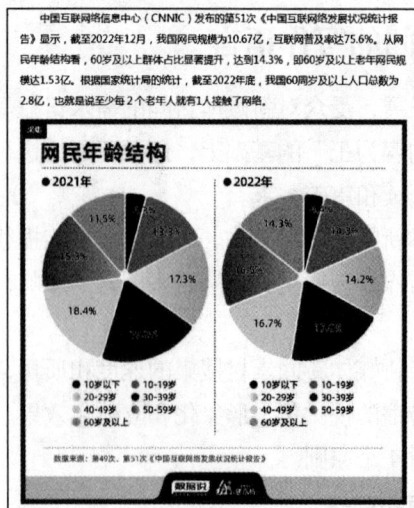

图 3-8　新媒体新闻中的数据图表

3.2.2　新媒体新闻的写作方式

一般来说，新媒体新闻的写作方式可以分为倒金字塔式、正金字塔式、折中式和平铺直叙式。

1．倒金字塔式

倒金字塔式是将新媒体新闻中最重要的消息写在第一段，或者以新闻提要的方式呈现在新媒体新闻的最前端，这样有助于受众快速了解该新媒体新闻的重点。由于该方式迎合了受众的接受心理，所以成为媒体普遍应用的一种形式。

具体来说，这种写作方式的基本格式（除了标题）为：首先在导语中写出新媒体新闻中最有新闻价值的部分（即新媒体新闻中最突出、最新奇、最能吸引受众的部分），然后在报道主体中按照事件各要素的重要程度，依次递减写下来。需要注意的是，一个段落只能写一个事件要素，不能一段到底。

因为这种格式不是按照事件发展的基本时间顺序来叙述的，所以新媒体编辑在写作时要尽量从受众的角度出发来进行构思，按照受众对事件认识的重要程度来安排事件要素的顺序。因此，新媒体编辑要想充分地运用好这种方式，需要长期的实践经验和对受众的深入认识做支持。

2．正金字塔式

正金字塔式是一种以时间顺序作为行文结构的写作方式，其结构刚好与倒金字塔式相反，写作顺序分别是引言、过程、结果，采用渐入高潮的方式将新闻重点摆在文末。这种写作方式一般多用于事件特写。

3．折中式

折中式又称新华体，这种写作方式将倒金字塔式、正金字塔式进行了折中，新媒体新闻中最重要的信息仍然在导言中呈现，接下来则依照新媒体新闻的时间性或逻辑性进行叙述。

这种写作方式的基本格式（除了标题）为：首先把事件中最重要的部分在导语中简明地体现出来，然后在第二段进一步具体阐述导语中的这个重要部分，对导语内容形成支持，不至于让受众在接受时形成心理落差。第二段实际上是一个过渡性段落，接着按照事件发展的时间顺序把"故事"讲下来。

4．平铺直叙式

平铺直叙式的写作方式就是注重行文的起、承、转、合，力求文字的流畅精准。这种写作方式比较适合发表组织声明时使用。

3.2.3　新媒体环境下的新闻文体变革

新媒体传播的新闻主要分为两类：一类是直接从传统媒体上复制而来的，另一类则是顺应着新媒体的传播趋势逐渐变形而来的。

从新闻产生开始，其文体的变化就离不开物质基础的支撑。技术发展催生的新媒体主要从以下几个方面对新闻文体造成了影响。

（1）滚动或下拉式的查看方式增强了新闻的连续性，并且打破了新闻篇幅的限制。人们常说的"豆腐块"，很恰当地反映出传统新闻报道的特性——分裂、独立，并且没有连续性，这样的特性要求传统新闻的文本必须要独立、完整。而新媒体在报道新闻时，常常可以对新闻进行实时跟进，也可以通过界面的分割将整件事情的来龙去脉有条理地表现出来。

（2）新媒体的互动性使受众最大化地参与新闻生产。在传统媒体时代，受众只能单方面地接受传统媒体的信息，受众对事件的看法和意见很难反馈到传统媒体那里，也不可能大范围地进行表达。

新媒体的出现则打破了传统媒体单向的传播模式，实现了传播者和受众的实时互动，更实现了不同受众之间的实时互动。这种新闻传播方式使传播者泛化，新媒体中的信息可能来自每一个普通人，于是过去只有少数人可以拥有的新闻采写权现在被所有人一起分享，有时处于附属地位的新闻评论更是夺走了新闻报道本身的风采，成为新闻报道的主环节。于是，新闻文体也随之变得题材纷繁，体式多样。

在新媒体环境下，新闻写作是一种跨文体写作，兼具文学文体和应用文体特色，且传统新闻类型如消息、通讯、评论、专访之间的界限淡化，呈现出各种表达方式融合和组合的趋势。

（3）媒介工具的设计越来越人性化，受众无须花费太多时间就可以学会或者适应各种媒介工具的简单操作。新媒体一目了然的界面符合受众的阅读习惯和需求，不知不觉使人们开始习惯于新媒体的传播渠道。而任何一种新型媒介进入大众传播，都会对新闻文体造成一种不可逆转的影响。

（4）口语化现象明显。网络技术提供即时传递文字、图片、视频的可能，形成了多模态的网络交际模式，使媒体性质和功能发生改变，新闻不再是简单的信息传递，而是掺杂了娱乐色彩。这些都在逐渐消解新媒体新闻的严肃性，使其走向娱乐化，从而使严谨规范的书面文体结构和样式走向口语化，特别是在社交媒体平台和微信公众号平台，新闻文体口语化现象尤其明显。

例如，微信公众号"人民日报"发布了一篇新媒体新闻《"本文不必参考任何文献"？网友：作者本人就是参考文献……》，讲述一篇论文因为写着"本文不必参考任何文献"而让众多网友义愤填膺，结果看了作者的履历才知道，作者是我国著名力学家钱伟长，然后该新闻对钱伟长伟大的一生进行了介绍，如图3-9所示。

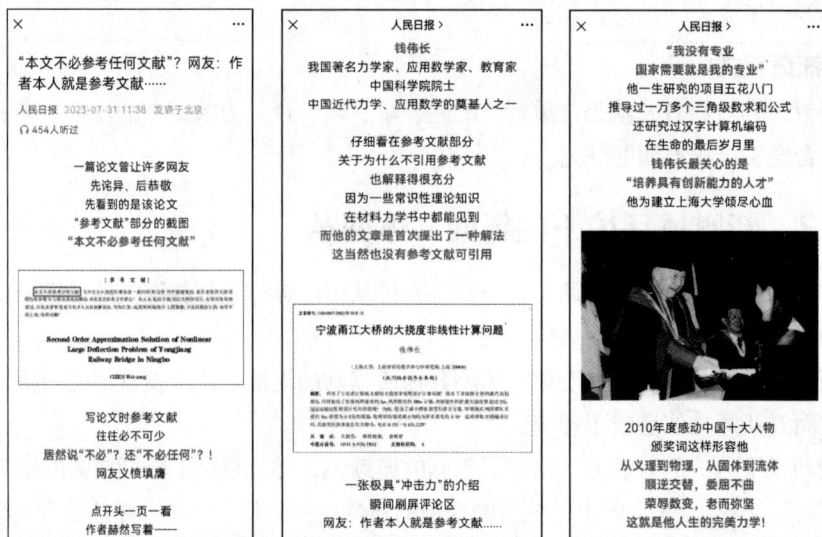

图3-9　口语化现象明显

这篇新媒体新闻是在钱伟长逝世 13 周年的次日发表的一篇纪念文章，但标题语言活泼，口语化特征明显，有强烈的网络时代特征，而且新闻内文的导语也具有强烈的网络文体色彩。而在介绍钱伟长一生经历时，文体特征与传统媒体的文体特征一致。

（5）新媒体新闻文体结构立体，具有互文性。新媒体时代下，新闻文体不再局限于传统新闻媒体文体的线性叙事方式，而是转向立体多层的文体结构。新媒体时代下，新媒体新闻是一个无限大的超文本，是相关文本的网状组合或层次性文本片段的链接。借助网络技术，文本、图片、视频之间的引用、复制和剪辑能够轻易实现。新媒体新闻本体看似只是一段话，但借助互文性，文体结构可以向纵深层层挖掘，直至无限。互文性是指语篇的使用依赖于对之前相关的一篇或多篇语篇的了解。

新闻文体的变革符合新闻传播的规律，而新闻传播的规律始终是由新闻的传播者和受众共同控制着。新闻文体的发展与变化，始终是为了满足受众的需求。新媒体之所以成为现代信息传播的新趋势，是因为它在各方面所体现出的人性化特点。在新媒体的冲击下，传统媒体都在进行不同程度的转型。

新媒体编辑对新闻文体的变革应该持开放的态度，只有不断地变化才能永远保持新闻本身的活力。不管时代如何变迁，作为新媒体编辑都应该时刻铭记最重要的一点：新闻不可以偏离其本质——新闻的真实性。新闻报道的职责是传递客观发生的事实，在新闻报道过程中必须保持客观、公正。新闻本无形，但新媒体编辑要时刻用心里的框控制自己手中的笔。

3.2.4　新媒体环境下的数据新闻写作

数据新闻是指运用技术来挖掘、分析数据，通过图表、多媒体等方式将其呈现在新闻报道中，力求新闻报道的具象化、系统化和客观化。在新媒体时代，大多数媒体在积极写作数据新闻。数据新闻主要分为两个类型，一类是新闻报道的内容使用数据图表，另一类是通过对数据的解读来报道事态发展，发现规律，评析趋势。

数据新闻的核心是处理数据，如果只有数据而没有分析，只能说是数字新闻，而不是数据新闻。数据新闻的特点主要是可读性强，可信度高，对当前的新闻生产流程和新闻业的发展产生了巨大的影响。

新媒体环境下数据新闻写作的基本要求如下。

1. 坚持较强的时效性

数据新闻的内容大多是由数据而阐发，所以在时效性上表现突出。数据的运算和传达都比人工快，并且简洁度更高，尤其是在报道突发新闻时，运用报道模板的数据新闻可以得到广泛应用。

2. 提高内容的可读性

数据新闻的可读性体现在数据新闻主要通过图形、表格、动画、视频等工具来生动、直观地传达新闻信息。运用可视化方法来解读当下政治、经济、文化、社会生活等方面的内容，让人一目了然，同时使用简单、通俗的语言，兼顾多层次的受众需求。

3. 突出关联性信息

数据新闻中含有大量的信息，得益于其制作方式和呈现方式，不仅可以提供新闻事件的表层信息，还可以展现关联性信息。例如，在发布关于某地区变迁情况的数据新闻时，用多张动图搭配文字，可以展示该地区在土地、建筑、山体等方面多年间的变化，以更广阔的视角传达多方面的信息，给受众新的思考角度。

4. 根据金字塔原理写作数据新闻

金字塔原理是美国知名培训师芭芭拉·明托在麦肯锡早期的研究工作中首创的一种表达方式，它强调以结论为导向的推理程序，因其写作结构形如金字塔，而被称为"金字塔原理"。

很多数据新闻以文字写作为主，数据图表为辅，在金字塔原理的指导下，数据新闻的写作应符合以下要求。

（1）导语：抛出议题，建立冲突，设下疑问

数据新闻的导语通常不会将数据分析的最终结果展示给受众，只是对论证问题提出的背景进行描述。导语在一篇数据新闻中起着非常重要的作用，其目的是提示而非告知受众，通常包含背景、冲突和疑问3个要素。导语需要说明数据新闻所研究问题的背景，在这种背景下发生了什么冲突，从而引发了受众的哪些疑问，而整篇数据新闻的目的就是解答这些疑问。

（2）正文：分析问题，建立逻辑树

数据新闻报道的事实一般是通过逻辑思维进行分析并推导出的较为抽象的事实性结论，这种分析过程要突出重点，建立脉络清晰的逻辑树。逻辑树意为将问题的所有子问题分层罗列，从最高层开始逐步向下扩展。当新媒体编辑将一个已知的、通过数据分析后得到的问题作为逻辑树的"树干"时，要开始考虑这个问题和哪些问题有关，相关的问题即为"树枝"，直到所有相关联的"树枝"确定完毕，也就较为系统和完整地完成了对数据背后意义的挖掘与分析。

（3）结论：进行科学性总结

数据新闻的结论一般无法以可视化的形式呈现，需要借助简洁明了的文字进行科学性总结。在按照金字塔原理写结论时，要使用明确的词语，准确回答数据新闻所探讨的中心问题。如果有多个结论，就要找到各个结论之间的逻辑关系，确认其是为数据新闻的整体思想服务的。

3.3 新媒体宣传文案写作

优质的新媒体宣传文案可以让受众了解企业或品牌的信息和文化，加深受众对企业或品牌的认知，从而提升企业或品牌的知名度和影响力。具体到产品上，新媒体宣传文案可以介绍产品卖点，刺激受众产生购买欲望，进而提高产品的转化率。与此同时，企业或品牌可以通过新媒体宣传文案向受众传达信息，如产品信息、企业资讯，让受众了解相关信息，加深企业与受众之间的联系。

3.3.1 软文写作

软文是指根据特定的用户诉求，以摆事实、讲道理的方式使用户走进企业设定的"思维圈"，以强有力的针对性心理攻击迅速实现品牌推广或产品销售的目的。与硬广告相比，软文的精妙之处在于一个"软"字，它将宣传信息嵌入到软文内容中，潜移默化地影响受众。

一篇好的软文是双向的，既能让受众在软文里找到自己所需的信息，为受众提供价值，也

能让受众了解新媒体编辑所要宣传的内容，"润物细无声"地影响受众决策。

在软文写作的过程中，新媒体编辑要想吸引更多的粉丝，达到更好的营销效果，就要充分掌握软文的表现技巧。

1. 语言风格要适合

软文写作要根据企业所处的行业，或平台定位的订阅群体选择适合该行业的语言风格。合适的语言风格能给受众带来更优质的阅读体验。以定位为传播搞笑内容为主的微信公众号为例，其正文的语言风格要诙谐幽默，并配上一些具有搞笑效果的图片。

2. 要有阅读场景感

软文不能只依靠简单的文字堆砌，而需要用平淡的文字组合成一篇带有画面感的文章，让受众在阅读过程中能够想象出一幕幕与生活息息相关的场景，这样才能更好地勾起受众继续阅读的兴趣。

一般来说，可以采用两种方法来构建阅读场景，如图 3-10 所示。

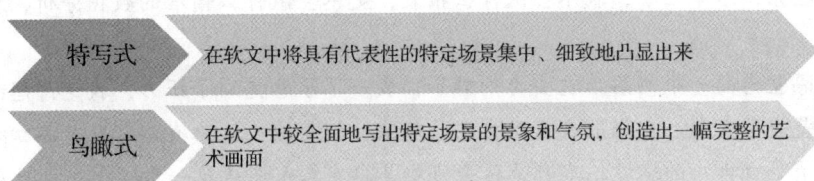

| 特写式 | 在软文中将具有代表性的特定场景集中、细致地凸显出来 |
| 鸟瞰式 | 在软文中较全面地写出特定场景的景象和气氛，创造出一幅完整的艺术画面 |

图 3-10 构建阅读场景的方法

3. 打造独特的个性风格

常言道"文如其人"，指文章能充分体现出作者的性格和文化修养等方面的典型特征，这句话也从侧面证实了作者笔下的文章也是有个性的。而在微信、App 和自媒体平台软文的写作和推送过程中，需要把新媒体编辑的个性特征无限放大，使其清晰地展现在受众面前，这是一种让软文具有高辨识度的有效方法。

此外，从微信、App 和自媒体平台软文的感召力方面来看，基于同类人之间的人格感召力，打造具有个性风格的软文无疑是吸引有着相同性格特征的人的重要力量。

当然，在打造软文的独特风格时，也需要注意两个方面的问题：一是新媒体编辑要写自己熟悉领域的内容，这样才能在写作时游刃有余；二是合理控制文章篇幅，不写拖沓冗长又带有负能量的软文。

4. 采用新颖的视角

视角新颖是指新媒体编辑要拓展视野，多角度、多领域地发挥想象，这种新颖的特点是软文发挥效用的根本所在，包括软文布局新颖、构思新颖、写作角度新颖、语言风格新颖等。通过不断地提高软文写作的创新能力，新媒体编辑才能写出视角新颖的好软文。

下面这篇软文讲述了一位喜爱咖啡的女生从开店到收获爱情的经历，看完之后才会明白，这篇软文其实并不是在宣传咖啡或咖啡店。

我是×××，一个爱咖啡、爱喝咖啡的女生。从初中的速溶三合一，到高中的罐装咖啡，再到大学时的咖啡机现磨咖啡，我对咖啡的爱始终没有停止。

"咖啡"在希腊语里面的意思是"力量与热情"，而我确实感受到了这一点。毕业后，我也毅然决然地选择了创业——没错，开一间咖啡店。

咖啡，对我而言是如同梦想一般的存在，不管是生活，还是工作，我都希望能与它更亲近，对它有更多的了解。而我的这一想法也很幸运地得到了爸爸、妈妈、老师和朋友们的支持。

一开始，我的咖啡店经营得很不错，来店里的客人越来越多，其中不乏一些真正懂咖啡的行家，有些客人觉得店里的咖啡味道不错，环境也有格调，而我在经营咖啡店的同时研究了更多关于咖啡的知识，这让我感受到了与其他刚毕业的同学不同的轻松与快乐。

可正当我沉浸在创业已经成功的喜悦中时，一些问题却开始出现了。

一开始，我对商业经营并不是很精通，也是多亏了老师和朋友们的帮助，凭着自己对咖啡的一些了解，才顺利地把店开了起来。

而现在，我发现店里来的客人多了，客人们的消费习惯、对于咖啡的种类选择和要求也各有不同，所以经常会出现某种咖啡库存过多，而某种咖啡库存不足的现象。

朋友支招说要学会统计，做报表，看看经营的具体情况才行。可到了月底，又被记账、整理、分析这些东西给难住了，我不会做什么报表，更不会做什么精准的数据分析，这下可愁死我了。

听说，隔壁街的一个奶茶店也要卖咖啡了，我一下子感觉到了压力，我觉得想办法留住我的忠实客人是当务之急。我跟朋友说了自己的想法，但是他们认为有些客人是品咖啡，有一些仅仅只是来消费咖啡店的环境，准确地区分哪些是忠实客人还得花一番心思，也没那么简单。

原本的我以为，摸着石头过河也总能到达对岸，可现在，果然应了那句老话，"创业容易，守业难"，以前的一腔热血不免凉了许多，直到他的出现。

×××，他是我在×××上认识的朋友，一个懂商业的"科技控"。我在×××上发了一条关于咖啡店经营的帖子，有很多网友给我提了一些管理意见和加强学习的建议，而他直接告诉我，买一台智能收银机就行。

我当时觉得很奇怪，一台机器就可以解决我的所有烦恼吗？于是，我关注了他，后来也跟他聊了起来，慢慢地，我们成为了好朋友，听他分析当下店铺经营趋势和商业发展的未来走向，虽然不是很懂，但是大概知道智能收银机是个不同于传统收银机的东西。所以，在他的推荐下，我买了一台×××智能云收银机，并且不时地向他请教，而他也十分热心地帮助我。

而正如他所料，之后的日子里，智能收银机的确解决了我很多问题，下单客屏实时显示、品类推荐与展示、会员服务、积分管理、收银结账、报表呈现，它统统帮我做到了。

我一直把×××当作我的贵人，而现在，他也是我的爱人。更让人想不到的是，之后我居然发现，隔壁那条街的奶茶店就是他的，他还有自己的品牌和多家连锁奶茶店。×××告诉我，智能收银机很适合品牌连锁店的经营模式，他有经验，所以才会想着帮我解决他曾经遇到过的问题。

事实证明，他是对的，他在帮助别人的同时，也收获了自己的爱情，而我不仅有了爱情，也实现了我的咖啡店连锁梦想。

正因为有了咖啡奶茶的故事，我对未来充满了希望，对咖啡的热爱依然不会减少，因为，我相信坚持是会带来好运的。我也希望，每一个女孩都可以坚持自己的梦想，愿你在追求梦想的路上，也有这样一台能收获爱情的智能收银机。

这篇软文其实是在宣传某款智能收银机，软文一开始展现女生开业遇到的各种问题及其给女生带来的困扰，再借助这款智能收银机解决问题，从侧面展示了智能收银机强大的功能，同时软文用一则爱情故事给机械的产品蒙上了一层感性的光环，更容易让人心动。

5. 软文主题明确

软文写作时要明确主题，精准地反映品牌或产品的主要特点。主题的选取非常关键，主题要单一且明确，才能强化软文的感染力。主题一多就容易失去文章的中心意境，降低软文的吸引力。

软文的主题可以是产品（质量、产地、价格、性能、材质等）、品牌（品牌个性、品牌内涵等）、企业（企业文化、企业创办人、企业经营管理等）、促销活动、服务、消费者的反馈等。

6. 从多个角度来写作软文

从不同的角度来写作软文往往会产生不一样的效果。软文的写作可以是从企业的角度、品牌的角度、创始人的角度、产品的角度、消费者的角度、第三者的角度等切入。电商品牌在进行品牌推广时，可以通过写作不同角度的电商软文来达到吸引受众、宣传推广品牌、促成销售的目的。

下面是茶百道品牌分别从品牌创立历史角度、公益宣传角度、合作伙伴角度做切入点写作的精彩软文。

（1）品牌创立历史角度

茶百道官方微博"茶百道ChaPanda"发布了一条关于品牌创立历史的微博文案，"从此命运的齿轮开始转动"，再搭配品牌成立第一家店时的营业图片，为受众营造了浓厚的历史感，强化了品牌的使命感，如图3-11所示。

（2）公益宣传角度

茶百道官方微博"茶百道ChaPanda"向外界宣布其在凉山州捐建的乡村儿童操场投入使用，并称未来会持续在更多的地区捐建乡村儿童操场，践行企业责任，传递更多的正向价值，其公益宣传可以在侧面凸显品牌的社会责任感，提升品牌的美誉度，如图3-12所示。

图3-11　品牌创立历史角度

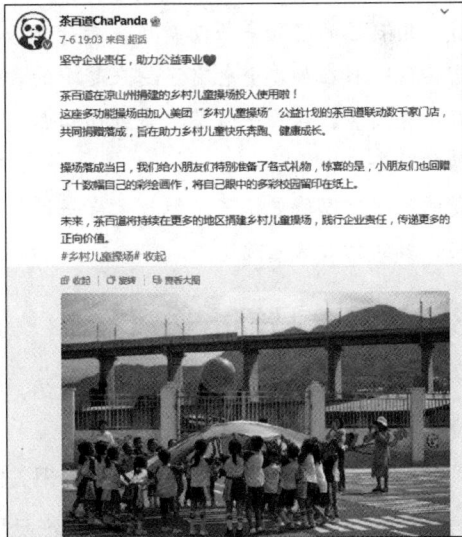

图3-12　公益宣传角度

（3）合作伙伴角度

以下是茶百道的微信公众号"茶百道ChaPanda"发布的一篇文案《5年，2000公里，一杯杨枝甘露……》，该文案向用户讲述了茶百道加盟伙伴从跨行创业到多店经营的故事，传达了品牌以顾客为中心的宗旨。

5 年前……

"哎……又要飞了。这是这个月的第×次夜班了。""我会在万里高空一直飞行吗？"这个疑问在心里渐渐发芽。

直到 2018 年，改变我人生轨迹的航班出现了。飞往成都的航班落地后，我喝到了人生第一杯茶百道——杨枝甘露，这一口就是一切故事的开始。之后在成都的我：第一天，茶百道+2 杯；第二天，茶百道+2 杯；第三天，茶百道+2 杯……

在离开成都的那天，我看着手里的杨枝甘露，突然想到："为什么不能在上海开一家茶百道呢？""为什么不能让更多的人喝到这一杯好奶茶呢？"想法在脑中扎根，我也陷入了两难的抉择。是继续做稳定的空中飞人，还是开启一场未知的冒险？

人生本是一场冒险，为什么不选择去拥抱热爱？

在开店的过程中，我也慢慢了解到，"做奶茶，真的不是摇一摇那么简单"，首先是准备原料，茶叶要鲜泡，才能茶香浓醇；水果要鲜切，不达标的水果统一废弃；小料要现做，芋圆、冻冻、血糯米……刚开店的每个早上，我都在店里忙得脚不沾地。

其次是经营管理，新品要培训，上新前背 SOP（Standard Operating Procedure，标准作业程序）是常事；周边要记牢，最怕给错或者给漏，辜负客人信任；热情要满分，我希望每一个客人都能满意。

苦难比想象中多，但既然是自己选的路，那就不能轻言放弃。一店、二店、三店、四店、五店……那一杯杨枝甘露终于在上海被越来越多人看见，我也从一只飞鸟变成了一棵扎根土地的树。

2022 年，我加入了加委会，开始为他人提供帮助。我们去参加公益活动，帮助特殊儿童融入社会，他们的一张张笑脸都让我感动。

我们用自己的经验来帮助新店，看着新芽也一步步变成大树。当年的一口惊艳，这么多年也未曾褪色。我在加委会也有了越来越重的责任：提升门店食品安全、规范门店饮品操作、提高门店服务质量，让每一位茶宝来到门店都能看到明亮干净的环境，喝到可口的饮品，感受我们热情的服务。

是的，我比以前更忙了，但我觉得一切都是值得的。做有温度的新式茶饮品牌，从 5 年前到现在，我的初心从未改变。

3.3.2 产品推广文案写作

产品推广文案是指对不同产品进行介绍，以激发受众的购买欲望，进而促进产品的销售转化的文案。

产品推广文案需要全面地展示产品的相关信息，如表 3-4 所示。

表 3-4 产品推广文案的组成

组成部分	说明
产品整体	详细介绍产品的正面、侧面、背面等，使受众对产品有整体的观感
产品细节	展示产品细节能让受众对产品的品质和做工更放心

续表

组成部分	说明
产品属性	产品属性包括功能、材质、规格和设计，将这些作为卖点进行展示，可以提升受众对产品的认同感
产品优惠信息	介绍产品的满减优惠、满赠优惠等信息，吸引受众的注意力
产品操作方法	介绍产品的操作方法，可以帮助受众合理使用产品，提高使用效率和安全性
其他信息	产品辨别真伪的方法、售后服务、附赠服务、产品好评等

不同产品的推广文案侧重点有所不同，新媒体编辑首先要充分了解想要推广的产品，成为产品专家，然后采用以下方法推广产品。

1. 提炼并展示产品卖点

在充分了解产品后，新媒体编辑要能提炼出产品卖点，并在平台上进行展示。提炼产品卖点的方法主要有 FAB 法则、产品属性提炼法和要点延伸法，如表 3-5 所示。

表 3-5　提炼产品卖点的方法

方法	说明	举例
FAB 法则	FAB 法则是指特点（Feature）、优势（Advantage）和益处（Benefit）法则。特点是指产品有什么特点和特色；优势是指产品的优点和作用，从产品优势进行挖掘；益处是指产品能够给受众带来的利益，要以受众为中心进行介绍	这件衣服的面料是全棉的（特点），贴身穿比较舒服，透气性很好（优势），衣服的款式比较简约，上班期间穿搭自由，裙装或裤装都可以轻松驾驭，居家或逛街时穿也很随意、大方（益处）
产品属性提炼法	根据产品属性来提炼卖点，可以分为四类：产品价值属性（使用价值）、产品形式属性（质量、外形、手感、重量、体积、包装）、产品期望属性（满足受众期望的条件）、产品延伸属性（产品的附加价值）	产品价值属性：多功能一键智能化：煮饭、煮粥、煲汤、保温、蒸煮、预约 产品形式属性：3～5L 可选大容量，小家的温暖，招待亲朋好友都能轻松满足 产品期望属性：24 小时智能预约，吃饭不匆忙 产品延伸属性：权威检测，质量有保障，为健康我们更加用心
要点延伸法	列出某个产品卖点，然后以该卖点展开阐述，丰富产品推广文案的观点，使内容更细致，说服力更强	为某款女式包写作推广文案时，卖点为"多场合适配"，延伸要点可以包括：8 种颜色随心选择，上班、旅游、逛街，场景百搭；附赠搭配扣件，DIY 场景造型

2. 戳中受众的痛点

痛点是指受众在现实中遇到的且无法解决的某些问题，只有把痛点解决后才能激发受众的购买欲望。新媒体编辑可以将产品卖点与受众的痛点联系起来，强调产品的某个卖点可以解决受众遇到的问题，从而减少受众的购买顾虑。

3. 展开对比

新媒体编辑可以针对产品的某些属性，将自身产品与同类产品做对比，如对比产品的质量、功能和服务等，以此来突出自身产品的优势，吸引受众进行购买。例如，某款拖把的产品推广文案从清洁度、质量、吸水性等方面将自身产品与普通拖把做对比，以突出自身产品的优点，如图 3-13 所示。也可以将使用产品之前的状态与使用产品之后的状态做对比，以突出产品的使用效果和强大的功能，如图 3-14 所示。

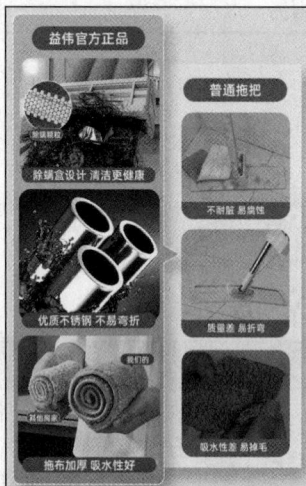

图 3-13　与同类产品做对比

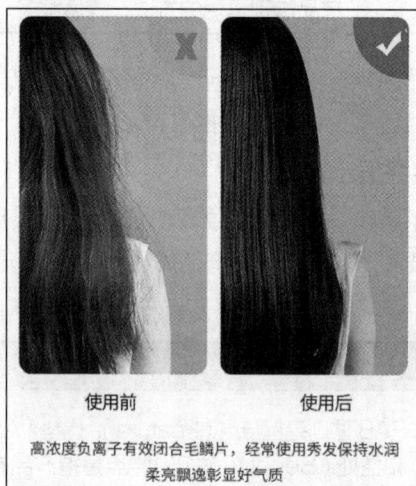

图 3-14　使用产品前后的状态对比

4. 讲解与产品使用相关的常识

在产品推广文案中添加一些与产品使用相关的常识，不仅可以帮助受众规避产品使用过程中可能遇到的问题，还会强化品牌的专业形象，使受众更加信服。某款全棉毛巾的文案为受众提供了一些生活小常识，这些常识指导受众如何正确使用毛巾，以保证干净卫生，如图 3-15 所示。

图 3-15　讲解与产品使用相关的常识

5. 摘录好评

新媒体编辑可以在产品推广文案中摘录人们使用该产品后提交的好评，让受众看到其他人的使用感受和购买经历，从而增强对产品的信任度。

6. 展现产品的附加价值

很多产品推广文案只展现了产品的使用价值，而忽略了产品的附加价值。展现产品的附加价值可以赋予产品更加丰富的内涵，增强其吸引力。产品的附加价值除了产品的独特用途以外，还可以凸显受众的身份和形象。

7. 对受众进行承诺

人们在网上购物时无法接触实际商品，所以在购买商品时会有所顾虑，如果产品推广文案可以对受众进行承诺，如7天无理由退货等，这样容易获得受众的信任，促成交易。

3.3.3 品牌宣传文案写作

品牌宣传文案是指用于树立品牌形象、推广品牌产品的文案。以往品牌宣传注重销售产品，现在的品牌宣传更趋向于传达情感和价值观。优质的品牌宣传文案应做到即使受众不购买产品，也会赞同品牌宣传文案中传达的品牌文化和价值观。

要想让品牌宣传文案成功激发受众的购买欲望，最大的核心点在于如何自然地输出好情感。新媒体编辑要利用品牌宣传文案的多元表现手法，让受众产生多重心绪，最终化为心动的想法和购买的动力。要想实现这个目的，新媒体编辑可以采用以下方法。

1. 共情受众

品牌宣传文案可以从受众的心理欲望入手，思考受众想要什么，缺少什么，站在受众的角度共情受众，最终让受众共情品牌。例如，中国贴身衣物生活方式品牌 NEIWAI（内外）提出口号"No body is nobody（没有一种身材是微不足道的）"，意在破除美的单一性，让品牌形象更符合每一个平凡的你我，贴合当代女性追求真实而多元的心理。

2. 洞察新时代的观点

随着时代的进步，大众观点也在进一步革新。一篇优秀的品牌宣传文案应当与时俱进，与时代共生长，洞察当代人的情感价值观，击中当今时代的情绪点。

3. 讲述品牌故事

故事是用语言艺术反映生活、表达思想感情的一种形式。人们通过故事可以更好地与他人建立信任，引起他人的共鸣，也可以委婉地说出自己的真实想法。因此，品牌宣传文案融入品牌故事，可以更有效地提升品牌在受众心中的形象，激发受众的情感共鸣。

品牌故事可以分为四大类，分别是关于创始人的故事、关于产品的故事、关于品牌发展历程的故事和关于受众的故事。

* 关于创始人的故事：创始人是品牌最好的代言人，品牌创始人的经历可以让品牌自带卖点，产生一种独树一帜的文化与精神气。
* 关于产品的故事：产品是营销的核心，每一个家喻户晓的品牌都有一个关于产品的故事，一个有意思的产品故事能让受众既记住产品，又记住品牌。
* 关于品牌发展历程的故事：品牌宣传文案可以带领受众一起回顾品牌从成立之初到发展到一定规模的历程，打造出一种穿越时光、践行企业使命的厚重感，提升受众对品牌的信任度。

例如，比亚迪在官方微博发布文案及视频，视频中比亚迪的员工和全球用户代表共唱《海阔天空》，唱出比亚迪企业所有人"坚定梦想，一路同行"的信念，同时视频中回忆了比亚迪的发展历程，为比亚迪的坚持做了有力的注脚，如图3-16所示。

图3-16　关于品牌发展历程的故事

- 关于受众的故事：品牌宣传文案可以另辟蹊径，从受众的角度来发掘故事点。

4. 化用名言和俗语

名言和俗语自带记忆点，品牌宣传文案可以将其改编使用，唤醒受众的集体记忆，进一步激发受众产生情感共鸣。

5. 输出品牌调性

品牌调性是品牌的核心价值，是品牌在受众心中的定位和印象，也是品牌宣传文案必须要输出的内容。为此，新媒体编辑通过评估品牌竞品和目标受众的需求，并清楚地了解品牌口号、品牌理念、品牌文化和品牌标志等元素，整合出富有品牌特色的表达方式。

3.3.4　电商活动宣传文案写作

电商活动宣传文案是指借助各种活动和主题来写作的文案，以起到引流、促销、提升品牌知名度与影响力的作用。电商活动宣传文案有很多种，比较典型的是电商海报文案、节假日文案和产品上新文案。

1. 电商海报文案

电商海报文案通过视觉化的效果向受众传递重要的电商活动信息，激发受众了解和购买产品的欲望。电商海报文案一般由图片和文字组成，要求图片清晰美观、具有设计感，而文字既可以是一句简单的广告语，也可以是标题、活动规则、产品卖点、活动时间等内容的组合。

电商海报文案的目的是通过文案勾起受众对活动具体信息的了解欲望，增强受众的参与感，获得受众的关注。电商海报文案要营造出活动的浓烈气氛，激发受众的好奇心，从而促使受众点击海报、查看详情并下单购买产品。

在促销时，电商海报文案主要采用以下方式。

- 价格促销：利用较低的价格吸引受众，如降价出售、打折出售，具体的文案有"××直降200元""全场8折"等。
- 奖品促销：用赠送礼品或抽奖等方式为受众提供优惠，如进店有礼、满额赠送、积分抽奖、1元换购等。
- 会员让利：以不定期为会员提供优惠的方式吸引受众成为会员，长期与店铺建立联系，如"会员消费满200元送100元""会员免费赠送"等。

2. 节假日文案

很多商家会选择在某个节假日节点进行营销推广，其文案通常会结合品牌形象与具体的节假日特点寻找切入点，以增加品牌及其产品的曝光度，并增强与受众之间的情感联系。节假日可以分为传统节日和具有时代特征的新兴节日，传统节日有国庆节、中秋节、元旦、端午节等；新兴节日有"双十一"购物狂欢节、"6·18"购物狂欢节等，以上两种新兴节日的营销效果甚至达到了传统节日的营销效果。

节假日文案是一种特殊的借势文案，是通过与节假日相关联进行品牌或产品的有机植入，通过描述家人、友人、爱人等在节假日期间的互动，用温馨的故事来激发受众在该节假日相关话题下的情感共鸣，进而引起网络传播和热议，让更多人了解和关注产品或品牌。

3. 产品上新文案

当品牌研发出新品以后，除了召开新品发布会，还会选择在微博、微信公众号等平台发布产品上新文案为新品造势，引起受众的好奇和期待，为新品在未来市场中占据有利地位进行预热。

产品上新文案的写法有很多种，如直接写出产品卖点（见图3-17）、设置悬念、与竞品对比、致敬经典等。

图 3-17　直接写出产品卖点

3.4 新媒体平台文案写作

企业或品牌在新媒体平台发布文案为产品或品牌做宣传推广，首先要了解各个新媒体平台的特征和受众的喜好，这样在写作文案时才能更有针对性，在不同平台写作适应平台特征的文案，将文案的影响力最大化。

3.4.1 微博文案写作

微博是一种基于关注机制分享简短实时信息的广播式社交媒体和网络平台，具有交互性、碎片化等传播特征。受到这些特征的影响，微博文案也具有简练精要、互动性强、趣味性强和传播迅速的特点。

微博平台上每天有数亿受众，每天产生的信息数量非常庞大，而受众只关注自己感兴趣的信息。为了吸引受众，新媒体编辑在写作微博文案时可以采用以下技巧。

1. 使用话题功能

微博平台带有话题功能，平台上的热门话题往往是一段时间内大多数受众关注的焦点，新媒体编辑可以借助热门话题的高关注度来写作微博文案，快速提升企业或品牌的影响力。除了利用已有的热门话题，企业或品牌还可以自建话题，在微博文案中添加话题符号"#……#"即代表创建某话题，可以让微博文案自动与话题连接，以便被更多受众搜索到。企业或品牌创建的话题要有话题度，与受众的生活息息相关，同时话题词条要简单，容易理解，并与微博文案有所关联。

2. 关联营销

关联营销是指企业或品牌不只是为自己写作文案，还与其他账号进行关联合作，以此生成一个话题。采用关联营销的企业或品牌之间往往会以参与同一个话题和互相@的形式形成联动，以此来扩大企业或品牌的影响力。

例如，立白在其官方微博发布的文案中与高姿、好爸爸等品牌联动，邀请受众参与户外挑战行动，并号召受众点赞、评论并带话题，引导受众参与互动，如图3-18所示。

图3-18 立白的微博文案

3. 提供解决方案

新媒体编辑可以针对受众普遍遇到的难题给出良好的解决方案，这样更容易获得受众的认可。

4．向受众发起互动

企业或品牌通过官方微博与受众进行互动，有利于拉近受众与企业或品牌之间的距离，培养受众的忠诚度，常见的互动方式有抽奖、提问、转发等。尤其是抽奖，是企业或品牌官方微博进行营销推广的"标配"，使用频率很高，可以有效提升受众对企业的关注及其黏性，同时提供利益可以促使受众积极转发分享，有助于微博文案的裂变传播。

3.4.2　小红书文案写作

作为年轻人的生活方式平台，小红书的账号数已突破 2.2 亿，作为消费主力的女性受众占比超过 87%，"90 后"占比超过 70%。在诸多 App 中，小红书的种草带货能力首屈一指，因此该平台成为企业、品牌和网红达人重要的营销阵地。

要想提升在小红书平台上的运营能力，新媒体编辑就要了解小红书平台的特性，并针对该平台受众的特征写作合适的文案。在小红书平台上，最吸引人的文案一般具备以下特征：提供利益点或展示风险点。

人们会本能地追求让自己变得更好的事物，而疯狂规避可能让自己变差的事物。因此，新媒体编辑要在小红书文案中向受众提供利益点，让受众感觉小红书文案提供的信息中有其关注的利益点，或者让受众觉得看完文案就可以规避风险。例如，"揭秘这 5 个地方居然比拼多多更便宜（暗示受众可以用更低价购买产品）""值得收藏！装修必看｜干货合集（对装修的人来说很有用，可以提升装修效率，节省成本）""婚纱照避坑指南！超细节（对即将拍婚纱照的人来说很有用，看完可以规避风险）"。

在提供利益点时，为了更吸引受众注意，新媒体编辑可以灵活运用以下技巧。

（1）描述效果：简要描述使用产品后的惊艳效果，让受众动心，如"太诱人了！甜到发晕的奶酪腮红，我先冲了"。

（2）给出承诺：提炼产品卖点，并对受众做出承诺，减少受众的顾虑，如"学会这 8 个修图方法，不美你来找我"。

（3）使用前缀或后缀：使用前缀或后缀把人们最关注的利益点直接标注出来，如"好看不贵""值得收藏"等。

（4）夸张和放大：文案的语言不要平平无奇，把受众最关注的利益点用夸张和放大的方式表达出来，制造噱头，让受众快速地感知到产品能够给自己带来的好处，如"干货！3 分钟学拍人像，要素全解析！"

（5）借势营销：人们喜欢追随潮流，对名人和强大的 IP（Intellectual Property，知识产权）充满信任，面对热门话题，往往有很高的参与热情。新媒体编辑可以在文案中添加这些元素，借助这些元素的热度为产品引流，如"用过的都说好！轮廓紧致让它玩明白了""连×××都在用的太阳花睫毛膏来啦！强烈推荐！"

（6）增加代入感：人们喜欢和自己有关联的内容，为了增加代入感，在文案中可以添加身份标签（学生家长、职场白领、女大学生），激发这类人群的共鸣，然后这些人会主动评论或分享，提升文案的流量。

（7）使用数字：为了让受众更直观地看到利益的诱人之处，可以在小红书文案的标题中使用数字，尤其是与时间、金钱和年龄有关的数字，如"30 天跟我学，下一个 Excel 大师就是你！"，如图 3-19 所示。

（8）使用情绪化的感叹词：在人们的沟通和表达中，情绪上的表达占 70%。情绪是一触即发的东西，很容易被感染和传播，并且有群体性的共鸣，因此若能在情感层面打动人，传播效果就会非常好。例如，在文案中使用感叹词，如"惊呆了！""看一次爱一次！""停不下来！""火爆朋友圈！"等，如图 3-20 所示。

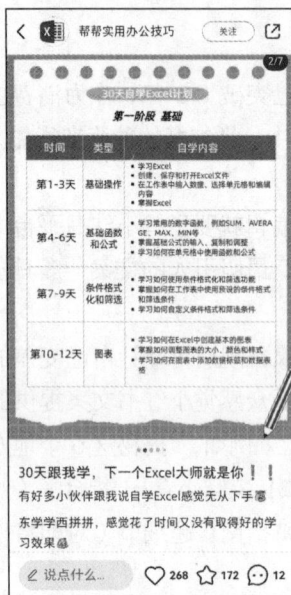

图 3-19　使用数字

图 3-20　使用情绪化的感叹词

3.4.3　微信文案写作

作为国内受众数量最多的社交平台，微信是新媒体营销的重要平台，具有黏性强、使用频率高、受众数量多等特点，能够为企业或品牌的营销提供更多的可能性。在微信营销中，文案的重要性不可忽视。

微信文案可以分为微信朋友圈文案和微信公众号文案。

1. 微信朋友圈文案

微信朋友圈是微信的主要功能之一，受众可以在微信朋友圈中分享生活趣事，表达个人感悟，或者分享网络热点、实用知识等。在营销过程中，微信朋友圈可以扮演企业或品牌与受众之间信息中介的角色，为企业或品牌塑造更具亲和力的形象，拉近与受众之间的距离。

微信朋友圈相对来说更显私人化，企业或品牌在微信朋友圈中发布文案时要避免天天"刷屏"，以免引起受众的反感。

微信朋友圈文案的写作方法主要有以下几种。

● 直接推广产品或品牌：直截了当地展示产品或品牌的信息，如价格、产品功能、销量等，一般一天发布 2~3 条为宜。

● 分享生活：纯分享生活式的文案可以给受众一种亲切、自然的感觉，有利于树立个性化的形象，降低受众对文案的抗拒心理，起到软文推广的作用。

- 融合热点：热点可以满足受众的好奇心，吸引他们关注。在写作微信朋友圈文案时，将产品或品牌与热点相融合，可以很好地带动受众的情绪，引导受众关注产品或品牌。
- 展示受众好评：将受众购买产品后的好评整理出来放在文案中，让更多受众了解产品的正面形象。
- 介绍专业知识：向受众分享产品的使用方法、使用技巧，帮助受众解决在使用过程中遇到的一些实际问题，可以体现出一定的专业性，为后续产品销售打下坚实的基础。

2. 微信公众号文案

微信公众号是给个人、企业或组织提供业务服务与受众管理的服务平台，新媒体编辑可以发布图文并茂的文案来引导受众的思维，提升受众对产品或品牌的信赖度，从而达到营销目的。

写作微信公众号文案的方法主要有以下几种。

（1）在文案开头激发好奇心

激发好奇心是爆款文案开头常用的一种技巧，激发好奇心的方法主要有提出受众忍不住去思考的问题，讲一个反常的事情或颠覆常理的观点，设置悬念等。

（2）展示文案内容的重要性

在文案的开头要展示文案内容的重要性和价值。为了达到这一目的，新媒体编辑可以在文案开头描述受众的痛点，或者用简练的语言总结文案的主要内容，展示文案的精华，使受众感受到文案的价值。

（3）增加信息总量和价值密度

优质的微信公众号文案一般信息总量较大，要为受众提供足够多的知识，详细描述故事，全面解释概念，如果内容寡淡无味，信息有限，受众就会觉得价值不大，分享的动力也会减少，不利于文案的传播。因此，新媒体编辑要把文案中的陌生概念解释清楚，增加论点维度和论据数量，多用案例来说明，以免文案显得单薄、空洞。

例如，微信公众号"视觉志"发布的一篇文案《北纬47°，藏着人类的终极浪漫》，其内容的信息总量和价值密度就很大，从介绍东北入手，接着介绍 Discovery 探索频道的纪录片，讲述其中一集将镜头对准了北纬47°，用这条纬度带串联起世界各地的风土人情，然后介绍北纬47°对农牧发展的帮助。大量的地理知识为受众介绍了这一地区优良的环境条件，紧接着介绍了大兴安岭以及黑土地，说明黑土地的草原盛产饲草和奶牛。到这里，文案并没有直接介绍品牌和产品，而是着重介绍人与自然的和谐相处，这都为接下来介绍飞鹤奶源地打下基础。当文案介绍飞鹤奶源地时，不仅强调飞鹤品牌的高科技，还道出飞鹤品牌秉承可持续发展的社会责任感，令人为之信服，如图3-21所示。

（4）触动受众的心灵

情感体验是最容易深入人心的，做营销工作，如果能抓住受众的情感，就成功了一半。写微信公众号文案也是如此，应饱含感情，以情感人、以情动人，就很容易俘获很大一部分受众的心。要想通过文案触动受众的心灵，新媒体编辑要将情感自然、充分地融入所要宣传的品牌或产品中，与其精髓完美融合，而不是硬性捆绑。因此，新媒体编辑要在写作文案之前提炼品牌或产品的核心价值及其蕴藏的文化，找到某种情感的共鸣点。

图 3-21　增加信息总量和价值密度

3.4.4　今日头条文案写作

今日头条是北京抖音信息服务有限公司开发的一款基于数据挖掘的推荐引擎产品，为受众推荐信息，提供连接人与信息的服务。它也是一个受众数量庞大、受众活跃程度比较高的新媒体平台，可以通过个性化推荐快速为受众推荐有价值、个性化的信息。

企业或品牌要想利用今日头条进行营销推广，就需要写作优质的文案。在写作今日头条文案时，新媒体编辑要充分考虑今日头条平台的特征，结合其特征来最大化文案的宣传效果。

1. 坚持原创

今日头条文案发布后，平台首先会通过全网搜索引擎审核文案的原创度和健康度，检测其是否存在恶意营销等情况。文案的原创度达到 60% 以上才会被平台推荐。因此，在写作文案时要坚持原创，并申请开通原创功能，以增加文案被今日头条平台推荐的概率。

2. 覆盖目标受众群体

今日头条文案发布后会经历以下 4 个环节，如图 3-22 所示。

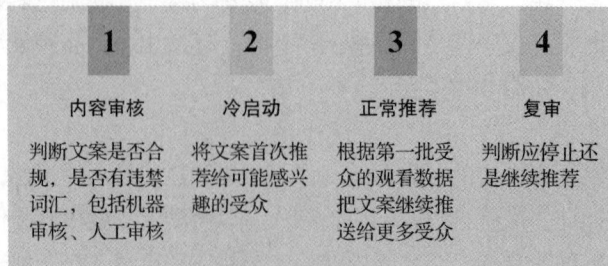

1	2	3	4
内容审核	冷启动	正常推荐	复审
判断文案是否合规，是否有违禁词汇，包括机器审核、人工审核	将文案首次推荐给可能感兴趣的受众	根据第一批受众的观看数据把文案继续推送给更多受众	判断应停止还是继续推荐

图 3-22　今日头条文案发布后的 4 个环节

今日头条文案被首次推荐后，系统会根据受众的观看数据和内容的点击率来判断是否把文案推荐给更多的人，如果观看数据多，点击率高，系统则判定该文案受欢迎，就会进一步增加推荐量，反之就会减少推荐量。今日头条文案每一次的推荐量都是以上一次的观看数据和点击率为依据。因此，今日头条文案要符合目标受众的需求，尽可能覆盖目标受众群体，发布使目标受众感兴趣的内容，以增加文案的阅读量。

3. 合理添加关键词

在写作今日头条文案时，新媒体编辑要多提炼让今日头条平台更容易识别和判断的关键词。在识别关键词后，平台会将这些关键词与分类模型中的关键词模板进行对比，若吻合度较高，就会为文案标注相应的标签，从而完成对该文案的初步分类和认知，进而将其推荐给经常关注这些标签所属领域内容的受众。

4. 明确文案主题，降低跳出率

今日头条文案的篇幅要适中，一般以 1000～2000 字为宜。新媒体编辑在写作今日头条文案时，要明确文案主题，每篇文案重点说清楚一个问题即可，同时要直接点明主题，开门见山，而不是先阐述背景、意义等。跳出率是指阅读不足 20%就跳出页面不再阅读的受众比率。很多受众阅读文案是有着明确诉求的，对文案标题中提到的重点内容十分关注，如果不直接切入主题，而是在其他细枝末节上啰唆，就会使受众反感，导致其离开页面。

3.4.5 知乎文案写作

知乎是互联网高质量的中文问答社区和新媒体编辑聚集的原创内容平台，以"让人们更好地分享知识、经验和见解，找到自己的解答"为使命。知乎平台的文案以问答营销为主，受众可以自主回答与提出问题，发布长文案或视频。要想写出吸引力强的知乎文案，新媒体编辑可以从以下几个方面来入手。

1. 合理选择关键词

在知乎文案中，关键词同样很重要，受众在搜索相关问题或内容时，会通过搜索关键词查找需要的内容。因此，知乎文案的关键词不仅要合理地出现在问题标题中，还要合理地出现在问题的答案中，关键词的类型主要有以下 5 种。

- 产品关键词：根据提供的产品或服务的种类、细分类型来确定关键词，可以具体到产品类目、型号和品牌等，定位要明确，在问题中着重突出产品特色，抓住受众的需求点。
- 价值信息关键词：知乎平台的问题中，以"怎样学好……""如何看待……"开头的问题很多，流量也很大，这说明知乎受众对很多问题都有着寻求解答的需求，这些问题集中在生活、学习和资讯等方面，新媒体编辑可以针对与产品相关的问题进行回答，为受众提供有价值的信息，在解决受众的难题后，再引导受众关注产品或品牌。
- 地域关键词：新媒体编辑可以自主提出问题，将产品关键词、价值信息关键词和地域关键词相结合，或者寻找相关问题，以对某个地域的受众进行推广。搜索这类问题的受众通常有较强的目的性，希望在该地域内获得服务，因此要突出产品或服务在地域上的便利性。
- 品牌关键词：如果品牌有较高的知名度，可以使用品牌名作为关键词，如"华为""京东"等。
- 人群关键词：文案要有特定的目标受众群体，关键词可以立足于这些群体，选择与其相关的词语，如"初学者""零基础""新手"等。

2. 以受众为中心提出和回答问题

受众更想看到对自己有价值的内容，因此新媒体编辑要站在受众的角度来提出问题和回答问题。

在提出问题时，切不可直接露出品牌或产品名称，否则广告的嫌疑很大。如果问题的主体是产品而不是受众，受众在看到这些问题时就不能产生代入感。例如，在知乎上提问"夏季时吃××牌薄荷糖怎么样"，其营销效果远不如"夏天什么零食最受欢迎"理想，因为后者以受众为中心，考虑到受众在夏季时吃零食的需求。这个问题可能会获得较高的热度，等问题热度提升以后就会获得平台的推荐，这时问题下的优质答案才更容易被看到。

3. 提出的问题要具有话题性

知乎不仅是一个问答平台，还是一个社区平台，受众群体除了对知识、干货很有兴趣外，还对话题讨论兴趣浓厚。新媒体编辑如果能提出一个具有话题性的问题，就能吸引更多受众参与讨论，扩大该问题的影响力，从而使文案提到的产品或品牌的影响力不断扩大。

提出的问题要符合以下要求。

- 广度适中：问题如果过于宽泛，受众往往会不知从哪里说起，答案的相关性也较低，质量不会太高，甚至很多受众会不予理睬；问题如果过于细节，能够给出回答的人太少，讨论价值就会大打折扣，甚至被人冷落。因此，广度适中的问题才具有最大的讨论价值，进而引起众人围观，大家仁者见仁，智者见智，可以各自发表见解。
- 话题要具有争议性：具有争议性的话题更容易产生各种不同的犀利观点，提出这类话题可以有效扩散话题热度。
- 问题要具有独特性：在提问之前，新媒体编辑要先搜索平台上是否有类似的问题，以免与他人的问题过于相似。提出的问题要具有独特性，不要浪费知乎平台的流量资源。

3.5 短视频与直播脚本写作

不管是短视频还是直播，都是当前受众很感兴趣的领域，也是企业或品牌营销推广的重要载体。写作优秀的短视频文案和直播脚本，可以提升品牌在短视频或直播平台的营销效果，扩大品牌的影响力。

3.5.1 短视频脚本写作

短视频脚本相当于短视频内容拍摄的提纲，是短视频制作的核心。没有脚本作为指导，短视频的后续拍摄和制作就没有方向。与传统的影视节目不同，短视频需要更密集的视觉、听觉和情绪上的刺激，并且要掌控好剧情上的节奏，保证在5秒内抓住受众的眼球。

短视频脚本分为3种，分别是拍摄提纲、分镜头脚本和文学脚本。

1. 拍摄提纲

拍摄提纲是短视频的拍摄要点，主要用于提示各种拍摄内容，适用于不容易预测场景的拍摄，如采访、Vlog等。

拍摄提纲的写作包括 6 个部分。

- 阐述选题：确定创作目标，说明短视频选题的内容和立意，以及创作方向。
- 阐述视角：确定短视频拍摄的角度和切入点。
- 阐述体裁：确定短视频拍摄的创作手法、表现技巧等。
- 阐述调性：确定短视频拍摄的风格、画面、节奏等，如画面构图、色彩基调、视听语言、声画形式等。
- 阐述内容：详细呈现场景的特点、故事结构、拍摄技法和表现主题。
- 完善细节：补充镜头拼接、特效包装、音乐音效、解说配音等内容。

表 3-6 所示为短视频《大连出游 Vlog》的拍摄提纲。

表 3-6 《大连出游 Vlog》拍摄提纲

拍摄提纲	内容
主题	来一场说走就走的旅行，目的地是大连。这条视频就是带领人们体验博主在大连游玩的经历
视角	餐厅、中山广场、星海广场、特色店、机场
体裁	Vlog
风格	整体轻松、愉快，没有对白，以字幕形式介绍当地景点和旅程见闻，主要以快节奏的转场和自拍画面突出游玩的愉快，充分利用自然光线，以平角拍摄为主；片头将旅途的精彩之处做成片花，提前让粉丝知道自己的经历
内容	场景一：第一天晚上到达大连，放下行李出去吃饭，呈现在餐厅吃美食的画面，包括博主对美食的赞叹和美食的特写； 场景二：吃完饭去中山广场散步，用几个镜头展现博主散步时的欣喜之情； 场景三：第二天白天来到海边的星海广场，展现博主喂海鸥的场景，以及沿海边走路和在海边玩水的场景； 场景四：进入当地的特色店淘货，试穿衣服，买了一双鞋子，用俯拍展现试穿效果； 场景五：前往机场，准备返回，拍到机场上的风景对着镜头说出"大连，再见"
音乐	背景音乐为轻松、舒适的爵士乐，欢快跳脱，从头一直放到尾，夹杂着博主的欢呼、环境音和特效音等

2. 分镜头脚本

分镜头脚本适用于故事性强的短视频，这类脚本将短视频画面用文字详细地表现出来，包括镜号、拍摄方法、景别、时长、画面内容、台词、音效等。

表 3-7 所示为一个以职场为背景的搞笑短视频的分镜头脚本。

表 3-7 《说话快就一定好吗?》分镜头脚本

镜号	拍摄方法	景别	时长	画面内容	台词	音效
1	固定镜头	中景	2秒	小张在会议室妙语连珠，领导和同事们都连连赞叹	（字幕）工作第一年	轻松、舒缓的音乐，烘托职场工作顺利的心情愉悦
2	固定镜头	中景	2秒	小张在会议室语速飞快，领导低头皱眉，同事们撇嘴	（字幕）工作第二年	低沉的音乐，烘托职场工作不利的心情压抑

镜号	拍摄方法	景别	时长	画面内容	台词	音效
3	固定镜头	近景	3秒	小张和同事在卫生间一起洗手，同事洗完手，看了看小张	听我一句劝，你工作时说话速度太快了，有的时候我们都听不清	
4	固定镜头	近景	3秒	小张惊讶	平时人们说话不是都要求越快越好吗？这样显得我思路清晰啊	
5	固定镜头	近景	3秒	同事叹了口气	说话绝不是越快越好，让人听清楚才是最重要的	
6	固定镜头	近景	3秒	小张思索了一下	说话快节省时间啊，现在人们看视频不都喜欢开倍速吗	
7	固定镜头	近景	4秒	同事笑了	原来你是开了倍速啊，但你忘了，说话变速了，你的动作也得变速啊	
8	固定镜头	近景	3秒	小张若有所思，眼神失落	（同事的画外音）开个玩笑，以后说话时还是多注意吧	
9	固定镜头	全景	4秒	小张第二天来到公司，笑容满面地和同事们打招呼，说话速度恢复正常	杨姐，早上好！刘哥，你今天穿的这身衣服显得真精神啊	轻松、愉快的音乐，烘托公司的融洽气氛
10	固定镜头	近景	2秒	同事们看到小张的变化，既惊讶，又很高兴		
11	固定镜头	中景	5秒	杨姐是小张的组长，她走到小张面前，面带微笑地对小张说	看到你的改变，我打心眼里高兴。话说回来，你能不能下午把咱们组下周的工作计划发给我	
12	固定镜头	全景	4秒	小张笑了笑，然后突然语速变快，同时动作也变快，双腿在走动时紧跟步伐，一会儿走到这儿，一会儿走到那儿，双臂也快速摆动，同事们在一旁目瞪口呆		语音设置成变速效果

续表

镜号	拍摄方法	景别	时长	画面内容	台词	音效
13	固定镜头	近景	2秒	杨姐也惊呆了	看来我夸你夸早了啊	
14	固定镜头	近景	4秒	小张停下来，气喘吁吁	现在夸我也不晚，我昨天晚上练了好久，说话和动作终于可以一起倍速了	

3. 文学脚本

文学脚本不像分镜头脚本那样细致，适用于不需要剧情的短视频，如教学类、测评类短视频等。在文学脚本中，只需规定人物要做的任务、说的台词、镜头画面即可。

表3-8所示为短视频《教你声乐技巧打嘟练习》的文学脚本。

表3-8 《教你声乐技巧打嘟练习》文学脚本

内容框架	镜头画面	台词框架
引入主题：打嘟练习	黑色背景，只出现字幕和机器配音	唱歌必备技能打嘟练习，居然有人不会
老师介绍打嘟练习	老师站在镜头前，面对镜头讲解技巧，背景是黑色的	首先你要知道，打嘟练习是咱们唱歌当中综合性极强而且非常有用的练习，它可以帮我们解决喉头不稳定、上蹿下跳、嘴巴不放松、咬字咬不起来、气息不连贯等问题，如果你不会打嘟练习，你唱歌一定会非常难听，现在跟着我来做
老师教大家如何打嘟	老师做出嘟嘴的口型，然后放松，吹气，发出"噗噜噜"的声音；用手捏住两颊，吹气，发出"噗噜噜"的声音	先做一个嘟嘴的口型，然后放松它，吹气；吹不起来的同学，可以用手捏着，再吹
老师教大家在打嘟时加入真声	捏着两颊打嘟，发出"噗噜噜"的声音，加入真声，又松开手；用手捏住两颊打嘟，加入音阶，发出有律动的声音	然后我们再分步骤地先加入一个音，接着加入一点音阶
老师提出建议	老师站在镜头前，重复演示了几次，然后提出建议	如果还不会，每天花5分钟，再去找找感觉，记住，嘴巴一定要放松，你学会了吗
结束讲解	黑色背景，只出现字幕和老师的声音	如果还不会，关注我，给我私信"打嘟"两个字，我来给你解答

3.5.2 直播脚本写作

直播脚本的目的是规划直播流程，达到直播目标。直播脚本分为整场直播脚本和单品直播脚本。

1. 整场直播脚本

整场直播脚本包含了直播的所有内容，如直播时间、直播主题、直播目标、直播产品、直播话术、直播间要做的事情等。有整场直播脚本做指导，在直播前演练一遍，主播便可以更好地按照既定流程完成直播，从而提高直播的效率。在做整场直播脚本策划时，团队要确定主题内容，准备好直播设备，安排好人员分工，并制订直播预热方案，规划直播流程，对直播过程中的每一个环节都进行安排，同时规划细节，包括抽奖的频次、产品的卖点、引导关注的时机、优惠活动、直播话术等。

表3-9所示为整场直播脚本模板。

表3-9 整场直播脚本模板

整场直播脚本				
直播时间	9月6日 20:00—22:05	主播	A	注意事项：要根据直播间观众的反馈做出适当调整；对于产品的功能，不要夸大，应如实介绍
直播主题	秋季新品到货	客服	B	
直播目标	销售额50万元	场控	C	
直播产品	美妆产品	副播	D	
时长	流程	具体活动		
10分钟	开场预热	主播自我介绍，向观众打招呼，介绍直播截屏抽奖规则，强调每日定点开播，剧透今日主推产品； 副播演示直播截屏抽奖的方法，回答观众提出的问题； 场控向各平台分享开播链接； 客服收集中奖信息		
10分钟	活动剧透	主播简单介绍本场直播的所有产品，说明本场直播的优惠力度； 副播展示所有产品，补充主播遗漏的内容； 场控向各平台推送直播活动信息		
5分钟	推荐第一款产品	主播讲解第一款产品，全方位展示产品外观，介绍产品特征，回复观众的问题，引导观众下单； 副播与主播进行画外音互动，协助主播回复观众提出的问题； 场控发布产品的链接； 客服回复观众咨询的订单问题		
5分钟	推荐第二款产品	同上		
10分钟	红包活动	主播与观众互动，发放红包； 副播提示发放红包的时间节点，介绍红包活动规则； 客服收集互动信息		
5分钟	推荐第三款产品	主播讲解第三款产品，全方位展示产品外观，介绍产品特征，回复观众的问题，引导观众下单； 副播与主播进行画外音互动，协助主播回复观众提出的问题； 场控发布产品的链接； 客服回复观众咨询的订单问题		
5分钟	推荐第四款产品	同上		
5分钟	发放福利	主播介绍抽奖规则：点赞满×××即开始抽奖，中奖者获得眉笔一支； 副播提示发放福利的时间节点，展示中奖者； 客服收集中奖者信息，与中奖者联系		

续表

时长	流程	具体活动
5分钟	推荐第五款产品	主播讲解第五款产品，全方位展示产品外观，介绍产品特征，回复观众的问题，引导观众下单； 副播与主播进行画外音互动，协助主播回复观众提出的问题； 场控发布产品的链接； 客服回复观众咨询的订单问题
5分钟	推荐第六款产品	同上
5分钟	发放福利	主播介绍抽奖规则：点赞满×××即开始抽奖，中奖者获得50元优惠券； 副播提示发放福利的时间节点，展示中奖者； 客服收集中奖者信息，与中奖者联系
5分钟	推荐第七款产品	主播讲解第七款产品，全方位展示产品外观，介绍产品特征，回复观众的问题，引导观众下单； 副播与主播进行画外音互动，协助主播回复观众提出的问题； 场控发布产品的链接； 客服回复观众咨询的订单问题
5分钟	推荐第八款产品	同上
5分钟	红包活动	主播与观众互动，发放红包； 副播提示发放红包的时间节点，介绍红包活动规则； 客服收集互动信息
5分钟	推荐第九款产品	主播讲解第九款产品，全方位展示产品外观，介绍产品特征，回复观众的问题，引导观众下单； 副播与主播进行画外音互动，协助主播回复观众提出的问题； 场控发布产品的链接； 客服回复观众咨询的订单问题
5分钟	推荐第十款产品	同上
20分钟	产品返场	主播针对呼声较高的产品进行返场讲解； 副播协助客服向主播提示返场产品，协助主播回复观众问题； 客服向主播和副播提示返场产品，回复观众咨询的订单问题
10分钟	直播预告	主播介绍下次直播的主推产品，引导观众关注直播间，强调下次直播的时间和主题； 副播协助主播引导观众关注直播间； 客服回复观众咨询的订单问题

2. 单品直播脚本

单品直播脚本是围绕单个产品写作的直播脚本，对应的是整场直播脚本中的"产品推荐"部分。单品直播脚本要突出产品卖点，详细介绍产品的用途、价格、使用场景、质量和工艺等。为了条理清晰，在介绍产品卖点时可分点介绍。

表3-10所示为单品直播脚本模板。

表 3-10   单品直播脚本模板

脚本要素	具体内容
产品编号	1
产品名称	×××牌 2023 年秋季新款宽松圆领黑色卫衣
零售价	150 元
直播间到手价	99 元
产品卖点	（1）时尚前沿，提升穿者气质，彰显个性； （2）全棉面料，质地松软，舒适亲肤，透气性强； （3）搭配裤子显腿长，凸显良好身材
产品利益点	（1）在本直播间购买可享受大幅度优惠； （2）买一件卫衣送一件 T 恤，买两件卫衣立减 50 元

3.6 AI 写作

近年来，AI 成为人们生活中绕不开的话题，我国已将 AI 的发展正式列入国家战略层面。AI 目前已经可以取代人类完成部分的智力劳动。在这种情况下，"AI+" 成为企业或品牌在营销领域角逐的新"战场"。而 AI 智能写作可以帮助新媒体编辑完成文案的写作，节省精力和成本，其已经成为新媒体写作中的必然趋势，生成式人工智能（Artificial Intelligence Generated Content，AIGC）的发展日益成熟。

3.6.1 AI 写作概述

AIGC 的核心思想是利用 AI 算法生成具有一定创意和质量的内容。通过学习训练模型和大量数据，AIGC 可以根据新媒体编辑输入的条件或指导生成与之相关的内容。例如，当新媒体编辑输入关键词、描述或样本，AIGC 就可以生成与之相匹配的文章、图像、音频等。

AIGC 和 AI 写作是包含关系，AIGC 包含了像 ChatGPT/GPT-4 这样的语言模型，也包含了其他类型的 AI 模型，如计算机视觉、自然语言处理等，这些模型能够生成不同形式的内容，如图像、音频、视频等。

AI 写作是指利用 AI 技术来辅助或者代替人们进行文本写作的过程。AI 写作相比于传统的人工写作文章，具有以下优势。

• 高效率：AI 写作可以自动化完成大量的文章写作工作，大幅度提高了文章写作的效率。

• 高质量：AI 写作可以自动化生成符合语法规则和逻辑结构的文章，减少了人为因素的影响，提高了文章的质量。

• 多样性：AI 写作可以根据不同的需求和场景，生成不同风格、不同主题的文章，能够满足不同受众的需求。

目前，AI 写作已经应用于多个领域，包括新闻报道、广告营销、论文写作等。

AI 写作目前也有很多缺点，如缺乏灵活性，还不能处理复杂的语言结构和语言表达方式；缺乏人性化，AI 生成的文章往往缺乏人类的情感、思考和创造力；有版权风险和侵权问题等。

不过，随着 AI 技术的发展，AI 写作的应用范围会越来越广泛，写作效果也会越来越好，未来会有更加精准的语言处理技术，更加智能的文章生成算法，以及更加人性化的文本写作风格。

3.6.2 常用的 AI 写作工具

随着 AI 技术的不断进步，越来越多的 AI 写作工具涌现出来，帮助新媒体编辑提高写作效率，解决写作思路不通等问题。下面简要介绍几款常用的 AI 写作工具。

1. ChatGPT

ChatGPT 是 Open AI 研发的一款聊天机器人程序，是 AI 技术驱动的自然语言处理工具，它能基于在预训练阶段所见的模式和统计规律来生成回答，还能根据聊天的上下文进行互动，真正像人类一样来聊天交流，甚至能完成写作视频脚本、文案、论文和代码等任务。

新媒体编辑在使用 ChatGPT 时，虽然不能完全依赖该工具，但可以充分利用其辅助功能，例如，在草拟合同条款时，ChatGPT 可以提供初步的框架和基本内容，然后新媒体编辑运用自己的专业知识进行补充和修正，以满足高质量的文本需求。

ChatGPT 在问答和知识获取中拥有很大的优势，其问答模块为新媒体编辑提供了更高效、准确的知识获取途径。当面临一些简短、需要即时解决的问题时，ChatGPT 可以通过搜索引擎、在线社区等渠道帮助新媒体编辑快速获取答案。

ChatGPT 还可以生成文章摘要，即自动抽取文章关键句子，生成一段准确、简洁的文章摘要，帮助受众快速了解文章内容；ChatGPT 也可以自动生成文案，即通过学习大量的营销文案样本，生成新的文案并进行优化，使文案更加符合营销目的和受众需求；ChatGPT 还可进行自动化新闻报道，通过自动分析新闻事件和各种信息源，生成准确、流畅、符合新闻规范的新闻报道，帮助新闻机构提高报道效率和质量。

2. Grammarly

Grammarly 是一款专注于提供文法和拼写纠正的 AI 写作工具，新媒体编辑只需把文本粘贴到编辑界面，Grammarly 就会实时检查文法和拼写错误，并给出改进建议。

Grammarly 内置了丰富的语法规则和拼写检查，可以准确地捕捉文法错误和拼写错误。Grammarly 可以提供智能化的改进建议，根据上下文和文法规则给出合理的改进建议，帮助受众提升文章的可读性和拼写的准确性。

3. 文心一言

文心一言是百度全新一代知识增强大语言模型，能够与人对话互动，回答问题，协助写作，高效便捷地帮助人们获取信息、知识和灵感。

文心一言有强大的文学创作能力，包括写作故事、小说、诗歌、散文等多种文学形式。它能根据新媒体编辑提供的主题或关键词，生成连贯、有逻辑、有深度的文本内容。除此之外，文心一言还具有高超的商业文案写作能力、优秀的数学逻辑推理能力和中文理解能力，能够处理图片、视频等多种形式的输入，实现多模态内容的生成。

4. AI 写作宝

AI 写作宝是一款基于 AI 技术的文章写作软件，其 AI 写作功能得益于 AI 算法，可以快速生成高质量的文章内容，并且可以根据设置的文章关键词、字数、标题等参数，让生成的文章内容更有针对性。

AI 写作宝的主要功能如下。

- 全文写作：根据标题快速写作一篇完整的文章。
- 广告语：开展头脑风暴，为产品写作有创意的广告宣传语。
- 头脑风暴：生成任何主题的知识要点。
- 日报周报：简单描述即可生成一份翔实的工作报告。
- 新媒体写作：输入关键词即可生成吸引人的文章标题、正文，包括种草文案、旅游攻略、短视频脚本等。
- 论文写作：根据论文题目和关键词生成论文大纲、论文摘要。

3.6.3　AI 写作实操

下面以使用百度的文心一言写作广告活动策划文案为例，介绍如何使用 AI 写作工具，具体操作方法如下。

（1）登录文心一言账号，在提问框输入具体的要求，如"我想让你充当广告商，创建一个活动来推广产品或服务，同时确定广告口号，选择宣传媒体渠道。目标受众：18～30 岁的年轻人；产品：新型能量饮料"，然后单击"发送"按钮 🛫，如图 3-23 所示。

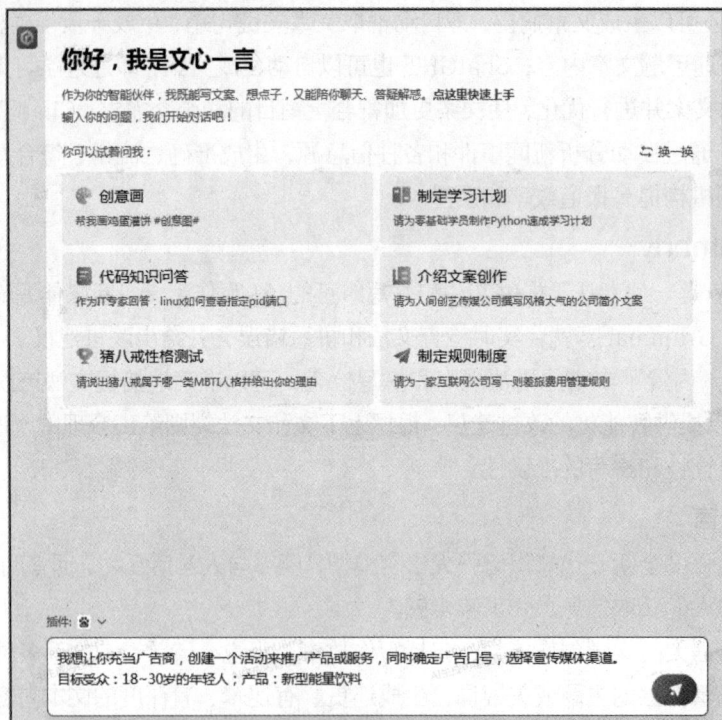

图 3-23　输入具体的要求，获得答案

（2）文心一言会快速生成答案（见图 3-24），新媒体编辑可以根据实际情况和个人实际需要修改其中不合适的内容。

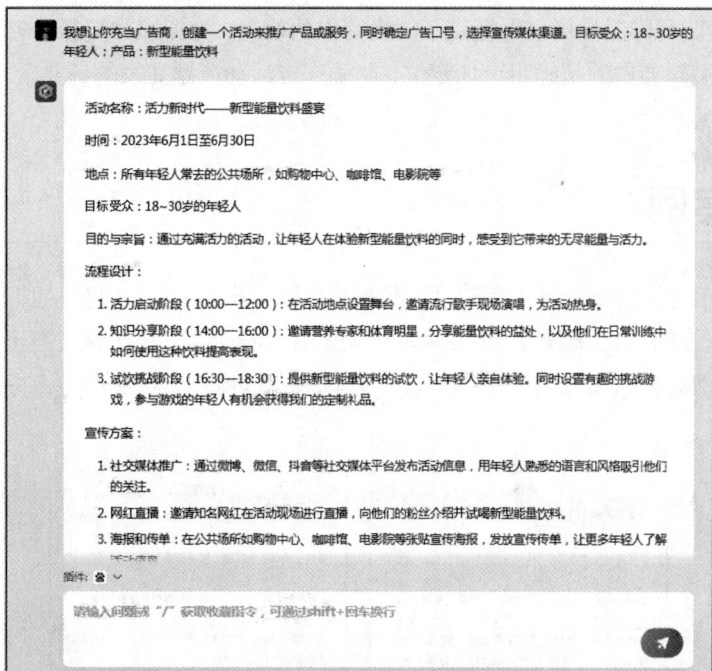

图 3-24　查看文心一言提供的答案

（3）可以看出，这个答案的内容丰富，但不够有条理，可提出具体要求，如"请把以上广告活动制作成一份详细的策划文案"。由于文心一言自带连续对话功能，因此可以理解提出的要求，并根据上文的回答编制出一份更详细的广告活动策划文案，图 3-25 所示为其部分截图，新媒体编辑根据实际情况做出适当调整即可。

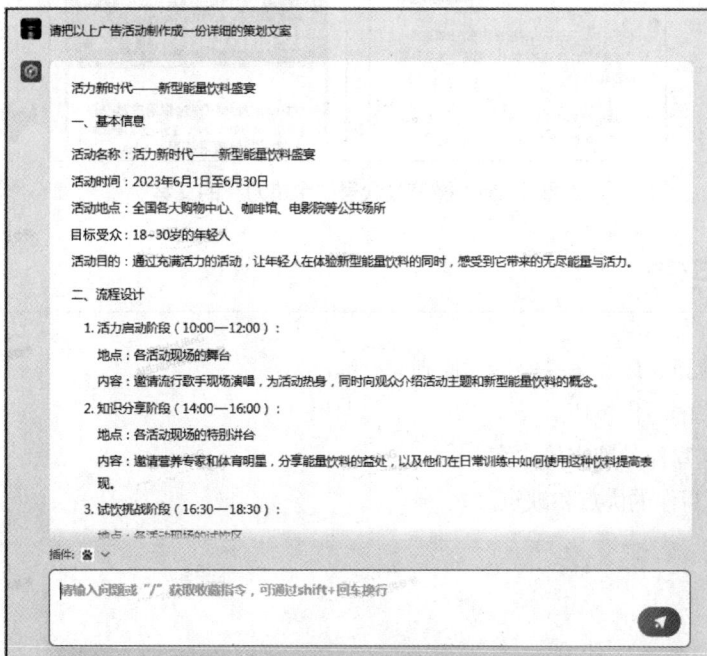

图 3-25　生成详细的广告活动策划文案

由此可见，AI 写作工具极大地提高了文案写作的效率，为新媒体编辑节省了大量精力和时间成本。新媒体编辑要做的是确定市场定位，明确广告活动策划文案的各要素，做好修改润色，同时更多地从创意和策略上进行思考，发挥自己的专业优势。

实训案例

图 3-26 所示为微信公众号"金错刀"发布的一篇文案《年入 16 亿！他把"田间地头"做成大爆品，凭啥让年轻人上瘾？》。请在微信上搜索并查看全文，说出该文案正文写作结构，并提炼出关键词，然后根据关键词写作一则微博文案；提炼内容要点，利用 AI 写作工具写作一篇宣传文案。

图 3-26　微信公众号"金错刀"的文案

课后思考

1. 简述设置新媒体文案关键词的原则。
2. 简述软文的写作技巧。
3. 简述如何写作品牌宣传文案。
4. 简述 AI 写作的优点和缺点。

第 4 章

新媒体图片编辑

知识目标

➤ 掌握搜集新媒体图片的渠道和方法。
➤ 掌握制作海报和封面图的方法。
➤ 掌握制作 GIF 动图的方法。
➤ 掌握制作二维码图片的方法。
➤ 掌握使用 AI 制作图片的方法。

能力目标

➤ 能够制作海报封面图片。
➤ 能够制作 GIF 动图。
➤ 能够制作二维码图片。
➤ 能够使用 AI 制作图片。

素养目标

➤ 加强图片版权保护意识，防止发生侵权行为。
➤ 紧跟时代步伐，顺应实践发展，以满腔热忱对待新生事物。

　　视觉元素在沟通与交流中扮演着重要的角色，在信息时代，随着碎片化阅读的趋势越来越明显，图片在信息传播过程中的作用越来越重要。在新媒体文案中，精彩的配图不仅能够起到美化文案内容的作用，还能帮助读者更好地理解内容，有助于新媒体账号形成品牌风格，打造品牌形象。本章将介绍新媒体图片编辑方面的知识。

(4.1) 新媒体图片的搜集与处理

在新媒体信息编辑中，图片是为文案增色的重要元素，合理地添加图片可以改善图文排版效果，提升用户的阅读体验，进而提高文案的阅读量和转化率。除了新媒体编辑自己拍摄图片以外，搜集与处理图片是新媒体信息编辑中的一个重要环节。

4.1.1 新媒体图片的使用原则

添加图片能够使新媒体文案更加吸引用户的眼球，那么怎样使用图片才能发挥其最大用途呢？下面将介绍在新媒体文案中使用图片的基本原则。

1. 保证图片的清晰度

为文案添加配图不仅是为了美化图文版式，更重要的是为了增强文案的吸引力，所以要保证图片的清晰度，选择高清晰度的图片，避免使用带有马赛克、水印的图片，这样才能更好地吸引用户阅读文案，给用户带来良好的阅读体验。

2. 图片要与文案主题相符

文案中的配图要有其存在的意义，也就是说图片要与文字内容相关联。若图片与文字内容毫无关系，很容易让用户在阅读时产生误解，产生不好的阅读体验。此外，还需要注意的是，图片是为文字内容服务的，能够通过文字表达清楚的内容，就没有必要再为文字搭配过多的图片，否则可能会让用户产生阅读上的负担。

3. 注意图片的数量

在一篇文案中使用的图片既不能太少，也不能太多，因为配图太少可能无法充分发挥图片的作用，而配图太多则容易导致页面加长，会给移动端用户造成页面总是滑不到底的错觉，容易导致跳出率增加。一般来说，一篇文案配 3~5 幅图为宜，既能达到美化文案的目的，又不会引起用户视觉疲劳。

4. 图片尺寸、色调要统一

在同一篇文案或同一个版面中，图片的尺寸和色调要统一，尽量使用同一系列或同一色系的图片，或者内在有一定相关性的图片，这样可以让文案显得更有格调。

5. 对图片进行适当美化

为了让图片更具特色和吸引力，可以对图片进行适当的编辑和美化。目前，使用较多的图片编辑工具软件有 Photoshop、美图秀秀等。Photoshop 的功能强大，也很专业，需要新媒体编辑具备一定的图片编辑基础，而美图秀秀操作起来比较容易，比较适合零基础的用户使用。

4.1.2 搜集图片的渠道

使用搜索引擎搜索图片是人们常用的一种寻找图片素材的方法，当使用搜索引擎无法搜到满意的图片或者需要使用无版权图片进行商用时，可以尝试在一些专业的图片网站上搜索。下面列举一些可以提供高质量图片的网站，如表 4-1 所示。

表 4-1 可提供高质量图片的网站

网站名称	简介
昵图网	昵图网是一个设计素材、图片素材共享平台，网站内所有素材图片均由用户上传，昵图网不拥有此类图片素材的版权。昵图网内标明版权为"共享""昵友原创""原创作品出售"等图片素材均用于学习交流之用，勿作他用；若需商业使用，需获得版权拥有者授权，并遵循国家相关法律、法规的规定
包图网	包图网是一家素材在线交易网站，汇集了各种视觉冲击力强的原创广告图片设计、企业办公模板、视频、配乐、音效、字体、插画动图、装饰装修等素材，由顶尖的设计师供稿，符合各个行业的商用需求
StockSnap	为用户提供了丰富的免费图片，每张图片都会显示作者信息和图片相关的标签，还提供最受欢迎的话题，仅提供英文搜索
Stockvault	免费商用网站，网站中的图片大多数是由世界各地的摄影师和艺术家提供，图片设计感很强
Splitshire	这是一个有质感的图库，该网站的图片不受版权限制，可以免费下载和使用，除了图片外，还有一些免费影片可以下载
Pexels	该网站提供高质量且完全免费的素材图片，这些图片均在 Pexels 许可下授权。网站精心为所有图片贴上标签，以便于搜索，用户还可以通过"发现"页面找到图片
阿里巴巴矢量图标库	该网站提供大量矢量图标素材，供用户使用，可用于 PPT 设计、网站应用。根据用户自定义搜索，支持多种风格，单、多色图标分类搜索

在图片网站上搜索图片时，需要注意图片是否签署了 CC0 协议。CC0 是知识共享组织（Creative Commons，CC）发布的一种版权声明工具，即作者或创作者通过对特定作品声明 CC0，在法律允许的最大范围内放弃其在该作品上的全部著作权和邻接权，将作品贡献于公共领域。

CC0 协议意味着作者或创作者主动放弃了图片的所有权利，其他人可以无条件地使用，包括商用。但是，新媒体编辑不可将签署 CC0 协议的图片上传至其他素材网站，不可声称拥有版权，不可用于非法途径，因为图片中所涉及的内容（如图片中的建筑、肖像、Logo 等）仍有可能涉及商标权和隐私权等。

4.1.3 搜索图片的方法

不管是搜索引擎还是素材图片网站，搜索图片的方法大体上分为以下 2 种。

1. 关键词搜索

关键词搜索是搜索图片常用的方法之一，但如何选择关键词是一门技术。关键词选得好，有利于提高图片搜索的效率及图片与文案的匹配度。

在搜索图片时，新媒体编辑可以根据文案的主旨或标题来提炼关键词。搜索图片使用的关键词可以是行业术语、描述产品特征的词语及描述用户特征的词语等。

若使用某个关键词始终无法找到自己心仪的图片，就可以尝试将抽象性的关键词变为形容词，然后将其与某个具体的人或者事物联系在一起进行搜索。例如，新媒体编辑若直接使用"成功"一词来搜索图片，因为这个词比较抽象，所以可能很难搜索到符合自身需求的图片。此时，新媒体编辑可以将"成功"变为形容词"成功的"，使用"成功的"作为关键词来搜索图片；还可以将形容词"成功的"结合可以联想到的成功人士，使用"成功的+具体人名"作为关键词来搜索图片。

此外，搜索引擎会根据语言的不同来检索相对应国家的网页，所以不要只局限于使用中文进行图片搜索，可以尝试使用多种语言进行搜索。

2. 以图搜图

以图搜图，又称反向图像搜索，当不知道图片的关键词是什么时，或者只知道图片中包含了某些物品或场景，这时就要用到反向图像搜索。反向图像搜索是一种基于图像特征的搜索技术，可以帮助用户快速找到相似或相同的图片。它的工作原理是将用户提供的图片作为查询图片，通过对比图片的特征向量，找到与之相似的图片。与传统搜索不同的是，在反向图像搜索中，用户不需要输入任何关键词，只需上传一张图片，即可得到与之相似的图片结果。

4.1.4 图片处理的方法与原则

找到合适的图片后，有些图片可能需要经过处理才能使用。常见的需要对图片进行处理的情况有以下几种。

（1）图片有多余的部分

若图片太大，有些地方是多余的，可以使用 Photoshop、美图秀秀、光影魔术手等修图工具将其裁剪掉。

（2）图片有水印

对于图片上的水印，可以采取两种解决方法：若水印没有位于图片的关键位置，可以直接将带有水印的部分裁剪掉；若水印位于图片的关键位置上，可以使用 Photoshop、光影魔术手等专业的修图工具对其进行处理。

此外，对于图片上存在的一些自己不需要的文字，新媒体编辑也可以使用修图工具对其进行处理。在裁剪图片时，要注意2点：一是要根据文案的内容来分析图片的构图是否合理，对图片中与文案主题关联不大的细枝末节加以裁剪，使图片的布局更加合理，更加切合文案的主旨；二是要保证图片的长宽比例符合审美要求，不能为了让图片嵌入页面而强行大幅度地改变原图片的长宽比，导致图片严重变形与失真。

4.2 制作海报和封面图

海报和封面图是新媒体中经常要制作的图片，它作为进入用户视线的第一张图片，其重要性不言而喻。下面将详细介绍如何使用不同工具制作海报和封面图。

4.2.1 使用创客贴制作手机海报

创客贴是一款操作简便的在线平面设计工具，为用户提供了丰富的图片素材和设计模板，用户通过简单的拖曳操作就可以制作海报、PPT、名片、邀请函等

微课视频

使用创客贴制作
手机海报

各类设计图。下面以制作餐厅活动宣传海报为例，介绍如何使用创客贴制作手机海报，具体操作方法如下。

（1）打开"创客贴"网站并登录账户，在搜索框中输入要搜索的模板主题名称，在此搜索"活动"，并按【Enter】键确认，如图4-1所示。

图4-1　搜索模板

（2）在搜索结果中对模板进行筛选，在"分类"中选择"海报"选项，在"场景"分类中选择"手机海报"选项，在"行业"分类中选择"餐饮美食"选项，在"价格"分类中选择"免费"选项，如图4-2所示。

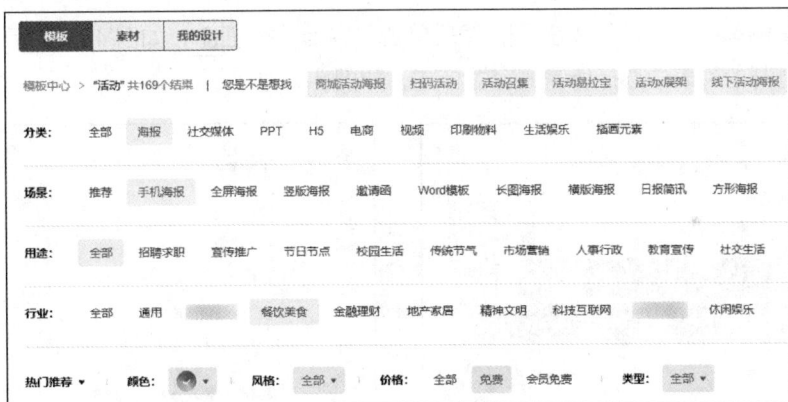

图4-2　筛选模板

（3）选择要使用的模板，单击█按钮可以收藏模板，单击█按钮可以搜索相似模板，在此直接单击要使用的模板，如图4-3所示。

图4-3　单击模板

（4）进入创客贴设计页，左侧为素材区，用于在画布中添加各种素材；上方为工具栏，选中不同类型的元素会显示不同的工具。在左侧素材区单击"上传"按钮，然后单击"上传素材"按钮上传本地图片素材，在画布中删除不需要的素材，如图4-4所示。

图4-4　删除素材

（5）在左侧单击"素材"按钮，然后单击"容器"按钮，如图4-5所示。
（6）在打开的列表中选择所需的容器样式，如图4-6所示。

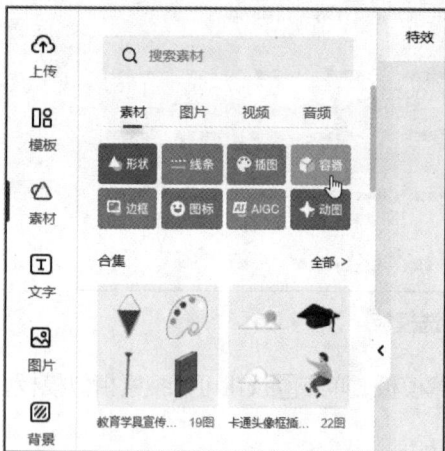

图4-5　单击"容器"按钮

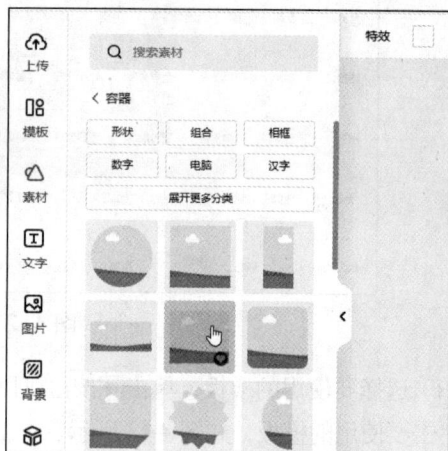

图4-6　选择容器样式

（7）在画布中调整容器的大小和位置，如图4-7所示。
（8）将上传的图片素材拖至容器中，即可在容器中添加图片，如图4-8所示。
（9）双击图片，调整图片的大小和位置，使其在容器中处于合适的位置，如图4-9所示。
（10）在画布中选中店铺名称文字，在上方工具栏中单击"特效"按钮，在打开的面板中选择"高级设置"选项卡，单击"描边"右侧的□按钮，即可添加描边效果，如图4-10所示。

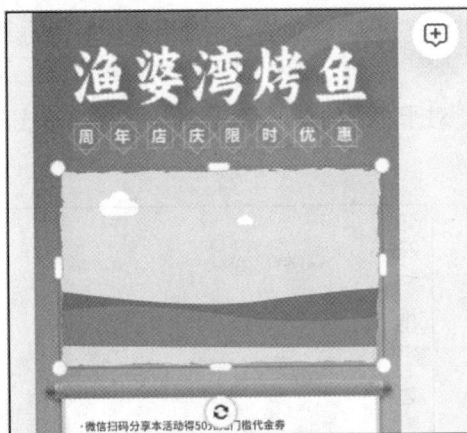

图4-7　调整容器

图4-8　在容器中添加图片

图4-9　调整图片

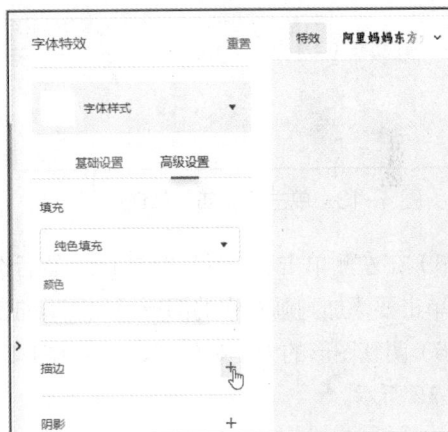

图4-10　单击田按钮

（11）设置描边"颜色"为黑色，"描边粗细"为15，然后添加"阴影"效果，设置阴影"颜色"为白色，"距离"为3，如图4-11所示。

（12）在画布中查看设置的字体特效效果，如图4-12所示。

图4-11　设置字体特效

图4-12　查看设置的字体特效效果

（13）在左侧单击"素材"按钮 ⌂，然后搜索"爆炸"，单击"图形"类型右侧的"全部"超链接，如图4-13所示。

（14）在打开的图形列表中浏览图形样式，对于喜欢的图形可以单击"收藏"按钮 ♥，即可将其添加到"我的收藏"，如图4-14所示。

图4-13　单击"全部"超链接

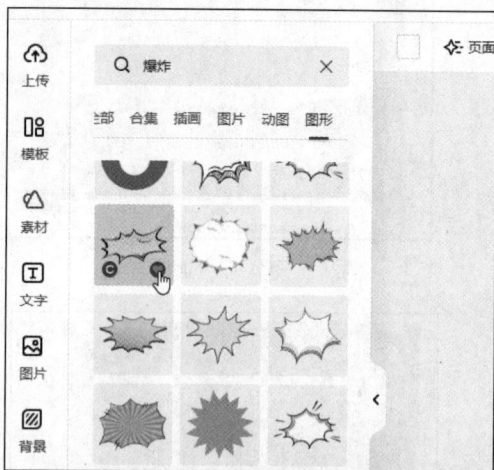

图4-14　收藏图形

（15）在左侧单击"图片"按钮 ▣，然后选择"我的收藏"选项卡，可以看到所有收藏的素材，单击要添加到画布中的图形，如图4-15所示。

（16）调整图形的大小和位置，在上方工具栏中单击"更多"按钮，选择"透明度"选项，如图4-16所示。

图4-15　单击图形

图4-16　选择"透明度"选项

（17）拖动滑块调整透明度为75，如图4-17所示。

（18）在左侧单击"文字"按钮 ▣，然后单击"点击添加标题文字"按钮，即可在画布中插入标题文本框，如图4-18所示。

（19）输入文字，然后在上方工具栏中设置字体和字号，如图4-19所示。

图 4-17 调整透明度

图 4-18 单击"点击添加标题文字"按钮

图 4-19 设置文字格式

（20）在工具栏中单击"特效"按钮，在"字体样式"列表中选择所需的样式，然后在"基础设置"选项卡下选择字体配色，如图 4-20 所示。

（21）在画面中查看字体特效效果，如图 4-21 所示。

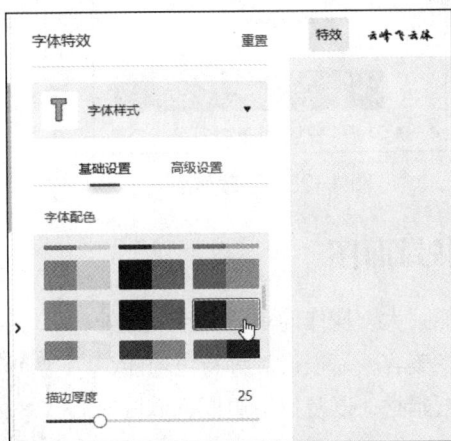

图 4-20 设置字体配色

图 4-21 查看字体特效效果

（22）在画面下方根据需要修改文字，删除底部的原有文字，然后添加所需的文字、图形和图片，并设置格式，如图 4-22 所示。

（23）选中画布中原有的背景图片，设置该图片的"不透明度"为0，隐藏该背景图片。然后在左侧单击"背景"按钮⊘，选择所需的背景图片，如图4-23所示。

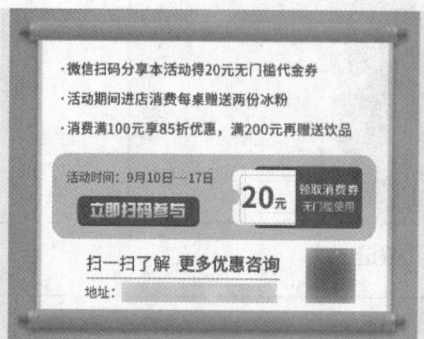

图4-22　修改其他元素并设置格式

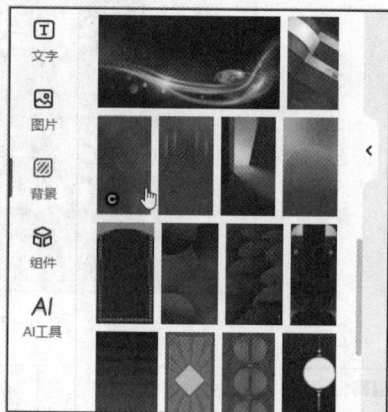

图4-23　选择背景图片

（24）在画布中查看更改背景图片后的效果，如图4-24所示。

（25）在页面右上方单击"下载"下拉按钮，在弹出的对话框中设置文件类型、尺寸及压缩等选项，单击"下载"按钮，即可将制作的海报图片保存到本地计算机中，如图4-25所示。

图4-24　查看更改背景图片后的效果

图4-25　下载作品

4.2.2　使用美图秀秀制作小红书封面图

美图秀秀是一款多功能图片处理工具，其功能强大、操作简单，支持批量处理、智能抠图、拼图、证件照设计、消除笔、人像美容、海报设计等特色功能，包含大量设计素材，如线条箭头、标注气泡等贴纸素材，以及日历边框、节日氛围等边框素材。

美图秀秀有PC版、网页版和手机版，下面使用美图秀秀网页版制作小红书笔记封面图，具体操作方法如下。

（1）打开美图秀秀网站并登录账户，单击"海报设计"按钮，如图4-26所示。

> 微课视频
>
> 使用美图秀秀制作
> 小红书封面图

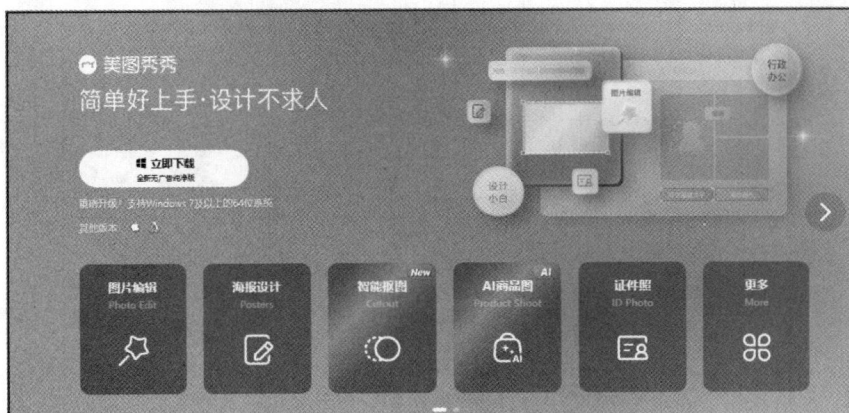

图 4-26 单击"海报设计"按钮

（2）进入"美图设计室"页面，在左侧单击"模板"按钮▤，在"场景"分类中选择"小红书"选项，在"物料"分类中选择"小红书封面配图"选项，在"行业"分类中选择"鞋服箱包"选项，如图 4-27 所示。

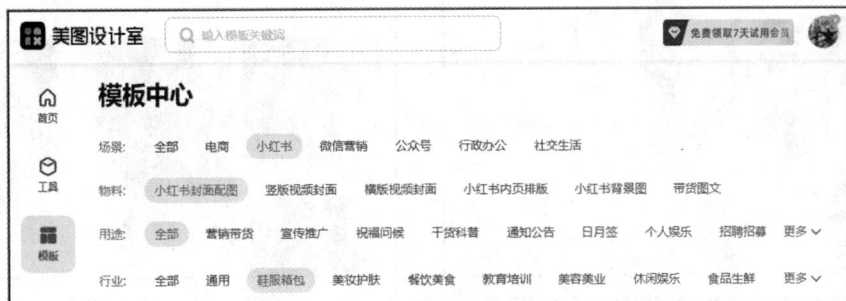

图 4-27 筛选模板

（3）在筛选出的模板列表中选择合适的模板，如图 4-28 所示。

图 4-28 选择模板

（4）进入图片设计页面，左侧为素材区，中间为画布，右侧为工具栏。在左侧单击"我的"按钮▣，然后单击"添加素材"按钮，上传图片素材，如图 4-29 所示。

（5）选中图片所在的组，单击"解组"按钮，然后选中图片，单击"替换图片"按钮，如图 4-30 所示。

（6）在弹出的对话框中选择要替换的图片，如图 4-31 所示。

图4-29 上传图片素材

图4-30 单击"替换图片"按钮

图4-31 选择图片

（7）单击"抠图"按钮，抠取图片中的人物，删除图片背景。拖动裁剪框，对图片进行裁剪。拖动"缩放"滑块，调整图片大小，然后单击"完成"按钮，如图4-32所示。

（8）采用同样的方法替换其他小图，并对图片进行裁剪，如图4-33所示。

图4-32 裁剪图片

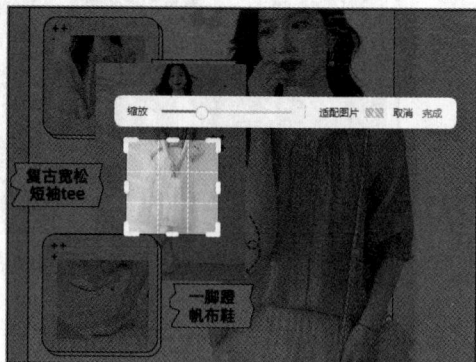

图4-33 替换并裁剪其他小图

（9）选中小图，单击"选择蒙版"下拉按钮，选择圆角矩形蒙版，如图4-34所示。

（10）选中画布中的文字，根据需要修改文字，并设置文字格式，效果如图4-35所示。

（11）在左侧单击"文字"按钮$\boxed{T}$，然后选择所需的文字模板，如图 4-36 所示。

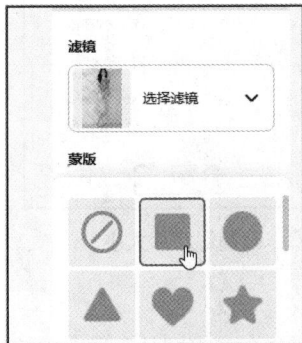

图 4-34　选择蒙版

图 4-35　修改文字并设置格式

图 4-36　选择文字模板

（12）在左侧单击"背景"按钮，选择所需的背景图片，如图 4-37 所示。

（13）查看封面图效果，根据需要调整各元素的位置，如图 4-38 所示。单击页面右上方的"下载"按钮，即可将制作的小红书封面图保存到本地计算机中。

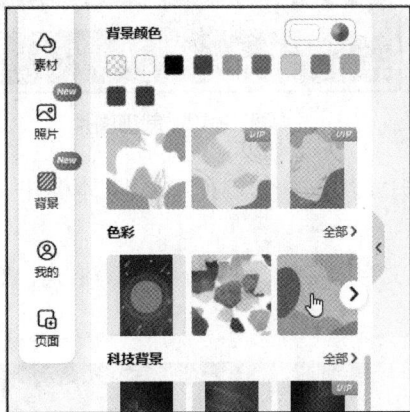

图 4-37　选择背景图片

图 4-38　查看封面图效果

4.2.3　使用 PowerPoint 制作公众号封面图

使用 PowerPoint 可以很方便地进行图文制作，下面将介绍如何使用 PowerPoint 制作公众号封面图，具体操作方法如下。

（1）启动 PowerPoint 2016，选择"设计"选项卡，在"自定义"组中单击"幻灯片大小"下拉按钮，选择"自定义幻灯片大小"选项，如图 4-39 所示。

（2）在弹出的对话框中按照公众号首图（尺寸为 900 像素×383 像素）的尺寸比例设置幻灯片的宽度和高度，在此设置"宽度"和"高度"分别为 31.75 厘米和 13.51 厘米，然后单击"确定"按钮，如图 4-40 所示。

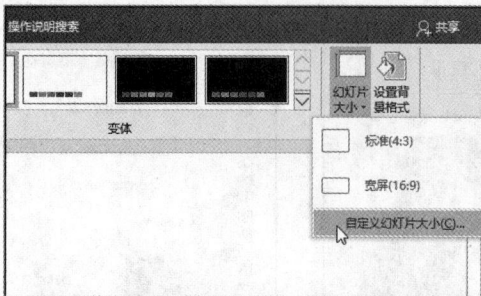

图4-39 选择"自定义幻灯片大小"选项

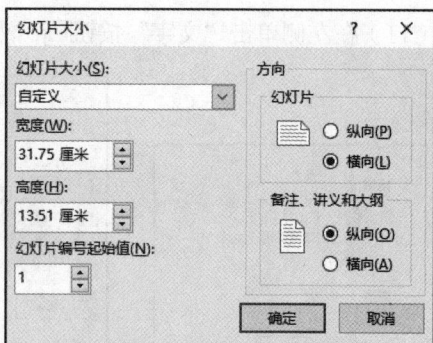

图4-40 设置幻灯片大小

（3）在幻灯片中插入图片，如图4-41所示。

（4）调整图片大小，然后用鼠标右键单击图片，选择"裁剪"命令，将图片裁剪为画布大小，如图4-42所示。

图4-41 插入图片

图4-42 裁剪图片

（5）在"绘图"组中单击文本框，然后在图片上输入单个文字。复制文本框并修改文字，如图4-43所示。

（6）在"开始"选项卡下"字体"组中设置文字的字体、大小、字型等格式，如图4-44所示。

图4-43 复制文本框并修改文字

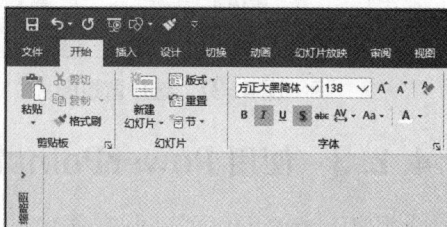

图4-44 设置文字格式

（7）选中文字，选择"格式"选项卡，在"排列"组中单击"上移一层"或"下移一层"按钮，调整文字的层级顺序，如图4-45所示。

（8）用鼠标右键单击图片，选择"设置图片格式"命令，打开"设置图片格式"窗格，选择"图片"选项卡，在"图片校正"组中调整"清晰度""亮度"和"对比度"参数，如图4-46所示。

图 4-45 调整文字的层级顺序

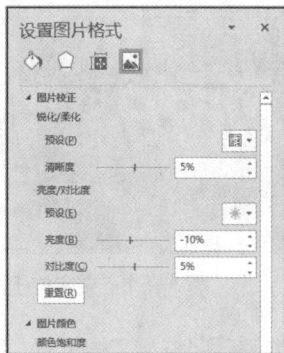

图 4-46 设置图片格式

（9）按【Ctrl+C】组合键复制图片，按【Ctrl+V】组合键粘贴图片，选择"格式"选项卡，单击"删除背景"按钮，如图 4-47 所示。

（10）进入删除背景模式，拖动选框上的控制点，框选要保留的图片部分。可以尝试多次调整选框大小，让程序自动选中画面中的主体，如图 4-48 所示。

图 4-47 单击"删除背景"按钮

图 4-48 调整选框

（11）在"背景消除"选项卡下单击"标记要保留的区域"按钮，如图 4-49 所示。

（12）在图片中要保留的区域中单击，如图 4-50 所示。单击画布空白位置，即可应用删除背景效果。

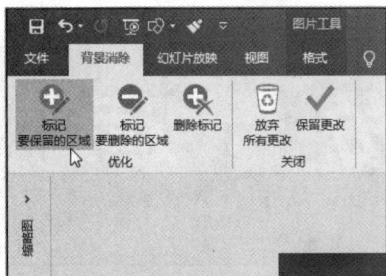

图 4-49 单击"标记要保留的区域"按钮

图 4-50 标记要保留的区域

（13）删除背景后，文字位于图片下方无法进行调整，如图 4-51 所示。

（14）在"格式"选项卡下"排列"组中单击"选择窗格"按钮，打开"选择"窗格，单击"图片 17"右侧的 👁 图标隐藏图片，如图 4-52 所示。

图 4-51 文字位于图片下方

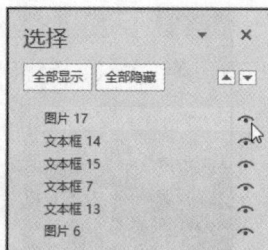

图 4-52 单击▲图标

（15）根据需要调整文字的位置，然后显示上层抠图图片。在画面中插入矩形形状，在形状中输入文字，并设置文字格式，如图 4-53 所示。

（16）在"段落"组中单击"对齐文本"下拉按钮，选择"底端对齐"选项，如图 4-54 所示。

图 4-53 插入形状并输入文字

图 4-54 选择"底端对齐"选项

（17）用鼠标右键单击形状，选择"设置形状格式"命令，打开"设置形状格式"窗格，选择"填充与线条"选项卡，设置填充颜色为白色，设置"透明度"为 50%，如图 4-55 所示。

（18）在"格式"选项卡下单击"编辑形状"按钮，选择"更改形状"选项，然后选择"梯形"形状，将形状更改为梯形，然后调整形状大小，效果如图 4-56 所示。

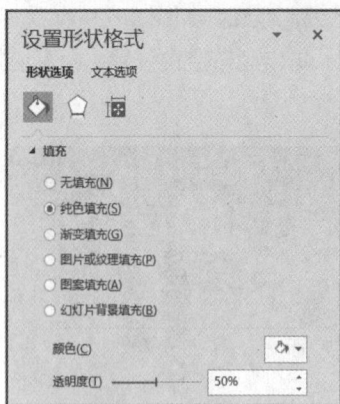

图 4-55 设置形状格式

图 4-56 调整形状大小

（19）按【F12】键打开"另存为"对话框，在"保存类型"下拉列表框中选择"PNG 可移植网络图形格式（*.png）"选项，然后单击"保存"按钮，如图 4-57 所示。

（20）在弹出的对话框中单击"仅当前幻灯片"按钮，如图 4-58 所示。

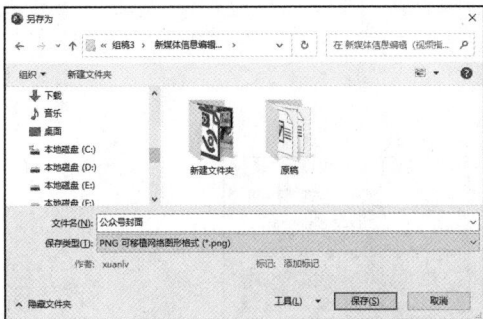

图 4-57　设置保存类型

图 4-58　单击"仅当前幻灯片"按钮

4.2.4　使用 Photoshop 制作抖音短视频封面图

Photoshop 是应用最为广泛的专业图像处理软件之一，也是新媒体图片编辑中最常用的作图工具之一。下面介绍如何使用 Photoshop 制作抖音短视频封面图，具体操作方法如下。

微课视频

使用 Photoshop 制作抖音短视频封面图

（1）在 Photoshop CC 2020 中单击"文件"｜"新建"命令，弹出"新建文档"对话框，按照 3：4 的宽高比例设置图形大小，在此设置图像大小为 1080 像素×1440 像素、背景内容为白色，然后单击"创建"按钮，如图 4-59 所示。

图 4-59　新建文档

（2）设置前景色为 RGB（241，179，46），按【Alt+Delete】组合键填充"背景"图层。打开"素材文件\第 4 章\01.png"，将其导入图像窗口中。按【Ctrl+T】组合键调出变换框，调整图形的大小，然后复制素材图像并执行"垂直翻转"命令，如图 4-60 所示。

（3）选择圆角矩形工具，绘制一个圆角矩形，设置其填充颜色为 RGB（254，246，221）。选择横排文字工具，输入文字"BIYELA"，并在"字符"面板中对文字属性进行设置，其中字体颜色为 RGB（220，163，36），如图 4-61 所示。

（4）打开"素材文件\第 4 章\02.png～06.png"，将它们分别导入图像窗口中。选择横排文字工具，输入所需文字，并在"字符"面板中对文字属性进行设置，其中字体颜色为 RGB（129，89，0），如图 4-62 所示。

图 4-60　导入素材文件

图 4-61　绘制圆角矩形并输入文字

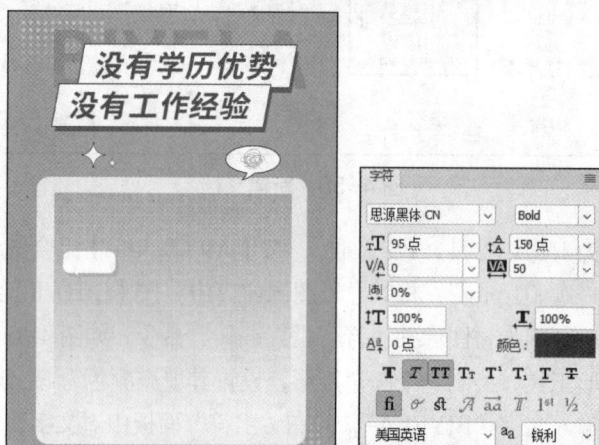

没有学历优势
没有工作经验

图 4-62　导入素材并输入文字

（5）双击文本图层，在弹出的"图层样式"对话框中设置"描边"和"投影"图层样式，然后单击"确定"按钮，如图 4-63 所示。

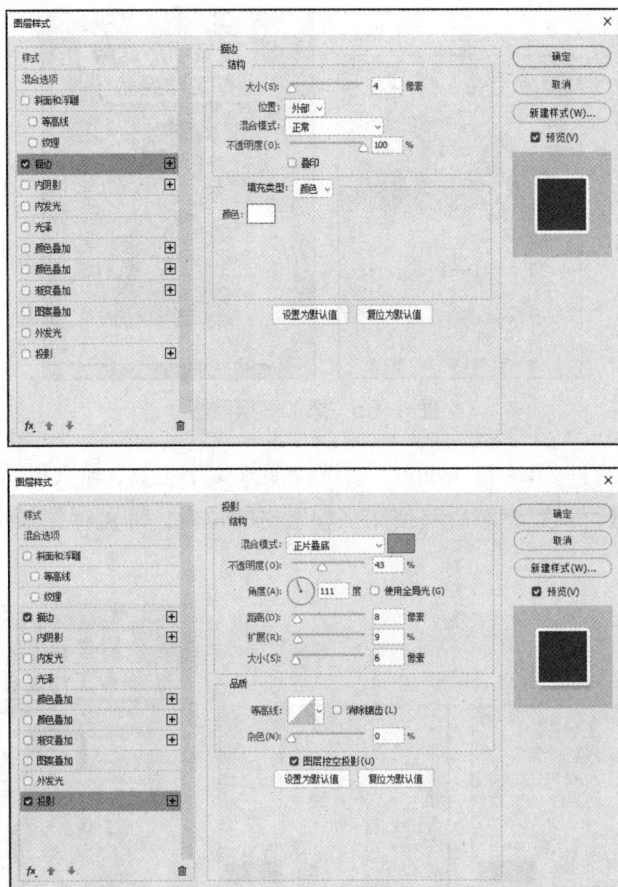

图4-63 设置图层样式

（6）导入"素材文件\第4章\07.jpg"，选择魔棒工具抠取人物图像。双击"图层7"，在弹出的"图层样式"对话框中设置"描边"图层样式，然后单击"确定"按钮，如图4-64所示。

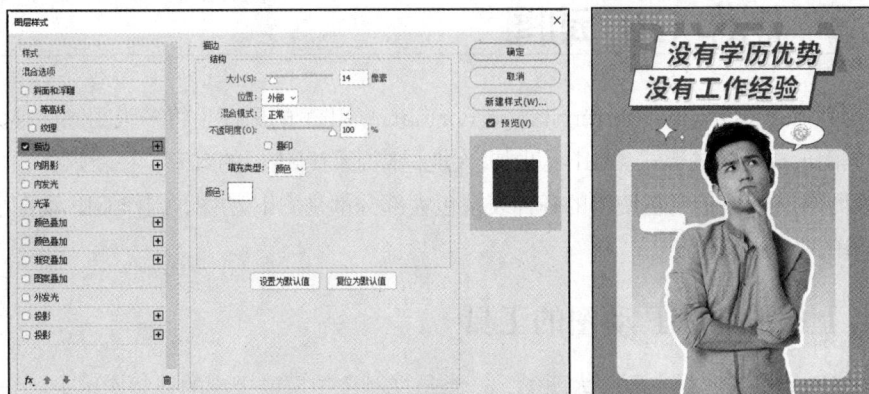

图4-64 导入素材并设置图层样式

（7）在"图层"面板下方单击"添加图层蒙版"按钮■，选择矩形选框工具，在人物下方绘制选区，设置前景色为黑色，按【Alt+Delete】组合键填充选区隐藏部分图像，如图4-65所示。

图 4-65　添加图层蒙版

（8）导入"素材文件\第 4 章\08.png"，选择横排文字工具，输入所需文字，并在"字符"面板中对文字属性进行设置，然后调整文字和素材的位置，即可得到最终效果，如图 4-66 所示。

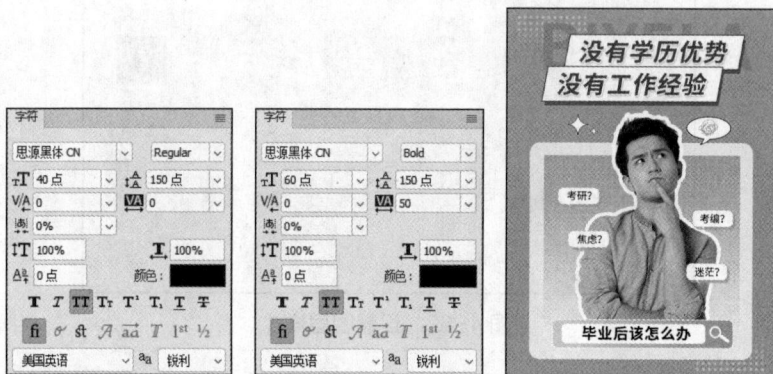

图 4-66　最终效果

4.3　制作 GIF 动图

图像交互格式（Graphics Interchange Format，GIF）的原理是将多张图像保存为一张图像文件，从而形成动画的形式。GIF 动图极大地提高了信息传播的效率，在新媒体领域得到了广泛的应用，例如，人们日常使用的各种表情包大部分都是 GIF 动图，制作 GIF 动图已经成为新媒体编辑的必备技能之一。

4.3.1　制作 GIF 动图的工具

制作 GIF 动图的素材主要分为两类，一类是视频（拍摄或录制的视频均可），另一类是图片（拍摄、截屏、设计图、手绘等）。下面介绍几款比较好用的制作 GIF 动图的工具。

1. ScreenToGif

ScreenToGif 是一款功能强大的 GIF 录制和编辑工具，它不仅可以录制屏幕，还可以进行摄像头录制和画板书写录制，如图 4-67 所示。

图 4-67 "ScreenToGif-启动"界面

录制结束后新媒体编辑打开"ScreenToGif-编辑器"窗口，ScreenToGif 的编辑功能很强大，它可以将 GIF 动图拆解为帧，每一帧都可以自行修改，如添加字幕、水印、形状、边框、阴影等，如图 4-68 所示。

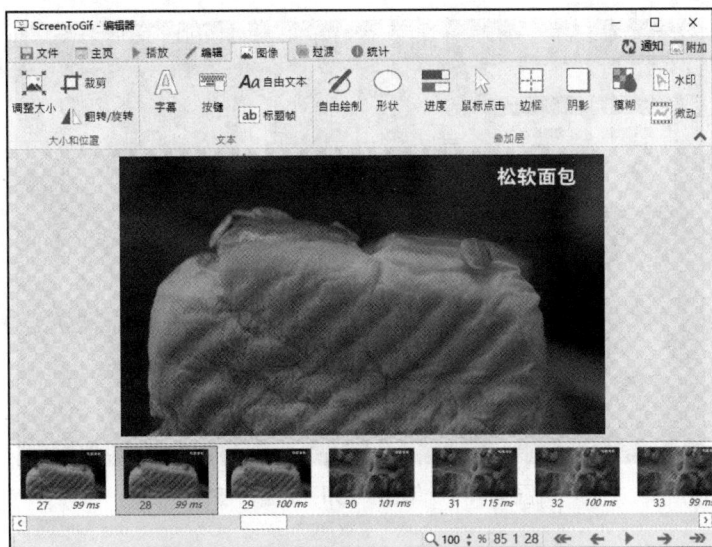

图 4-68 "ScreenToGif-编辑器"窗口

此外，ScreenToGif 还可以录制鼠标单击和键盘操作事件，对一些教程类的文章编辑很有帮助。

2. GIF123

GIF123 是一款简易的录屏软件，通过录制屏幕生成 GIF 动图。其操作界面只有三个主要按钮，分别是"录制""预览"和"复制"按钮。单击"设置"按钮✿，可以设置相关录屏参数，如图 4-69 所示。利用它可以将录屏生成的 GIF 动图一键快速复制，然后粘贴到微信、QQ 或公众号编辑器中。

在录制前，可以通过调整 FPS 参数设置每秒最大帧数，帧数越少，生成的 GIF 动图体积就越小。在"预览"模式下用鼠标右键单击画面，可以执行删除帧操作，如图 4-70 所示。在界面底部的输入框中可以重新设置 GIF 动图优化参数，并实时预览优化后的文件体积。

3. 美图秀秀 PC 版

美图秀秀 PC 版提供了很多实用的小工具，其中"GIF 制作"工具就可以用于制作 GIF 动图。启动美图秀秀 PC 版，在工具列表中单击"GIF 制作"按钮，如图 4-71 所示。

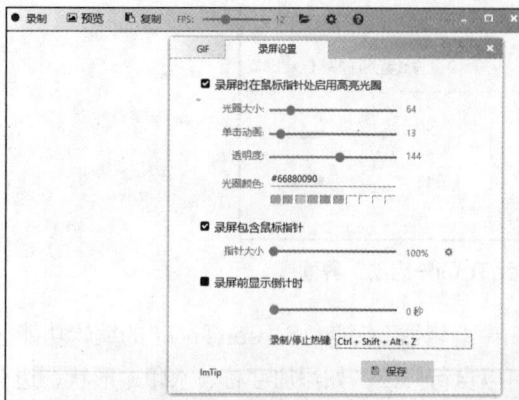

图 4-69　设置录屏参数

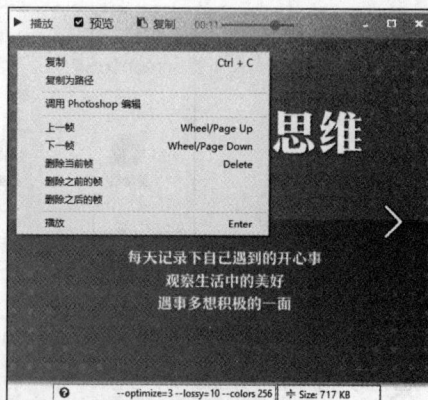

图 4-70　"预览"模式界面

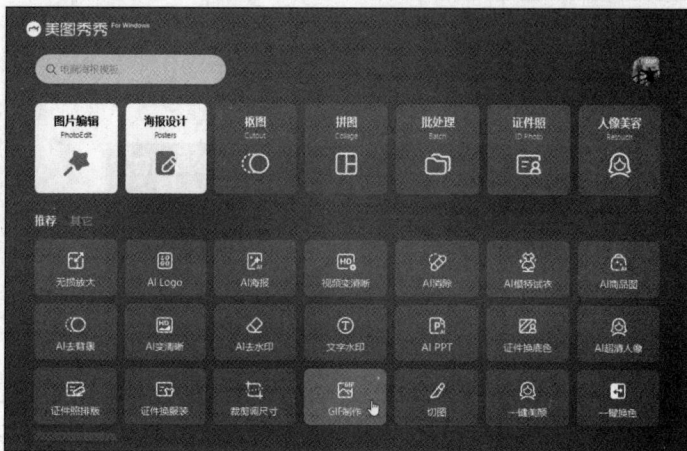

图 4-71　单击"GIF 制作"按钮

　　进入"GIF 制作"界面，在左侧可以添加图片、文字和素材，在右侧可以对画布尺寸和背景进行设置，然后根据需要调整"播放速度"，单击"保存"按钮即可导出 GIF 动图，如图 4-72 所示。

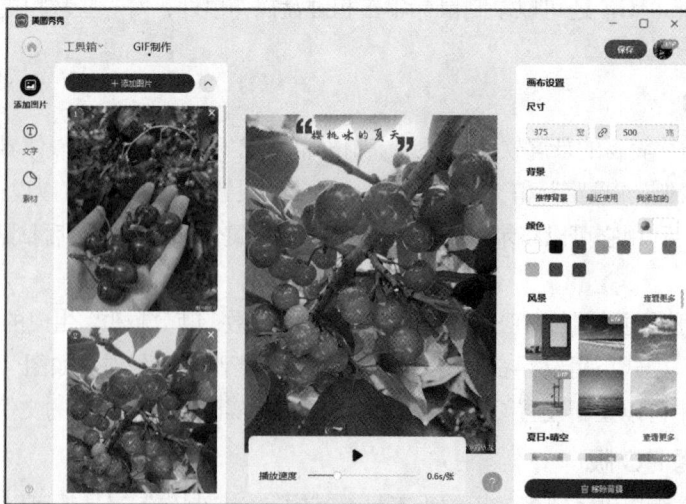

图 4-72　制作并导出 GIF 动图

4. 美图秀秀 App

美图秀秀 App 具有"视频剪辑"功能，可以将视频导出为 GIF 动图。打开美图秀秀 App，点击"视频剪辑"按钮（见图 4-73），在打开的界面中添加视频素材，进入视频剪辑界面，如图 4-74 所示。

在视频剪辑界面中可以对视频进行各种剪辑操作，如设置画布比例、修剪视频长度、添加文字、视频调色等。剪辑完毕后，点击"保存"按钮右侧的■按钮，在弹出的界面中选择"GIF"类型，然后点击"保存到相册"按钮，即可将视频导出为 GIF 动图，如图 4-75 所示。

图 4-73　点击"视频剪辑"按钮　　图 4-74　视频剪辑界面　　图 4-75　导出 GIF 动图

5. PowerPoint

使用 PowerPoint 制作 GIF 动图的方法很简单，先在每张幻灯片中编辑动图所需的图片和文字，如图 4-76 所示。编辑完成后，选择"文件"选项卡，在左侧选择"导出"选项，然后选择"创建动态 GIF"选项，在右侧选择 GIF 动图质量，并设置每张幻灯片的放映秒数，单击"创建 GIF"按钮，即可将所有幻灯片导出为 GIF 动图，如图 4-77 所示。

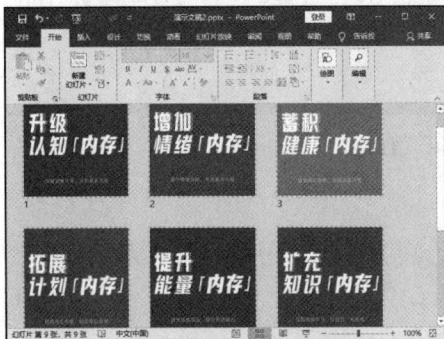

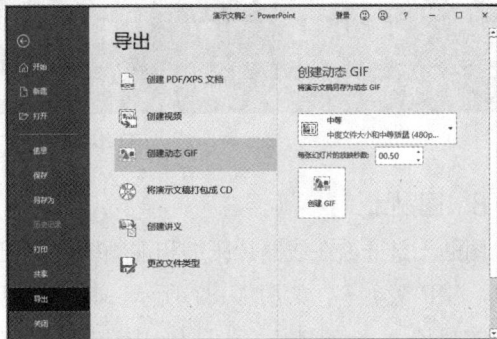

图 4-76　编辑幻灯片　　　　图 4-77　创建 GIF

6. QQ 影音

QQ 影音是由腾讯公司推出的一款支持多种格式影片和音乐文件的本地播放器，除了可以播放视频外，它还具有视频截图、剧情连拍、视频截取、动画截图等功能。利用"动画截图"功能可以将视频片段导出为 GIF 动图，方法为：使用 QQ 影音播放视频，用鼠标右键单击视频画面，选择"工具"｜"动画"命令（见图 4-78），打开"动画截图"界面，根据需要调整开始和结束位置，选择"动画尺寸"和"动画速度"，然后单击"保存 GIF"按钮，即可导出 GIF 动图，如图 4-79 所示。

图 4-78　选择"动画"命令　　　　图 4-79　设置动画截图

7. SOOGIF

SOOGIF 不仅为新媒体平台提供了多类别的 GIF 动图素材库，还提供了丰富的 GIF 制作工具，包括在线录屏、多图合成 GIF、视频转 GIF、GIF 拼图、GIF 编辑、GIF 缩放、GIF 裁剪、GIF 压缩、智能 GIF 抠图等功能，如图 4-80 所示。

图 4-80　SOOGIF 首页

8. 图贴士

图贴士是一款在线图片压缩和视频转 GIF 工具，其功能包括图片压缩、视频转 GIF、GIF 合成、GIF 裁剪等，如图 4-81 所示。其中，视频转 GIF 功能支持上传 MP4、OGG、WEBM 格式的视频。上传视频后，可以自由选择生成 GIF 动图的视频片段，能够预览并下载生成的 GIF 动图。

图 4-81　图贴士

4.3.2　使用 ScreenToGif 制作 GIF 动图

下面以 ScreenToGif 为例介绍如何制作 GIF 动图，具体操作方法如下。

（1）启动 ScreenToGif，单击"录像机"按钮，如图 4-82 所示。

（2）打开屏幕录像机，使用视频播放器打开视频素材，调整屏幕录像机大小，使其框住要录制的区域，并设置帧率为 25fps，按【F7】键或单击"录制"按钮◉开始录屏，此时使用视频播放器播放视频，录制完毕后按【F8】键停止录制，如图 4-83 所示。

微课视频

使用 ScreenToGif
制作 GIF 动图

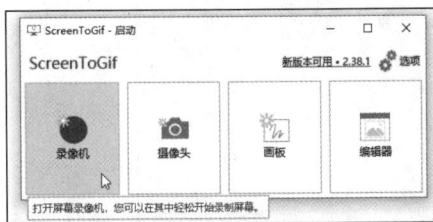

图 4-82　单击"录像机"按钮

图 4-83　录制视频

（3）停止录制后自动弹出"ScreenToGif-编辑器"窗口，按空格键预览录屏效果。在下方选中要设置为 GIF 动图开始的第 1 帧，选择"编辑"选项卡，单击"删除之前所有"按钮，在弹出的对话框中单击"是"按钮，如图 4-84 所示。采用同样的方法，删除 GIF 动图结尾部分多余的帧。

（4）在"延时"组中单击"缩放"按钮🕐，打开"缩放"窗格，通过设置"比例值"参数可以更改选定帧的持续时间，从而改变动图的播放速度。在此选中熊猫呆住部分的所有帧，设置"比例值"为 150%，然后单击"应用"按钮，使该部分的持续时间延长 50%，如图 4-85 所示。

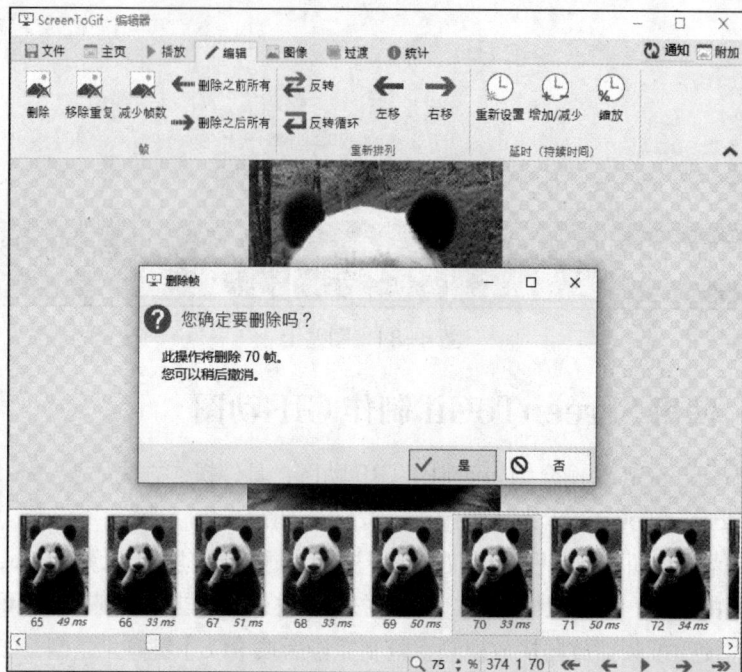

图 4-84　删除帧

图 4-85　设置"比例值"

（5）选择"图像"选项卡，单击"裁剪"按钮 ，打开"裁剪"窗格，在画布中调整裁剪框，裁剪图片大小，在"预览"区域可以看到此时图片的宽度和高度，单击"应用"按钮，如图 4-86 所示。

图 4-86　裁剪图片

（6）单击"调整大小"按钮，打开"调整大小"窗格，设置图片的宽度和高度，缩小图片尺寸，单击"应用"按钮，如图 4-87 所示。

图 4-87　调整图片大小

（7）单击"自由文本"按钮，打开"自由文本"窗格，输入文本并调整文本的位置，然后设置字体、阴影和布局格式，在下方选中要添加文本的帧，在此选中熊猫发呆部分的所有帧，单击"应用"按钮，如图 4-88 所示。

图 4-88　添加文字

（8）选择"文件"选项卡，单击"另存为"按钮，在弹出的窗格中设置保存位置和文件名，单击"保存"按钮，即可导出 GIF 动图，如图 4-89 所示。

图 4-89　导出 GIF 动图

（9）文件导出后，发现文件大小为 7.6MB，有些新媒体平台对图片大小有限制，在此需将其压缩到 5MB 以内。选择"编辑"选项卡，单击"减少帧数"按钮，打开"减少帧数"窗格，设置"系数"为 2，"删除帧数"为 1，即每隔 2 帧删除 1 帧，然后单击"应用"按钮，如图 4-90 所示，再次导出 GIF 动图，导出的文件大小为 4.8MB。

图 4-90　减少帧数

4.4　制作二维码图片

在新媒体运营中，很多时候都会用到二维码，如微信推文底部的二维码、H5 页面二维码、手机海报中的二维码等，这时需要使用二维码生成器来制作二维码图片。

4.4.1　制作二维码的常用工具

下面简要介绍几款常用的二维码制作工具。

1. 草料二维码

草料二维码是一个二维码应用搭建平台（见图 4-91），提供标准化的功能和服务模块，可以灵活组合各类功能组件，或者套用现成的模板，根据实际需求搭建二维码应用系统。

草料二维码提供基础的二维码生成服务，如文本、网址、文件、图片、音视频、名片、微信、表单等二维码的生成，还具有二维码管理功能，可以进行二维码的美化、扫描量统计、修改、删除和设置等。

2. 二维码工坊

二维码工坊是一款在线二维码生成器（见图 4-92），可以轻松生成电子名片、位置导航、电子相册、PDF 文件等二维码，还能使用模板美化二维码，为企业提供二维码解决方案。

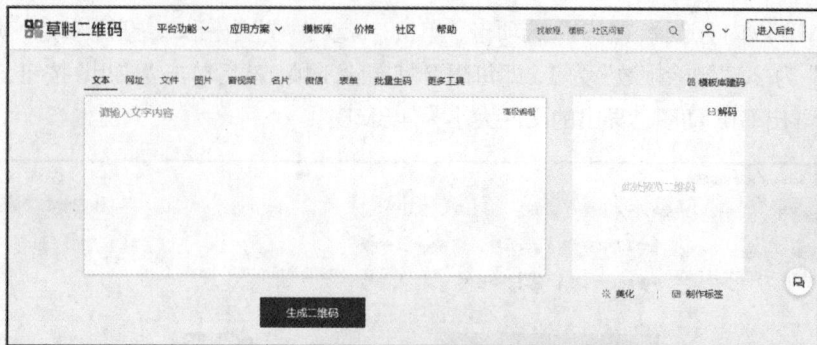

图 4-91　草料二维码

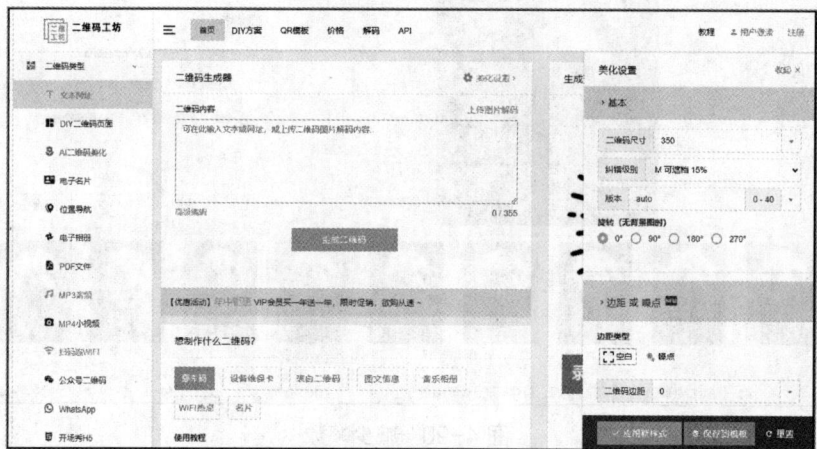

图 4-92　二维码工坊

3. 微微二维码

微微二维码是一家专业的二维码服务提供商，提供自助式的二维码制作、应用搭建和配套服务。微微二维码提供基础的生码工具，支持文本、网址、音视频、文件等转换生成二维码，也支持高级编辑器生成各类图文混编内容的二维码，如图 4-93 所示。微微二维码也是灵活的应用搭建平台，用户可以自由组合功能，自助搭建管理系统。

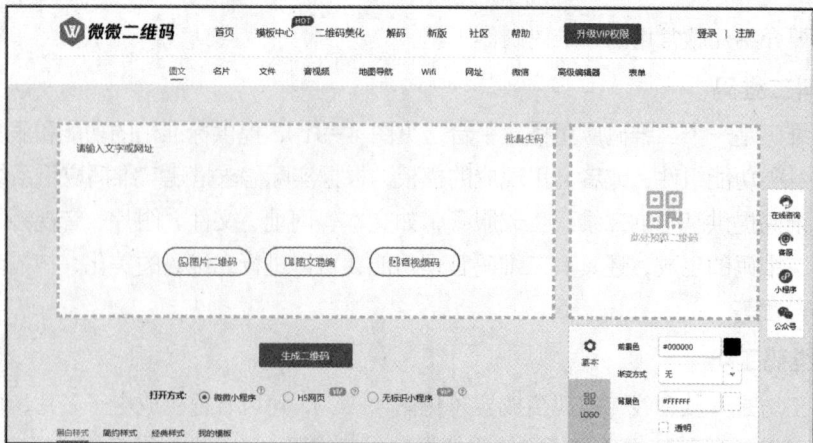

图 4-93　微微二维码

4．二维彩虹

二维彩虹提供专业的二维码在线生成和美化服务，二维彩虹可以把文本、电子邮件、名片、网址、微信收款等信息一键生成二维码图片，能够让用户随时更改二维码背后的信息而无须更改二维码，如图 4-94 所示。

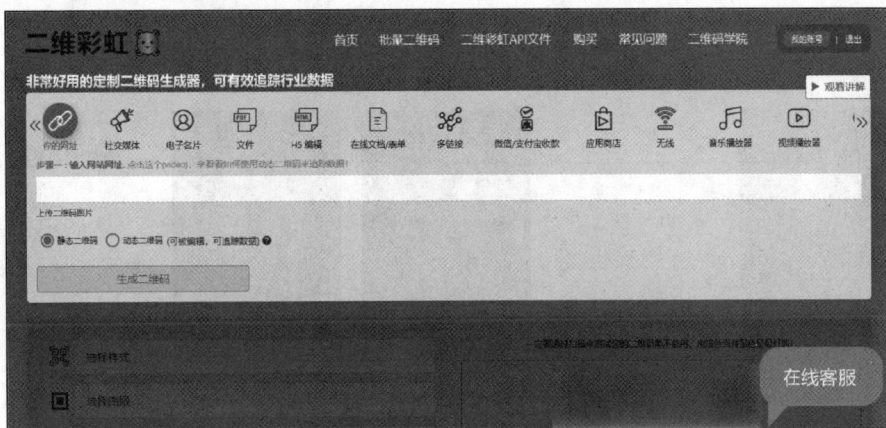

图 4-94　二维彩虹

5．码上游二维码

码上游二维码为企业提供二维码生成服务，它可以轻松地把视频、语音、图片和文档等内容转换生成二维码，生成的二维码内容可以随时更改，适用于景区电子导游、博物馆展品语音讲解、产品说明书、产品宣传册等各种需要二维码展示图片、语音和视频等内容的场景，如图 4-95 所示。

图 4-95　码上游二维码

6．第九工场

第九工场提供了二维码美化功能，利用它可以制作形态各异的二维码、动态二维码等，其拥有上千套创意二维码模板供用户挑选，可以将微信、公众号等二维码美化为动态立体的艺术二维码，是二维码营销的利器，如图 4-96 所示。

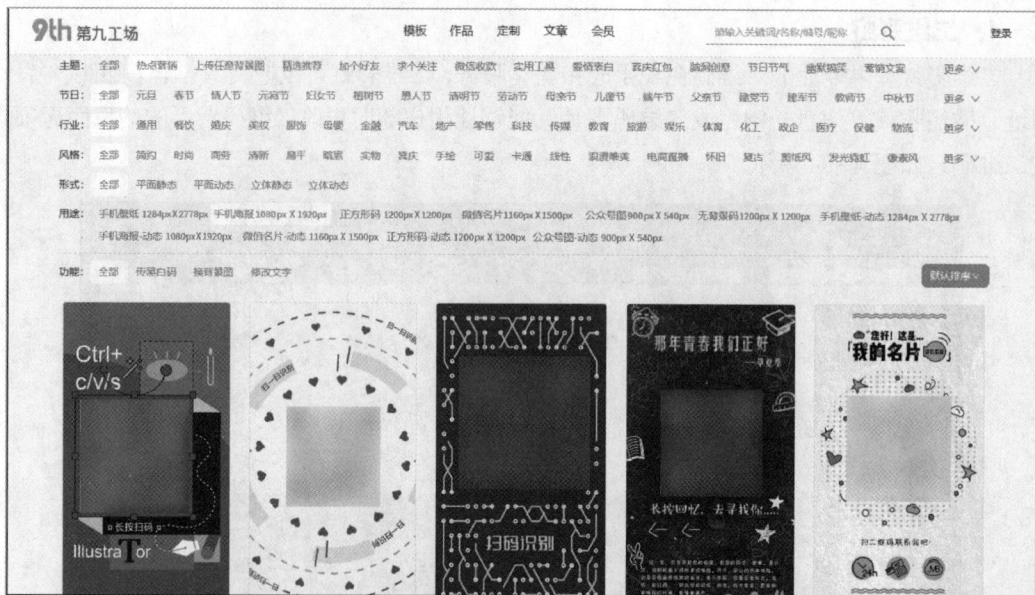

图4-96　第九工场

4.4.2　使用草料二维码制作二维码图片

微课视频

下面以草料二维码为例介绍如何将文件转换为二维码，具体操作方法如下。

（1）打开草料二维码首页，选择"文件"选项卡，单击"高级编辑"按钮，如图4-97所示。

使用草料二维码
制作二维码图片

图4-97　单击"高级编辑"按钮

（2）进入"编辑"页面，输入标题和正文内容，如图4-98所示。

（3）单击"插入文件"按钮，在弹出的对话框中上传文件，并设置相关选项，然后单击"确定"按钮，如图4-99所示。

（4）单击"背景图"按钮，上传背景图片，在右侧单击"生成二维码"按钮，即可生成二维码，效果如图4-100所示。

图 4-98　输入标题和正文内容

图 4-99　上传文件

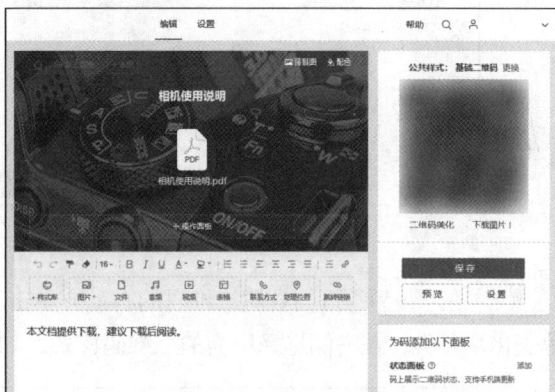

图 4-100　生成二维码

（5）选择"设置"选项卡进入"设置"页面，在"码底部设置"选项区中单击"修改"超链接，如图 4-101 所示。

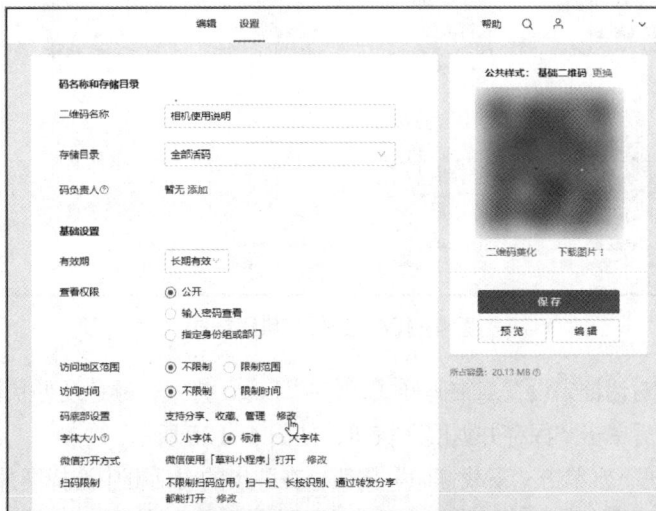

图 4-101　单击"修改"超链接

（6）在弹出的对话框中关闭"管理功能"，单击"保存"按钮，如图 4-102 所示。

（7）使用手机扫描二维码，预览文件效果，如图 4-103 所示。

图 4-102　关闭"管理功能"

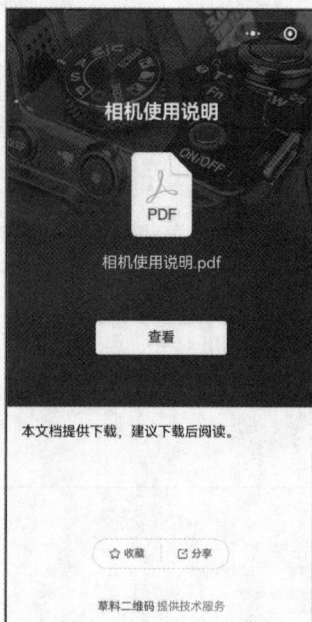

图 4-103　预览文件效果

（8）在"设置"页面右侧二维码的右上方单击"更换"按钮，在弹出对话框的左侧选择"简单美化"分类，在右侧选择所需的二维码样式，如图 4-104 所示。

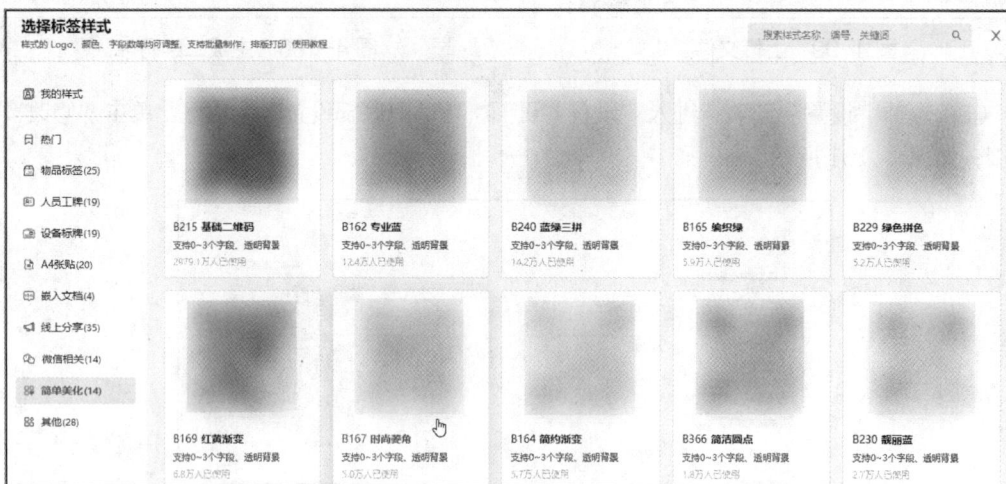

图 4-104　选择二维码样式

（9）在弹出的对话框中设置二维码样式，包括 Logo 样式、颜色及形状样式，并在二维码下方添加文字，然后单击"保存并返回"按钮，如图 4-105 所示。

（10）在二维码下方单击"下载打印"按钮，在弹出的对话框中选择图片格式及图片大小，然后单击"下载"按钮，即可将二维码图片保存到本地计算机中，如图 4-106 所示。

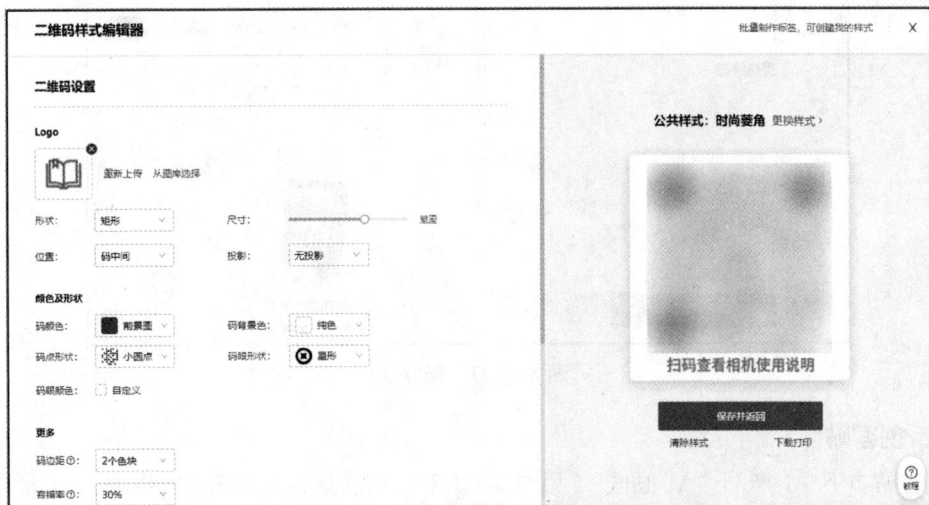

图 4-105　设置二维码样式

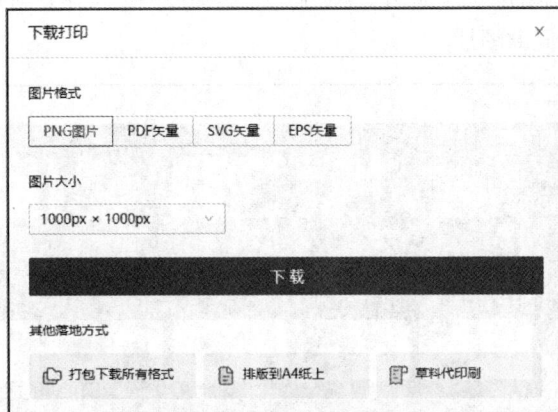

图 4-106　下载二维码图片

4.5　使用 AI 制作图片

AI 技术的迸发式发展正在深刻改变营销设计的方式，目前有很多提供基于 AI 技术的作图工具，利用它们可以轻松制作出高质量的图片。

4.5.1　AI 作图工具

下面将简要介绍几款常用的 AI 作图工具。

1. 稿定设计

稿定设计是一个多场景在线商业设计平台，它打破了软硬件间的技术限制，汇集创意内容与设计工具于一体，为不同场景下的设计需求提供优质的解决方案。其中的"稿定 AI"目前包含 5 个 AI 工具，分别是设计、绘图、素材、商品图和文案，如图 4-107 所示。用户只需上传图片、文案，即可快速获得一批设计结果，还可以对设计结果进行编辑。

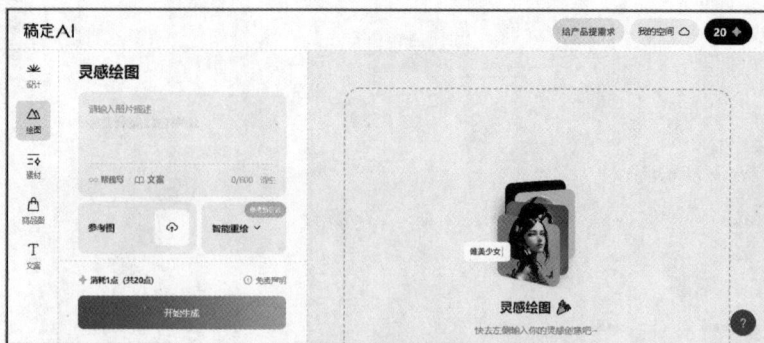

图 4-107　稿定 AI

2. 创客贴

创客贴旗下 AI 产品"AI 画匠"（见图 4-108），目前具有文生图、图生图、AI 素材、AI 绘本、AI 人物、商品图、变清晰等工具。用户仅需输入简单的文本或上传图片，便可一键生成高品质、定制化、低成本的图片。此外，AI 画匠还提供热门创意展，新媒体编辑可以直接参考其他用户的描述语制作同款图片。

图 4-108　AI 画匠首页

3. 美图秀秀

美图秀秀提供的 AI 工具包括图片编辑、智能抠图、AI 海报、AI PPT、无损放大、AI 消除、AI Logo、AI 文生图等工具，如图 4-109 所示。

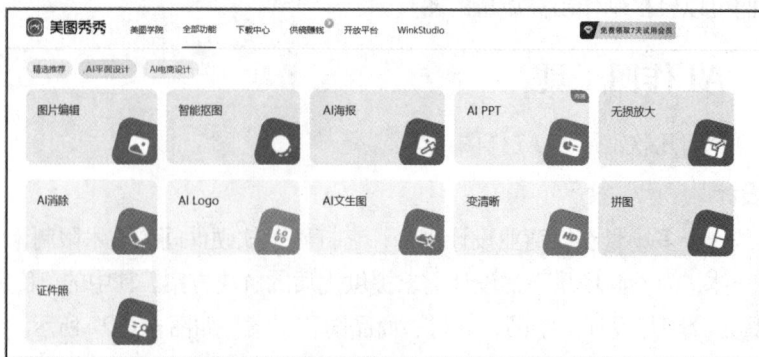

图 4-109　美图秀秀 AI 工具

此外，美图秀秀还提供了 AI 会话创作工具 WHEE（见图 4-110），用户只需输入文字描述，并选择自己喜欢的模型风格，即可一键获取由 WHEE 创作的图片。

图 4-110　WHEE 首页

4．AI 改图神器

AI 改图神器是一款在线图片编辑工具（见图 4-111），能够实现一键抠图、AI 去水印、放大变清晰、GIF 制作、AI 头像生成器等功能。

图 4-111　AI 改图神器首页

5．文心一格

文心一格是由百度推出的 AI 绘画工具（见图 4-112），是一个 AI 艺术和创意辅助平台。通过文心一格，用户可以轻松驾驭多种风格，快速生成不同风格、独一无二的创意画作，为设计和创作带来更多的灵感和创意。目前，文心一格已支持国风、油画、水彩、水粉、动漫、写实等多种不同风格高清画作的生成，还支持不同画幅的选择。

6．Vega AI 创作平台

Vega AI 创作平台是一款免费的 AI 绘画工具（见图 4-113），支持文生图、图生图、条件生图、姿势生图、智能编辑等功能，内置大量预设模型，如科幻、真人、漫画、3D 等，同时支持自定义训练模型。

图 4-112　文心一格首页

图 4-113　Vega AI 创作平台

4.5.2　使用稿定 AI 制作图片

下面以稿定 AI 为例，介绍如何使用稿定 AI 制作图片，具体操作方法如下。

（1）打开稿定 AI 页面，在左侧单击"设计"按钮，然后选择设计场景"公众号首图-实景"，如图 4-114 所示。

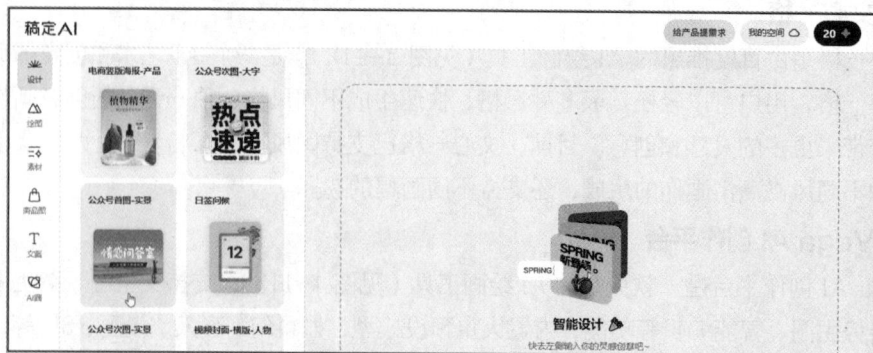

图 4-114　选择设计场景

（2）在文本框中分别输入主标题和副标题，并上传要使用的背景图（也可不上传），单击"开始生成"按钮，如图 4-115 所示。稍等片刻，即可在页面右侧查看生成的结果，单击底部的"查看更多"按钮，可以查看更多同批次的设计结果。选择要使用的图片，单击"开始编辑"按钮，即可进行微调和导出，如图 4-116 所示。

图 4-115　设置内容

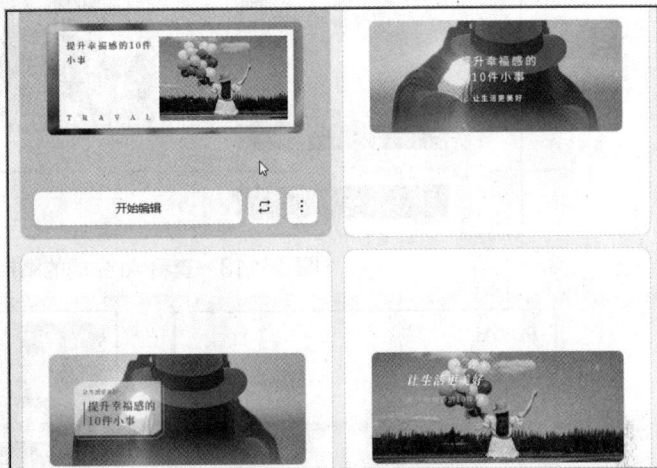

图 4-116　编辑图片

（3）在左侧单击"绘图"按钮，进入"灵感绘图"页面，可以利用文字描述或参考图创作图像。在此上传一个参考图，然后选择"印象重绘"图片玩法，如图 4-117 所示。

图 4-117　选择"印象重绘"图片玩法

（4）单击"开始生成"按钮，即可根据上传的参考图生成图片，效果如图 4-118 所示。

（5）在左侧单击"素材"按钮，通过输入词组、短句对想要生成的图片画面进行简单描述，如图 4-119 所示。

（6）单击"生成素材"按钮，选择所需的风格，在此选择"淡墨"风格（见图 4-120），然后选择生成"比例"为 1∶1，"数量"为 2。

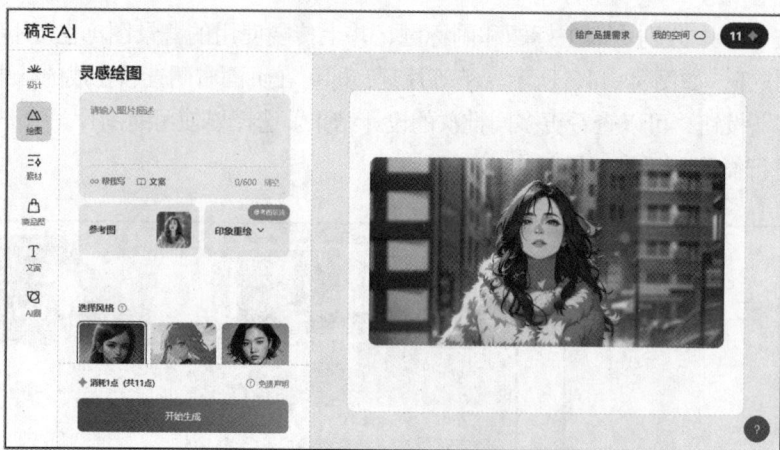

图 4-118　查看 AI 生成的图片效果

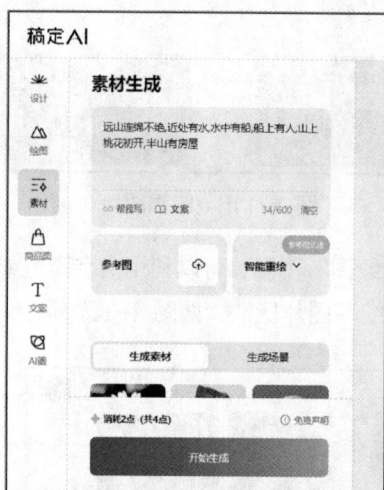

图 4-119　输入图片描述

图 4-120　选择"淡墨"风格

（7）单击"开始生成"按钮，即可生成两张素材图片，效果如图 4-121 所示。

图 4-121　生成两张素材图片

（8）在左侧单击"商品图"按钮，进入"商品合成"页面，首先上传商品图片，在此上传一张汽车模型的图片，稿定 AI 将自动对图片进行抠图。抠图完成后，根据需要调整汽车模型在画布上的大小和位置，然后在下方选择场景类型，在此分别选择"高山"和"海滩"场景，单击"开始生成"按钮，即可生成两张不同场景的商品合成图片，如图4-122所示。

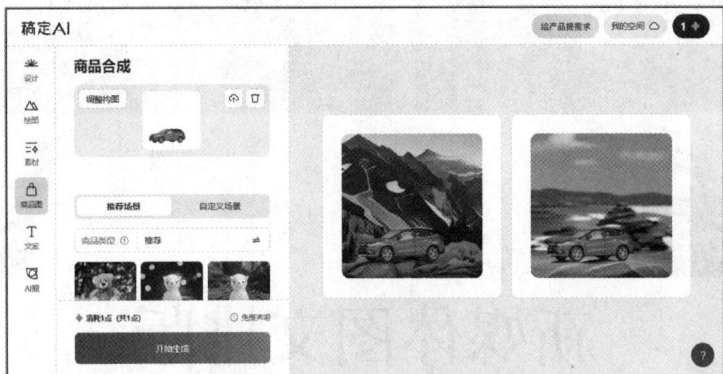

图4-122　生成商品合成图片

实训案例

打开"素材文件\第4章\实训案例"文件夹，其中提供了一些图片和视频素材。使用创客贴编辑"美食.jpg"图片，制作餐饮美食海报；使用Photoshop编辑"封面.jpg"图片，制作抖音短视频封面图；使用ScreemToGif录制"有趣动物.mp4"视频素材，制作GIF动图；使用稿定AI编辑"人像.jpg"图片，生成多种类型的素材图片。

课后思考

1. 简述新媒体图片的使用原则。
2. 简述搜索图片的方法。
3. 简述图片处理的方法与原则。

第 5 章

新媒体图文排版

知识目标

- ➤ 掌握处理文案与图片关系的方法。
- ➤ 了解常用的图文排版工具。
- ➤ 掌握使用秀米进行图文排版的方法。
- ➤ 了解信息图表的类型和组成元素。
- ➤ 掌握制作信息图表的方法。

能力目标

- ➤ 能够使用秀米进行图文排版。
- ➤ 能够根据需求制作信息图表。

素养目标

- ➤ 提升审美能力，建立正确、专业、规范的审美观。
- ➤ 提高图文传达信息的效率，降低用户的思考成本。

若说标题是引导用户点开一篇文章的重要因素，那么具有视觉冲击力的排版就是用户继续阅读的关键所在。合理地规划图文版式不仅能够美化页面，还能让用户在浏览页面的过程中轻松、愉悦地获取信息，从而提升用户的阅读体验，进而提高页面的点击率和停留时长。本章将介绍新媒体图文排版方面的相关知识。

5.1 处理文案与图片关系的方法

在图文排版中，需要考虑图片和文案两个主要因素。排版人员可以通过文案排版设计和图片排版设计两个方面来协调图片与文案的关系，从而构建出能够传递有效信息和具有强烈视觉冲击力的页面效果。在处理图片和文案的关系时，可以从以下几个方面入手。

1. 强化图片和文案的对比

新媒体编辑巧妙地运用对比色和互补色可以强化图片和文案的对比，其不仅可以增强信息的可读性，让画面更加富有立体感和空间感，还能增加用户的视觉感知，如图 5-1 所示。在图文设计中，经常用到的经典配色有青色与红色、黄色与蓝色、黑色与白色等冷暖色的对比。

在进行页面设计时，可以根据页面表达的主题来选择页面的主色调，然后在小范围内使用另一种颜色进行搭配装饰，这样可以让页面形成强烈的视觉冲击力，快速抓住用户的眼球。

在图文排版中，文字既是新媒体编辑传达信息的载体，也是设计中的重要元素。因此，除了运用色彩来制造对比效果外，对文字进行巧妙的字体设计同样可以形成对比效果，如图 5-2 所示。在选择字体时，可以通过使用与背景图片相融合的字体来制造视觉落差感。若页面的背景比较空洞，可以选择使用带有设计感的字体；若页面的背景比较浓郁，可以使用简约型的字体。

图 5-1 强化图片和文案的对比   图 5-2 运用字体形成对比效果

2. 弱化背景

一般来说，为页面设计高清的背景图是为了吸引用户的目光，但有时弱化背景往往能够产生更好的视觉效果，因为一个复杂、清晰的背景图会使页面中的其他设计元素（特别是文本）很难看清。因此，根据图像的复杂程度，应用模糊效果创建一个干净的背景能够有效地增强页面中文字内容的易读性。

局部模糊弱化背景能够改变图像中的视觉焦点，让主体形象更加突出。同时，将文案添加至模糊区域内，可以使文案从杂乱的背景中抽离出来，从而增加文字信息的可读性。这样在整个页面中主体形象和文案就能形成一种视觉平衡，如图 5-3 所示。

3. 图文合一

图文合一是一种能够有效增加页面吸引力的设计方法。图片与文字交错式的搭配能让图片与文字形成一种互动感，还能让页面产生一种空间感。同时，文字在页面中充当的不只是文案的角色，还是一种装饰元素，从而让页面更加美观，如图 5-4 所示。

4. 标签式设计

标签式设计是指将少量的文本信息整合到一起，将文本置于矩形框内或在文本之上添加一个色块，形成产品标签的形式，从而将用户的注意力集中在标签上，如图 5-5 所示。在实际设计时，标签的大小需要对画面的美观度、文字数量、背景图案和版面的平衡等多种因素进行考量。

图 5-3　局部模糊弱化背景　　　　图 5-4　图文合一　　　　图 5-5　标签式设计

5.2　新媒体图文排版工具与方法

对于发布在微信公众号上的文章来说，精美的排版不仅能为用户提供良好的阅读体验，还能提高文章的格调。下面将详细介绍常用的图文排版工具，以及使用秀米进行图文排版的方法。

5.2.1　常用的图文排版工具

新媒体编辑熟练掌握一些实用、便捷的工具无疑会使日常工作事半功倍。下面介绍几款常用的新媒体图文排版工具，使用它们进行图文排版能够帮助用户提升文章的格调，增加文章的阅读量。

1. 秀米

秀米是专门为微信公众号文章提供文本内容美化的图文编辑工具，为用户提供了多种风格的排版模板，同时用户也可以自己创建新的图文版式。除此之外，秀米还可以生成长图和贴纸图文，秀米图文链接（图文分享页面）本身也可以作为一个独立的内容传播页面。

2. 135 编辑器

135 编辑器是一款功能强大、极易上手的在线图文排版工具，提供了丰富的排版样式、模板和图片素材，并拥有一键排版、全文配色、云端草稿、企业定制、AI 写作等强大功能。

3. 壹伴

壹伴是一款能够增强微信公众号编辑器功能并显著提高排版效率的浏览器插件。用户利用它可以高效地完成图文排版、多微信公众号管理、定时群发、一键图文转载、GIF 动图一键上传、微信公众号数据分析、微信公众号运营等工作，是微信公众号管理的得力助手。

4. 易点微信编辑器

易点微信编辑器是专为新媒体编辑量身定做的一款微信公众号内容排版编辑工具，它界面简洁、素材精美、功能强大，操作简便，完全没有排版经验的新手也可以轻松使用，而且它会根据不用风格、不同行业提供大量的素材供用户使用。

5. 96 微信编辑器

96 微信编辑器是一款专业的微信公众号在线编辑排版工具，提供手机预览功能，让用户在微信图文内容排版、文本编辑、素材编辑上更加方便。

5.2.2　使用秀米进行图文排版

前面介绍了几款常用的图文排版工具，其实各种工具的图文排版功能大同小异，下面以秀米为例介绍图文排版的相关操作。

（1）将编辑好的文章内容输入秀米编辑器中，然后输入文章的标题和摘要，如图 5-6 所示。

微课视频

使用秀米进行
图文排版

图 5-6　输入文章内容

（2）选中文章中的标题文本，在左侧素材区中单击"图文模板"按钮 ⓘ，选择"标题"选项卡，然后选择所需的标题模板，即可为标题文本应用该标题模板，如图5-7所示。

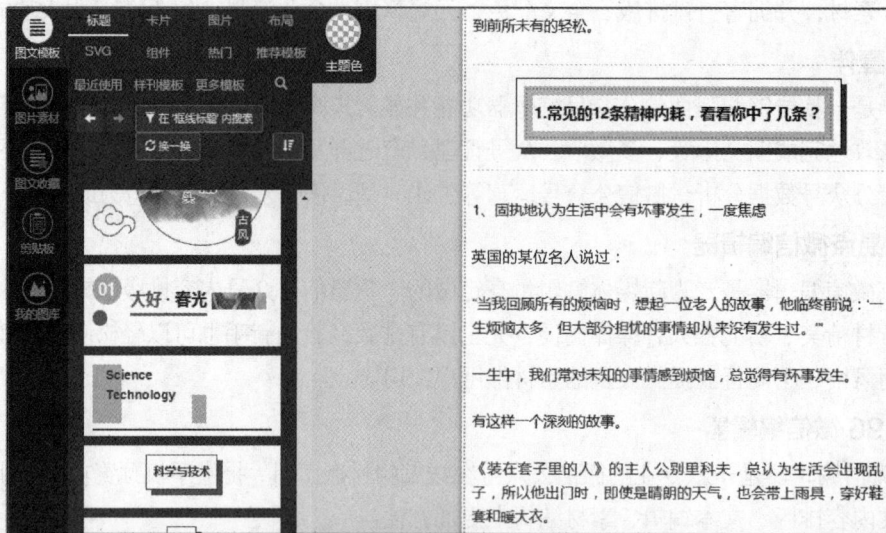

图5-7　为标题文本应用标题模板

（3）在文章中选中标题文本下细分的小标题文字，然后在浮动工具栏中设置文字格式，在此设置加粗文字和蓝色的文字颜色，如图5-8所示。

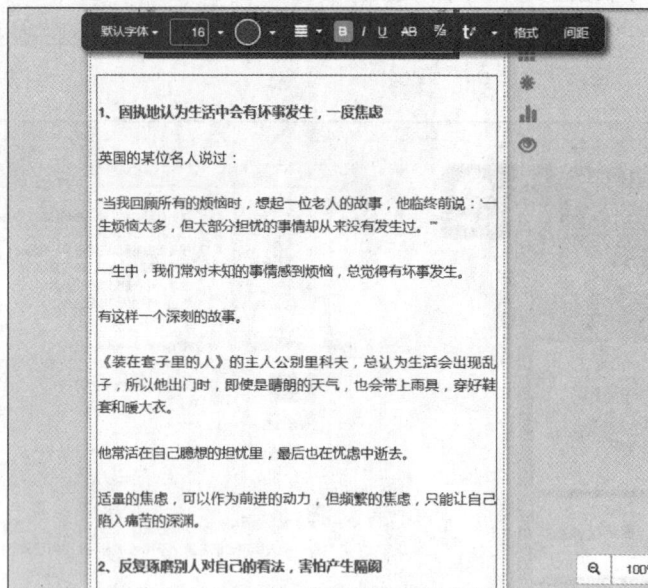

图5-8　设置小标题文字格式

（4）选中文章中引用的名言警句，在浮动工具栏中设置倾斜格式和文字底色，然后对核心观点的文字进行加粗设置，以突出这些内容，使文章更有层次，如图5-9所示。

（5）选中设置了格式的文字，单击"提取格式"下拉按钮 ⓘ，在弹出的列表中选择"提取文字格式"选项，如图5-10所示。

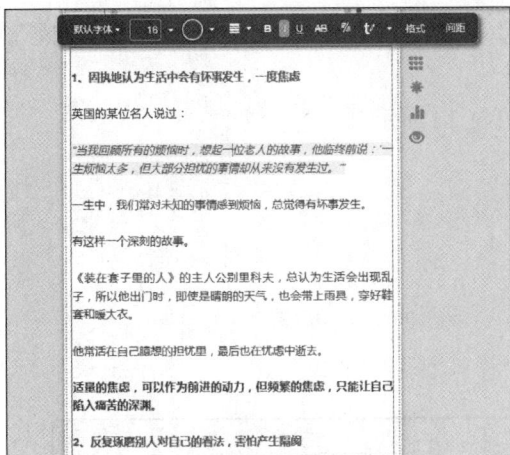

图 5-9 设置文章内容格式突出文章重点

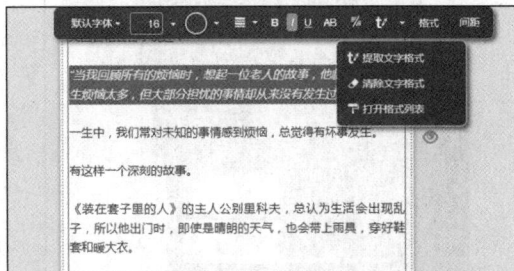

图 5-10 选择"提取文字格式"选项

（6）提取格式后会出现一个格式列表，在文章中选中要应用格式的文字，然后在格式列表中选择所需的格式，即可快速应用该格式，如图 5-11 所示。

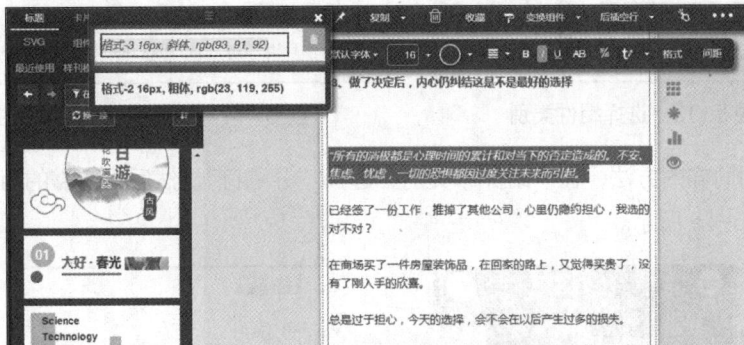

图 5-11 快速应用文字格式

（7）在左侧素材区中单击"我的图库"按钮，然后单击"上传图片"按钮，上传本地图片，将上传的图片插入文章中。选中图片，在工具栏中设置图片宽度为 90%，如图 5-12 所示。

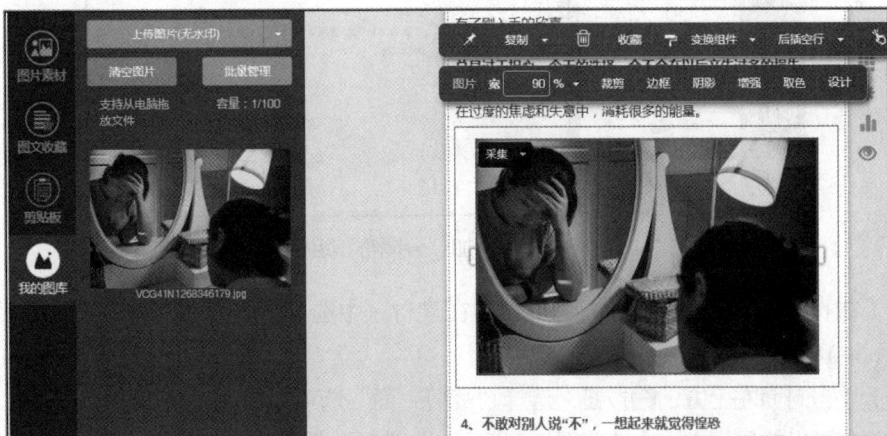

图 5-12 插入图片

（8）在左侧素材区中单击"图文模板"按钮▥，然后在"组件"类别中选择"关注原文"，如图 5-13 所示。

（9）将所需的组件模板拖至文章最上方，如图 5-14 所示。

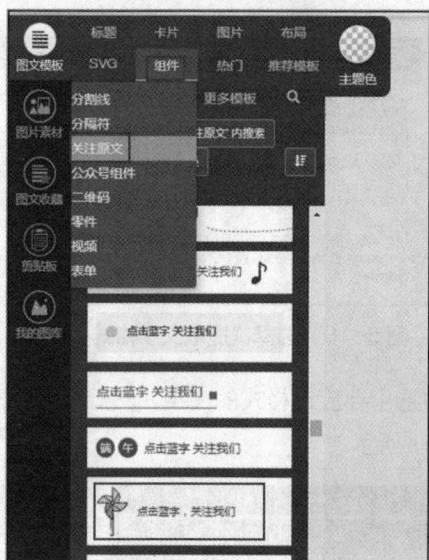

图 5-13 选择组件类别

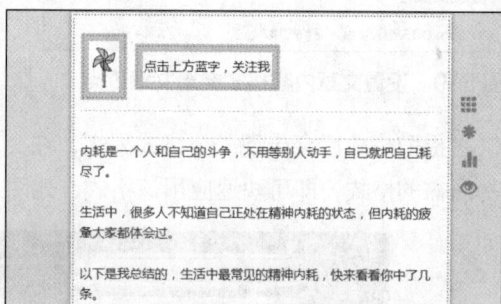

图 5-14 添加"关注原文"组件

（10）采用同样的方法，在"组件"类别中选择"分隔符"，然后将所需的组件模板拖至文章底部，如图 5-15 所示。

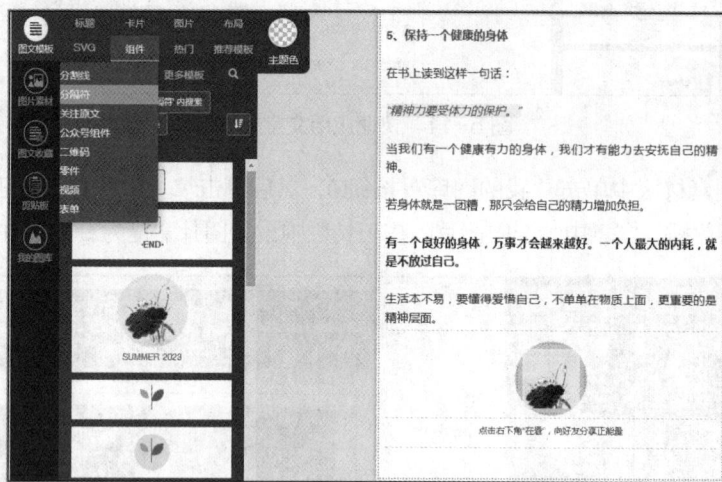

图 5-15 添加"分隔符"组件

（11）在页面上方选中封面图标▥，然后在素材区中选择上传的图片，即可将其设置为封面，如图 5-16 所示。

（12）单击封面左上方的▤按钮，选择"裁剪封面"选项，如图 5-17 所示。

（13）在弹出的界面中选中"首图（2.35∶1）"选项，然后拖动裁剪框裁剪封面，单击"确认"按钮，如图 5-18 所示。

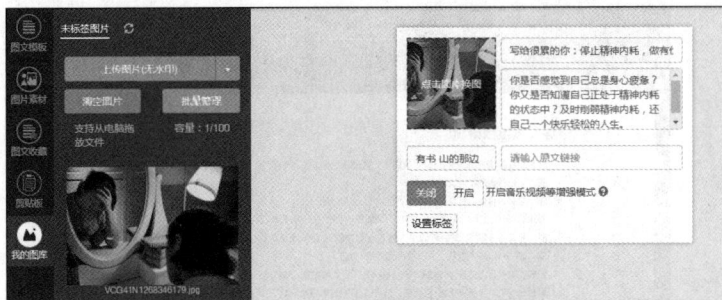

图 5-16　设置封面

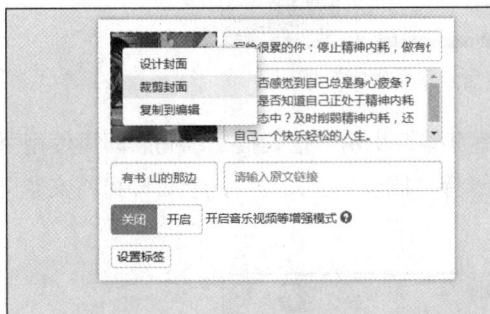

图 5-17　选择"裁剪封面"选项

图 5-18　裁剪封面

（14）在页面上方单击"预览"按钮，预览文章发布后的效果，发现文章内容左右两边紧贴边框，显得十分局促。在文章中选中文本组件，单击"间距"按钮，在弹出的界面中设置"左右边距"为 20 像素，如图 5-19 所示。

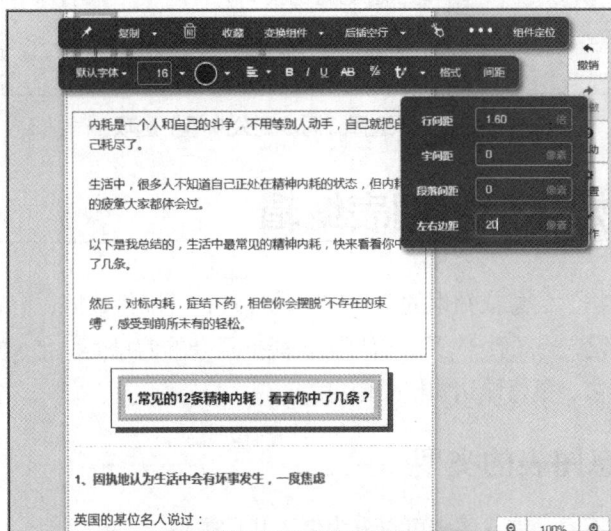

图 5-19　调整"左右边距"

（15）确认文章不再做其他修改后，即可将其导出，利用同步功能将其同步到微信公众号上。单击页面右上方的"授权设置"超链接，在弹出的对话框中单击"点击开始微信公众号授权"按钮，如图 5-20 所示。

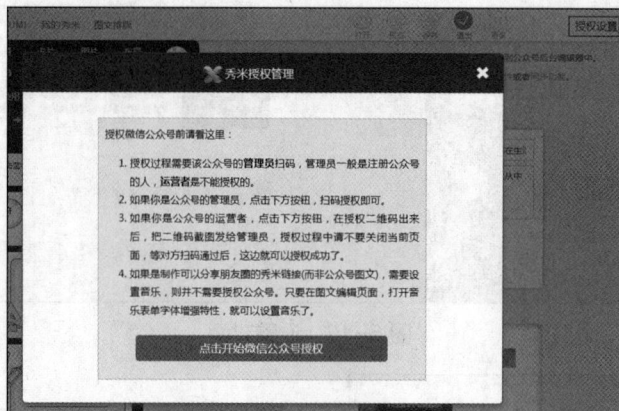

图 5-20　单击"点击开始微信公众号授权"按钮

（16）在打开的页面中显示账号授权二维码，新媒体编辑用微信扫描二维码后即可使用秀米的同步功能。在页面上方单击"导出"按钮☑️，选择"同步到公众号"选项，即可将文章同步到微信公众号草稿箱，如图 5-21 所示。

图 5-21　选择"同步到公众号"选项

5.3 新媒体信息图表编辑

信息图表是指数据、信息或知识的可视化表现形式，可以将数据、信息或知识集中在一张图上进行展示。俗话说"一图胜千言"，信息图表能把复杂的信息简单化，使其更易于理解和传播，从而帮助用户更快、更好地认知相关信息。

5.3.1 信息图表的类型

根据内容题材的不同，信息图表可以分为以下几种类型。

1. 报道时事政治事件的信息图表

为了报道时事政治事件所绘制的图表，其涉及的主要是政府领袖、政治事件、国际关系，以及国际组织的活动等内容。与其他新闻相比，这类新闻所涉及的数据类信息较少，往往以事件或人物为主。

2．讲解财经事件的信息图表

在财经事件中，数据占据着非常重要的地位，各类财经信息都需要数据来进行说明。财经信息往往比较枯燥、呆板，在信息中配置生动的图表，将各类数据通过曲线、饼状图、条形图、柱状图等方式表现出来，不仅增加了财经类信息的趣味性，还可以让各类数据更加直观易懂。图 5-22 所示为微信公众号"广东金融"发布的信息图表《图说 2023 年 7 月广东金融统计数据》。

3．介绍生活常识的信息图表

介绍生活常识的信息图表通常为用户提供一些生活经验或提出一些在生活中值得注意的事项等。例如，微信公众号"科普中国"发布的文章《这些小事也值得被科普！新手一看就会的实用生活攻略》中用信息图表的形式为用户介绍了一些生活常识，如怎么坐高铁、怎么坐飞机、怎么坐地铁、怎么挂号、怎么寄快递、怎么租房子、怎么写简历、怎么办护照等，图 5-23 所示为"怎么坐高铁"的信息图表。

图 5-22 《图说 2023 年 7 月广东金融统计数据》　　图 5-23 "怎么坐高铁"的信息图表

4．解析重大工程的信息图表

各类工程的建设往往非常复杂，虽然技术和施工人员能对工程的施工和建设有清楚的了解，但作为普通用户往往无法对工程的各个环节有清晰的认知，这时运用工程解析类图表就可以帮助普通用户清晰、全面地理解某项工程的结构和功能。

5．解释知识背景的信息图表

新闻报道注重表现事件的发展动态，一般不会详细介绍与事件有关的背景或其他信息，这就导致一些用户无法全面了解或理解影响事件发展的其他因素。因此，为了让用户更加全面深入地了解新闻事件，可以为事件配置一些背景材料，如名词术语解释、地理气候说明、人物与组织说明等，这些内容可以以文字、照片、信息图表的形式来呈现。

6. 普及科学知识的信息图表

科学技术代表着一个国家创新与创造的实力，对科学知识的普及和宣传会促进国民科学素质的培养。科学知识通常是比较深奥、普通人难以理解的，如果单纯用文字信息对其进行描述，难免会让其显得复杂、晦涩，如果在解释知识时配上相应的图形说明，往往能让知识更容易被理解，尤其是在阐述科学原理、解释分解过程、剖析内部结构时，合理的图示说明不仅让原理、过程和结构更加清晰易懂，还能提升科学知识的趣味性。

7. 说明突发事件的信息图表

交通事故、地震、火灾、自然灾害等突发事件具有不可预知性，所以媒体无法事先做好准备，只能在事件发生后再跟进报道。同时，突发事件还具有发生突然、转瞬即逝的特点，媒体往往只能抓取其简短的片段，很难展现事件发生的全部过程。

在突发事件的报道中，使用信息图表通常能使这个问题得到很好的解决。使用信息图表对事件现场进行模拟和再现，能够打破时间的限制，让事件的发生、发展和结局得以全面、完整的展现，弥补信息无法完整传播的缺憾，同时让信息报道在内容、形式和时效上实现统一。

8. 解说体育事件的信息图表

解说体育事件的信息图表不仅是指比赛日程图和比赛成绩表，还包括体育场馆结构介绍、体育项目介绍、体育奖项介绍和赛场突发事件报道等内容。

5.3.2 信息图表的组成元素

分析信息图表的组成元素，可以分为两个方面，一是信息图表的内容组成元素，二是信息图表的视觉组成元素。

1. 信息图表的内容组成元素

从内容构成的角度来说，一个完整的信息图表包括标题、信息来源、信息主体、文字注释等元素。

- 标题：解释、说明信息图表的主题，让用户快速了解信息图表所说明的问题是什么。在信息图表中，标题通常为一行，以实题为主，且标题的字号在整个信息图表中是最大的。
- 信息来源：说明信息图表中所使用资料的来源。
- 信息主体：信息图表的主要内容，可以是具体的人物、事物，也可以是一种现象、一起事件。
- 文字注释：对信息图表中的一些术语、图示、图例、事件发展的步骤和环节等信息的解释说明。

2. 信息图表的视觉组成元素

从视觉传播的角度来说，信息图表的组成元素包括文字和数字、各类图形及色彩。

（1）文字和数字元素

信息图表中涉及的数据通常是以数字的方式进行呈现，从制图技术层面上来说，数字可以被纳入文字的范畴，它们是信息图表的必要组成元素。

在信息图表中，文字的表现特点是准确、简练、鲜明。文字的字体、字号、段落设置、行间距等都会对文字的视觉效果和信息传达效果产生影响。因此，为了提升信息图表的美观度和传播效果，可以对文字进行一定程度的艺术处理。

（2）图形元素

信息图表中的图形元素包括点、线、面、标识、照片，以及各类柱形图、折线图、饼状图、散点图等。

（3）色彩元素

色彩是表达思想和传达感情的重要方式。不同的色彩有着不同的"性格"，它们会在一定程度上影响人们的心理感受和情绪。在信息图表中，传达喜庆、欢乐的信息通常会以红色或黄色为主要基调，报道灾难事件的则多使用黑灰色，介绍科学技术、科技产品的往往会选择蓝色。

色彩除了会影响用户的心理感受外，还能起到信息分类和强调的作用。例如，在信息图表中，为不同层次的信息设置不同的颜色，可以体现信息的主次关系、类型关系，以及整体与部分的关系等。

5.3.3 信息图表的制作

信息图表的制作需要文字资料和相关数据做支持，这些资料和数据包括已经发布的事件报道、采访素材、权威网站提供的统计数据等。准备好相关资料后，即可着手信息图表的制作。

1. 明确信息图表的选题

选题就是找到适合制作信息图表的内容，包含以下内容的信息可以尝试制作信息图表。

- 信息中含有数字、百分比，具有比较数字、表现发展趋势等要素。
- 信息的结构清晰，能概括出条理清晰的要点。
- 事件的发生时间线索明显，按照时间顺序对事件的发生、发展、结果进行梳理，使用户更易于理解。
- 事件的发生地具有较高的知名度，且可以找到最新的事件发生地的地图。
- 事件非常重要，值得向用户进行推荐和强调，如经济发展成就、重要的政策或报告、重大工程的施工建设、有重大影响的突发事件等。
- 包含一些术语、名词，为了帮助用户更好地理解信息，需要对这些术语、名词进行解释说明。

2. 搜集信息素材

足够多的有效信息素材是决定信息图表制作成败的关键因素。新媒体编辑可以通过以下几种方法来搜集信息素材。

（1）寻找文本信息制作者

文本信息是指对某一事件或事物的文字描述，是制作信息图表最好的来源之一。寻找文本信息最直接有效的方法之一就是寻找文本信息的制作者。新媒体编辑要积极与文本信息的制作者进行沟通，以获取足够多的有效信息素材。

（2）查书

查书是指查阅相关书籍、报告、报纸、杂志、年鉴、地图等记载信息的工具。图书资料室、图书馆等地方都可以成为新媒体编辑搜集信息素材的有效渠道。

（3）网络查找

在互联网上搜集信息素材是一种非常便捷、迅速的方法，各个媒体网站、政府网站、商业研究机构网站等提供的数据库，以及一些公益组织提供的开放数据库，都可以成为新媒体编辑获取信息、数据的有效渠道。

（4）实地考察

针对一些重大事件的报道，新媒体编辑可以申请去事发现场搜集信息素材，这样能亲眼看到事件发生的情况，获得第一手、最真实的信息素材。

3. 提炼有效信息

一般情况下，新媒体编辑所采集的信息都处于原始状态，比较复杂，在使用之前需要先对其进行分类、归纳、提炼等工作，这样能让信息更有条理，更有逻辑性，从而有助于形成有效、有序的信息结构。

对信息进行提炼、加工，需要做好两方面的工作，即去粗取精、删辅留主。

（1）去粗取精

去粗取精就是放弃无关紧要的、冗余的信息，保留核心的、反映事件本质的内容。简单地说，就是挤出"水分"，保留"干货"，这样才能实现信息图表"一图胜千言"的效果。

（2）删辅留主

任何信息都存在核心内容和外延内容。核心内容是一条信息的关键要素，用于满足用户阅读信息的基本需求，在信息图表中需要重点体现。外延内容则让信息的内容更加丰富，新媒体编辑可以根据信息图表的主旨和外延内容的价值来决定是否要在信息图表中对其进行呈现。

4. 设计并确定版式布局

设计版式就是对信息图表中的各个元素，如标题和副标题文本、列表、图片、表格、图表、自选图形等进行合理、有序的排列与布局。信息图表的版式不必追求样式的华丽，最有效的信息图表往往都采用简单、朴素的样式风格，并兼顾突出关键内容和用户阅读体验的功能。

一般来说，信息图表常见的版式布局有以下几种。

（1）根据信息内容进行布局

信息图表中包含的信息量少但内容非常重要，可以采取以主题图案为中心，其他要素环绕其四周的版式。如果信息图表中包含的信息点较多，就可以将各个信息点分别作为主体，然后根据各个信息点之间的逻辑关系将其均匀分布在版面中。

（2）采取对称版式

采取对称版式的信息图表，其内容往往涉及对比、竞争。这种版式布局的优势是整个版面中的内容逻辑关系清晰明了，且设计省时、简单。

（3）采取分组分割的版式

分组分割就是将关系密切的信息放在一起，并使用同一色彩作为标识，将其与其他信息区分开来。将信息进行分组分割是为了让信息结构更加条理化，让信息图表更易读、易懂。

（4）按照视觉流动效果进行布局

新媒体编辑在设计版式布局时，可以充分利用用户的阅读习惯和视线移动的规律，通过版式设计来营造页面的空间感。用户在阅读时的视线一般是从左上向右下移动。因此，新媒体编辑可以遵循这个规律来设计信息图表的版式。也就是说，根据用户阅读时视线移动的顺序，新媒体编辑就可以找到版面上最吸引眼球的地方，并把最主要的图文资料放在那里。

5. 核实与检查细节

信息图表制作完成后并不意味着就能直接发布，还需要进行最后一个环节的工作，即对制作好的信息图表进行核实与检查。

（1）检查信息图表是否完整，组成元素是否齐全，即信息图表是否包含标题、解释性或概括性的文字、图形、色彩、制作者名称等元素。同时，要确保各个组成元素符合相关规范，其风格要符合新媒体平台的定位。

（2）对信息图表的各个细节进行核实与检查。检查信息图表是否存在政治性、导向性、原则性错误，是否存在容易引起误解的内容；审核信息图表中的文字描述、数据等是否准确，主图颜色与背景颜色的搭配是否合理等。

信息图表需要借助视觉元素来呈现，虽然使用一些打破常规的表现形式能让其更具个性和吸引力，但是信息图表的主要作用是为了真实、直观、准确地展示事实，所以其设计要清晰、简洁，避免设计过度，这样更有利于实现信息传播与艺术设计的平衡。

5.3.4 提升信息图表的用户体验

制作信息图表时，除了追求信息图表各个组成元素的内在逻辑和视觉效果外，还要强调用户体验。因此，在设计信息图表时，需要遵循以下几个原则。

1. 内容明晰

要想提升用户体验，首先要保证信息图表的内容明晰。图表的内在逻辑、图形的意义等，要让人一目了然，不能把信息图表做成一个挑战智力的游戏。

如果信息图表中设有互动区域，就要明确指出它们的位置，否则新媒体编辑的精心安排可能无法被用户发现，其所包含的信息也就无法传达。

2. 图表好看

从用户的角度来说，评价信息图表好坏的一个重要标准就是"好看"。"好看"包含两层含义：一是审美上的"好看"，即信息图表在艺术设计上要美观，能够给用户带来视觉上的舒适感；二是用户体验上的"好看"，即便于用户观看和理解其内容，能够满足用户对内容的需求。

在这两层含义中，用户体验上的"好看"更为重要。也就是说，让用户在不必花费太多力气的情况下就可以看清、看懂信息图表中的内容，并能抓住其中的关键信息。

如果信息图表中的信息量较多，一些细节可以通过交互的方式来进行展示，用户采取某种操作后即可阅读相关内容，这样可以在保证版面清爽的同时，让用户根据自身的需要了解更多的细节信息。

3. 打开速度高效

信息图表的打开速度必须要以高效为前提，在网络平台上，一般人们对一个页面打开时间的容忍度是有限的。如果信息图表的文件过大，打开的速度过慢，就容易导致一部分用户因没有耐心等待其打开而选择关闭页面。

受文件大小的限制，要求信息图表的版面不能过大。在版面有限的情况下，如何保证用户能看清楚信息图表中的每一个细节也是需要平衡的一个问题。

实训案例

图 5-24 所示为贝纳颂咖啡官方微博发布的一篇文案，请在微博或微信公众号搜索与贝纳颂咖啡有关的文案，对其进行分析后，结合自身喝咖啡的体验写作一篇宣传文案，并使用秀米进行图文排版。

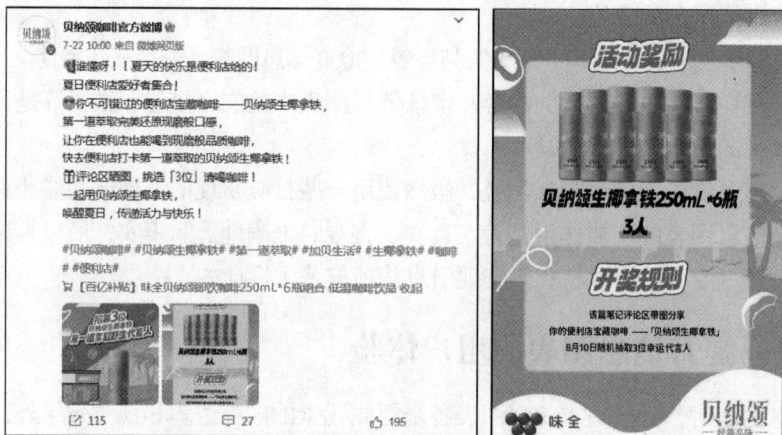

图 5-24　贝纳颂咖啡官方微博

课后思考

1. 简述新媒体图文排版中处理文案与图片关系的方法。
2. 简述信息图表的内容组成元素和视觉组成元素。

第6章

新媒体数据分析与可视化

知识目标

> 了解新媒体数据分析的基本步骤和常用术语。
> 了解新媒体数据获取和预处理的方法。
> 掌握常用的数据分析法和数据分析工具。
> 了解数据可视化的基本流程和设计原则。
> 了解常用的数据可视化图表和构成元素。
> 掌握数据可视化图表制作与优化的方法。

能力目标

> 能够进行数据清洗和数据加工。
> 能够使用数据分析工具进行数据分析。
> 能够进行数据可视化图表的制作与优化。

素养目标

> 培养数据运营思维，形成善于运用数据分析事物的思维习惯。
> 挖掘数据，尊重数据，利用数据，保护数据安全。

　　随着移动互联网的发展，企业的营销推广阵地从传统媒体转移到新媒体平台。新媒体平台每天都有大量数据产生，新媒体编辑每天都会获得大量数据，要想提升在新媒体平台进行营销的运营效果，数据分析是必不可少的，而数据可视化是对数据分析结果的直观展现。本章将介绍新媒体数据分析与可视化方面的相关知识。

6.1　初识新媒体数据分析

随着使用新媒体平台进行营销的企业不断增加，新媒体营销已经从以前单纯地购买广告位推广宣传过渡到精细化运营模式，只有通过数据驱动运营的企业才能获得更长远的发展。

6.1.1　新媒体数据分析的作用

数据分析对新媒体运营来说十分重要，企业每天坚持分析新媒体数据，是为了更好地了解新媒体运营质量，确定运营方向，控制运营成本，评估营销方案。

1. 了解运营质量

新媒体运营水平可以由数据来体现，大部分企业比较关注的数据主要是网站的流量数据、社交媒体的粉丝数据、阅读量数据和互动数据。新媒体运营工作是否有价值，能否达到企业要求的运营目标，都要通过数据来了解和判断。

2. 确定运营方向

新媒体编辑在做新媒体运营工作时，要借助互联网查看相关的大数据，以此来分析和判断新媒体内容和活动是否要结合相应的网络热点来编辑文案。获取网络热点的常用工具有百度指数、微信指数等。

另外，在确定运营方向时，企业要综合考虑用户需求和自身优势。企业可以通过分析后台的用户反馈数据来大体判断用户需求，也可以根据以往的推送内容及其数据来判断自身优势。

3. 控制运营成本

企业都非常在意运营时的成本问题，在做新媒体运营时，除了关注销售额的增长和品牌知名度的提升外，还会注意控制运营成本，尤其是广告的投放成本。因此，新媒体广告投放必须精准，一旦不精准就会造成成本浪费。这就需要新媒体编辑分析用户的地域分布、购买习惯、常用应用等数据，在每一次投放广告之前需要结合近期的广告投放情况做好调整和优化，以合理减少投放成本。

4. 评估营销方案

新媒体编辑一般会参考以往的经验制订营销方案，然后根据数据评估营销方案的效果。常用的参考数据有目标达成率、最终销售额、过程异常数据及失误率等。

6.1.2　新媒体数据分析的基本步骤

新媒体数据分析的基本步骤包括设定目标、数据挖掘、数据处理、数据分析和数据总结。

1. 设定目标

在做数据分析之前，新媒体编辑要先把目标制订出来，即确定数据分析的原因，是想了解运营情况，还是了解销售情况。如果没有设定精确的目标，做出来的数据分析结果也不会很精准。

2. 数据挖掘

运营目标不同，对数据的需求也不同，所以数据挖掘这个环节需要将目标对应的相关数据进行整合，分析数据来源。当整合所有数据之后，新媒体编辑就可以针对相关数据开展挖掘工作。

数据挖掘的途径有3种，分别是后台数据、第三方数据分析工具和手动统计。

- 后台数据：大部分新媒体平台有系统性的统计工具，新媒体编辑无须花费过多的时间就可以直接在后台下载或导出数据，如微博的阅读量、抖音的点赞量等。
- 第三方数据分析工具：有些数据是无法从新媒体平台的后台获取的，这时可以借助第三方数据分析工具，在授权后利用其进行数据挖掘，如网站的点击数据、访问来源数据和用户属性数据等。
- 手动统计：一些比较个性化或综合性的数据是无法从新媒体平台的后台和第三方数据分析工具中获取，这时就需要新媒体编辑手动统计，如多平台的阅读总量数据。

3. 数据处理

数据挖掘获得的数据是原始数据，无法直接使用，需要进行处理，处理工作主要包括删除无效数据，合并重复数据，以及组合相关数据。

- 删除无效数据：在统计过程中难免会有一些无用的字符或与目标不相关的数据，在数据处理中就可以删掉这一部分，不然会给后面的工作带来干扰。
- 合并重复数据：因为后台的一些数据有重复性，将其合并到一起，统计出的数据会更直观。
- 组合相关数据：原始数据中不同类别的数据混合在一起，需要将相关数据进行组合，借助公式设计更适合分析的数据。

4. 数据分析

数据分析包括流量分析、销售分析、内容分析和执行分析。

- 流量分析：主要是针对网站流量进行分析，通过对跳出率、访问量、访问时间等数据进行分析，评估网站运营的质量。
- 销售分析：主要是分析网站的销售数据，销售数据除了包括下单数量、二次购买率及支付比例等，也要核算"网上预订、线下支付"的订单。
- 内容分析：对各新媒体平台的内容数据进行统计，如微信公众号阅读量、微博粉丝数、头条号推荐量等，新媒体编辑据此可以及时调整文章内容和标题。
- 执行分析：对新媒体编辑日常执行工作的考核、统计与评估，包括文章写作速度、文章质量、软文发布频率等。

5. 数据总结

完成数据分析以后，新媒体编辑要及时总结数据，这样不仅方便内部沟通交流，还对整体营销规划有所帮助。数据总结需要重点关注的数据包括企业自身的新媒体营销情况、同行企业的新媒体营销情况，以及行业内的新媒体发展趋势等。

6.1.3 新媒体数据分析的常用术语

为了对数据做出更加科学的分析和判断，了解一些常用术语是非常有必要的。常用的新媒体数据分析术语如表6-1所示。

表 6-1 常用的新媒体数据分析术语

术语名称	释义
UV	Unique Visitor，独立访客，指通过互联网访问同一个网页或产品的独立触发用户数，即说明有多少人访问过该页面
PV	Page View，页面浏览量，指页面被用户看过多少次，也称点击量，用户每刷新一次即被计算一次
RV	Repeat Visitors，重复访客，即回头客，指网页或产品的重复触发用户数。重复访客越多，说明用户黏性越强，实际运营过程中更多会比较 UV 与 RV 的关系占比
TS	Traffic Sources，流量来源渠道，可以清晰地展现出各个流量入口带来的用户数，分析各流量来源渠道对广告推广的重要程度
ROI	Return on Investment，总投资收益率，反映投资和收益的关系，衡量活动运营是否值得，能得到多少价值，公式为：ROI=（总收益-总投资）/总投资
TP	Time on Page，页面停留时间，指用户在各个页面的停留时长，可以反映出某个网页或活动页对用户的吸引力，也可以通过分析该指标来研究用户的行为偏好与喜好
GMV	Gross Merchandise Volume，商品交易总额，指在某一时间段内的成交总额，一般包括拍下未支付的订单金额
CTR	Click Through Rate，点击通过率，由广告的实际点击次数（严格来说是可以到达目标页面的用户数量）除以广告的展现量可得，反映的是广告和诉求的匹配度及广告质量
BR	Bounce Rate，跳出率，指访问一个页面后就离开的次数与总访问次数的百分比，可以反映用户对网站或内容的认可度，网站或内容是否对用户有吸引力
CVR	Conversion Rate，转化率，尤指广告的转化率，即广告主通过广告投放收回的价值占广告投入的百分比
CPC	Cost per Click，按点击量付费，也就是说，不论广告被多少人看见，只要没有产生点击，就不会产生广告费用。对广告主来说，选择 CPC 模式有助于提升转化并降低费用。广告平台一般限定一个 IP 在 24 小时内只能点击一次，其他重复点击被视为无效，从而降低广告主的预算费用
CPM	Cost per Mille，每千次展现收费，指投放一个广告的过程中，每 1000 人看到一次广告所需花费的平均广告成本
CPA	Cost per Action，每次动作收费，是按照完成一个指定的标准或行为动作来收费的广告模式，行为动作可以是注册、咨询、交易、下载、留言等

6.2 新媒体数据的获取

在进行新媒体数据分析之前，找到合适的数据源是一件非常重要的事情。新媒体数据的来源主要分为以下 4 种。

1. 网络数据库大数据

网络数据库大数据主要是指基于传统数据库对新媒体内容及相关信息进行存储的数据，如新闻内容数据、网络服务资源数据、用户行为数据、库存数据、账目数据等。

2. 网络社交大数据

网络社交大数据主要是指用户参与和使用新媒体社交平台、系统、软件而产生的数据，重点是微博、微信、短视频平台和今日头条产生的数据。

（1）微博

微博数据包括如表 6-2 所示的几种类型。

表 6-2　微博数据

类型	具体数据
后台统计数据	粉丝数据、内容数据（见图 6-1）、互动数据
榜单数据	热搜榜、同城榜、好友搜
话题数据（见图 6-2）	阅读量、讨论量、互动量、原创量、话题趋势
关系数据	传播路径、引爆点、情感值

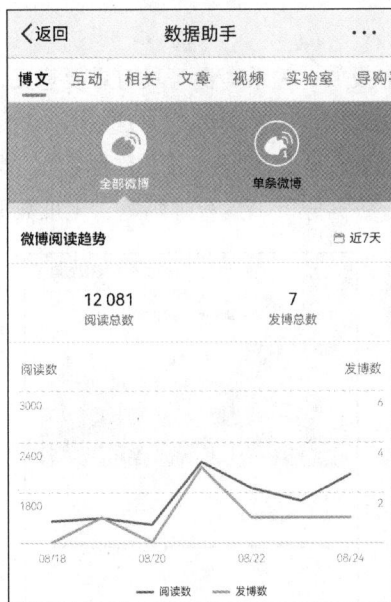

图 6-1　内容数据

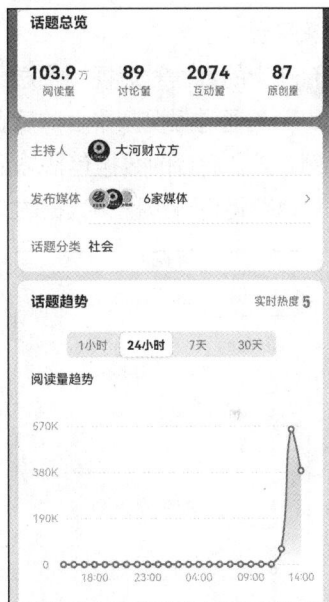

图 6-2　话题数据

（2）微信

微信数据主要是微信公众号的后台数据和朋友圈数据。

● 微信公众号的后台数据：通过查看微信公众号后台的阅读数据，新媒体编辑可以了解粉丝的阅读喜好情况，如图 6-3 所示；通过查看后台的粉丝量增减，新媒体编辑可以评估推广效果。微信公众号的后台数据包括内容数据、粉丝数据、消息数据、菜单数据等。

● 朋友圈数据：一般用微信个人号作为主要推广平台的新媒体编辑，常以"社群运营+朋友圈运营"的方式进行品牌宣传或产品推广。在分析朋友圈数据时，可以重点分析好友增长数量、朋友圈点赞数量、朋友圈购买数量、导购文案转化率等指标。例如，某微信个人号发布了一条点赞领福利的朋友圈文案，活动结束后就要对朋友圈的点赞数量进行统计，以评估活动效果，同时为参与点赞的用户发送福利。

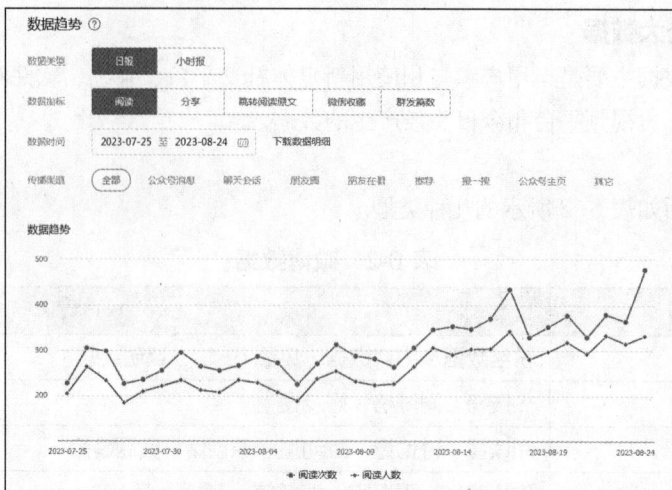

图6-3　微信公众号的后台数据

（3）短视频平台

短视频平台产生的数据对短视频推送、广告投放、关系衡量等具有重要意义，其数据的获取方式有两种，一是通过短视频平台的后台获取数据，二是通过第三方数据分析工具来获取数据。以抖音为例，抖音后台的数据包括总览（见图6-4）、数据全景、作品数据、粉丝数据（见图6-5）等，可以获得抖音短视频数据的第三方数据分析工具有蝉妈妈、飞瓜数据等。

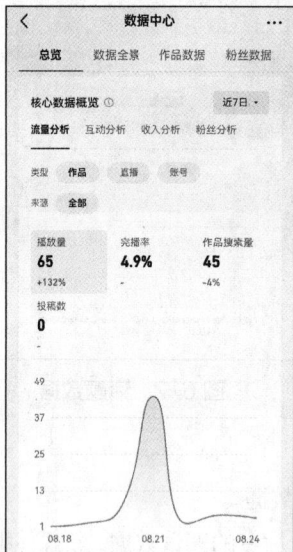

图6-4　总览

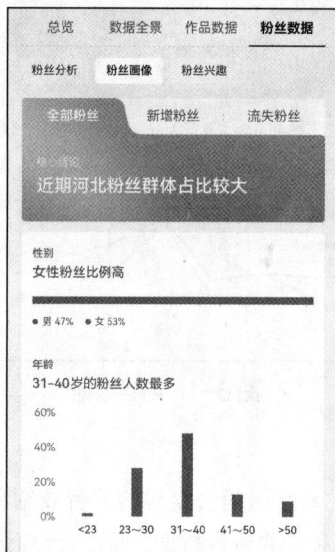

图6-5　粉丝数据

（4）今日头条

今日头条的数据主要是通过后台直接获取，主要包括展现量（见图6-6）、阅读（播放）量、点赞量、粉丝展现量、粉丝阅读（播放）量、评论量、粉丝数据趋势（净增粉丝数、活跃粉丝数、新增粉丝数、流失粉丝数、总粉丝数）、粉丝画像（见图6-7）等，这些数据是运营人员进行内容评估和改进的参考依据。

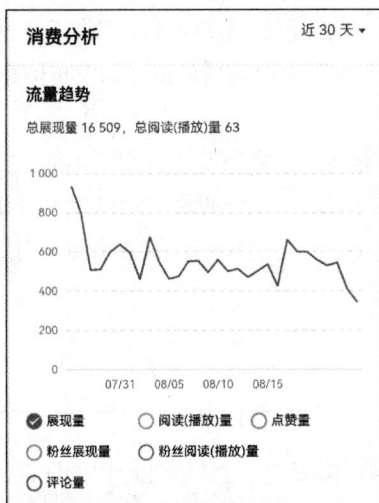

图 6-6　展现量

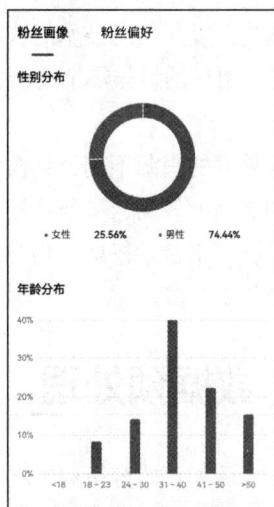

图 6-7　粉丝画像

3. 网络行为日志大数据

网络行为日志大数据是指新媒体设备、传感器等产生的数据，包括用户行为日志数据、日志内容数据等，通常为结构化数据。

（1）用户行为日志数据

用户行为日志数据包括用户每次访问网站时所有的行为数据，如登录、访问、浏览、搜索、单击等，通过分析这些数据可以了解用户轨迹。

用户轨迹是指平台利用 Cookie、用户登录信息、IP 地址和设备来识别和跟踪获得的用户行为数据，图 6-8 所示为某用户在发现产品时的轨迹数据。

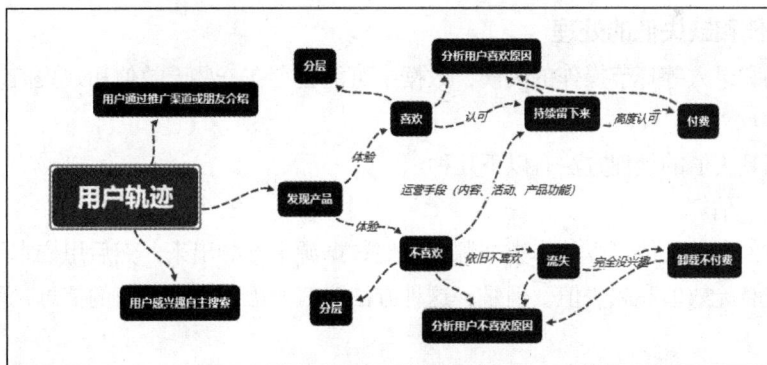

图 6-8　用户轨迹

（2）日志内容数据

日志内容数据包括访问的系统属性，如操作系统、浏览器等；访问特征，如单击的网址链接、从哪个网址链接跳转过来的、在页面上的停留时间等；访问信息，如会话标识、访问 IP 等。

4. 网络舆情大数据

网络舆情大数据是指基于某热点话题或事件，大量用户通过新媒体方式参与而产生的数据，这类数据通常通过 AI 系统来获取。

随着互联网的普及和信息技术的快速发展，网络已经成为人们获取信息、表达意见、交流互动的主要渠道，用户的参与热情高涨，由此产生了大量舆情信息，如发布信息、点赞、评论、转发等。

网络舆情大数据的来源不同，其权威度、准确度和参与度也会有所不同。如果来源于政府网站，权威度和准确度较高，参与度较低；如果来源于主流媒体，权威度、准确度和参与度中等；如果来源于社交平台，权威度和准确度较低，参与度较高；如果来源于自媒体，权威度和准确度较低，参与度中等。

6.3 数据预处理

在获取数据之后和正式分析数据之前，新媒体编辑要对数据进行预处理，其中包括数据清洗和数据加工，撤除错误数据，对数据进行分类整理，从而为数据分析奠定良好的基础。

6.3.1 数据清洗

数据清洗是指发现并纠正数据文件中可识别的错误的一道程序，包括数据一致性检查、无效值和缺失值的处理等。

1. 数据一致性检查

数据一致性检查是指根据每个变量的合理取值范围和相互关系，检查数据是否符合要求，发现并找出不在取值范围内的数据，或逻辑上不合理或存在矛盾的数据。例如，在表示身高的数据中出现了负值，用 1～6 级量表测量的数据中出现了 7 级等情况，都属于数值超出合理取值范围的情况。Excel、SAS、SPSS 等软件可以根据用户定义的取值范围自动进行数值筛选的操作。

2. 无效值和缺失值的处理

由于编码和录入等环节操作的失误，数据中可能会存在一些无效值和缺失值，需要进行适当的处理。

无效值和缺失值的处理方法有以下几种。

（1）推导、估算

某些无效值和缺失值可以从本数据源或其他数据源中推导出来，然后用样本平均值、中位数或众位数代替无效值和缺失值。但是，这种方法没有考虑数据中已有的信息，可能会造成比较大的误差。

（2）删除整个样本

删除整个样本就是将含有缺失值的某个样本整个删除。采取这种做法容易导致有效样本数据的减少，无法让收集到的数据得到充分利用。因此，这种方法只适合某个样本中缺失关键变量的情况，或含有无效值和缺失值的样本重要性较低的情况。

（3）删除变量

如果某个变量的无效值和缺失值较多，且该变量在所研究的问题所占的权重较小，那么可以考虑删除该变量。这种做法虽然减少了可用于分析的变量的种类，但并没有对样本的数量造成影响。

（4）成对删除

成对删除是指不改变数据集中的全部变量和样本，将其中的无效值和缺失值用一个特殊码（通常是 9、99、999 等）来表示。但是，在具体使用数据时只会选择有完整数值的数据样本，所以由于不同角度的数据分析所涉及的变量存在区别，其有效的数据样本量也会有所不同。成对删除是一种比较保守的处理无效值和缺失值的方法，能让样本中的可用数据得到最大限度的保留。

在处理无效值和缺失值时，采用的方法不同，对分析结果所产生的影响也会不同。因此，在调查和搜集数据的过程中，应尽量保证数据的完整性，避免无效值和缺失值的产生。

此外，为了提高工作效率，可以使用工具进行数据清洗。常见的数据清理工具有 Excel、OpenRefine、R 语言、Data Wrangler、Python 等。

6.3.2　数据加工

数据加工可以增加数据表的信息量，改变数据表的表现形式，以激发更多的数据分析思路，发现更多有价值的数据信息。

数据加工主要包括数据计算、数据转换、数据分类和数据重组等操作。

1. 数据计算

数据计算是指使用常用的函数来计算项目的乘积、和、平均数、众数、中位数等。新媒体编辑要熟悉函数的命名方法，例如，A1 单元格到 B6 单元格区域的命名方法是 “A1:B6”。Excel 的 “公式” 选项卡提供了常用函数的快捷插入。

2. 数据转换

数据转换实质上是将数据的格式进行转换，其目的主要是为了便于处理和分析数据。例如，将文本格式的日期转换为日期格式。

3. 数据分类

数据分类就是把具有某种共同属性或特征的数据归并在一起，根据其类别的属性或特征对数据进行分类。换句话说，就是把相同内容、相同性质的信息以及要求统一管理的信息集合在一起，而把相异的和需要分别管理的信息区分开来，然后确定各个集合之间的关系，形成一个有条理的分类系统。

4. 数据重组

数据重组包括字段合并、字段拆分、行列切换等。

● 字段合并：指根据需要对数据字段进行合并，例如，把 “年”“月”“日” 合并在一起生成 “日期” 字段。

● 字段拆分：使用 Excel 中的 “分列” 功能将字段拆分，例如，把 “日期” 字段拆分成 “年”“月”“日” 3 列。

● 行列切换：一般来说，人们期望处理的是一维表，即由属性和数值组成的表，每一列都是一个属性，如姓名、科目、成绩等。但是，经常获取的数据可能是二维表，即属性分别在行和列中，每一列都是一些属性的交叉值，如姓名、语文、数学、英语等。在 Excel 中，新媒体编辑可以使用【Alt+D+P】快捷键打开数据透视表的向导界面，由此可以将二维表转为一维表。

6.4 数据分析

数据分析是指用适当的统计分析方法对收集来的大量数据进行分析，从中发现数据之间存在的内在联系，以最大化地挖掘数据的功能，发挥数据的作用。

6.4.1 常用的数据分析法

数据分析有法可循，在分析数据时使用科学、合理的分析方法可以快速、有效地分析数据，从数据中获取信息。常用的数据分析法有以下几种。

1. 对比分析法

对比分析法，也称比较分析法，就是将两个或两个以上的数据进行对比，分析数据之间的差异，进而揭示这些数据背后隐藏的规律。

对比分析法分为横向比较和纵向比较。横向比较是指同一时间条件下不同总体指标的对比。例如，今日头条中同领域作者的文章阅读量的对比、粉丝数的对比等。纵向比较是指不同时间条件下同一总体指标的对比。例如，某个作者本月文章阅读量与上月文章阅读量进行对比、本月粉丝数与上月粉丝数进行对比等。

采用对比分析法一方面要考虑所选对比对象之间是否存在可比性，另一方面要注意所选的比较口径、计量单位、计算方法要保持一致。

2. 分组分析法

分组分析法是根据目标数据的性质与特征，按照一定的指标将数据总体划分成几个部分，分析各个部分的内部结构和相互关系，从而了解事物的发展规律。

根据指标的性质，分组分析法分为属性指标分组分析法和数量指标分组分析法。

（1）属性指标分组分析法

属性指标分组分析法就是按照属性进行分组。例如，按照人的姓名、部门、性别、文化程度等指标进行分组。属性指标所代表的数据不能进行运算，只是说明事物的性质与特征。

按属性指标分组一般比较简单，分组指标一旦确定，组数、组名、组与组之间的界限也就确定了。例如，人按性别分为男、女两组，每一个人应该分在哪一组是一目了然的。

对于一些复杂问题的分组，称为统计分类。统计分类是一种相对复杂的属性指标分组方法，需要根据数据分析的目的对分类标准和分类目录进行统一的规定。例如，反映国民经济结构的国家工业部门的分类，先将工业分为采掘业和制造业两大部分，再分为大类、中类和小类 3 个层次。

（2）数量指标分组分析法

数量指标分组分析法是指将数量指标作为分组依据，如人的年龄、工资水平、企业的资产等，按照这些指标将数据总体划分为若干个性质不同的部分，分析数据的分布特征和内部联系。数量指标所代表的数据能够进行加、减、乘、除运算，它们说明事物的数量特征。这些指标通常就是新媒体编辑需要分析的数据。

数量指标分组分析法又分为单项式分组分析法和组距式分组分析法。

单项式分组分析法适用于分析数据分布离散，且数据值不多、数据变动范围较小的情况。每个指标值就是一个组，有多少个指标值就分成多少个组。例如，按产品产量、技术级别、员工工龄等指标进行分组。

组距式分组分析法是指在数据的变化幅度较大的情况下，将数据总体划分为若干个区间，每个区间作为一组，每个组内数据的性质相同，组与组之间的性质相异。在组距式分组分析法中需要明确组数、组限、组距、组中值4个关键要素。

- 组数即分组的个数。组数需要根据总体数据的多少来确定，既不能太多，也不能太少，应该保证各组中都能有足够数量的数据。如果组数太多，就会导致数据分布过于分散；而组数太少，则会导致数据分布过于集中。
- 组限是指各组之间的取值界限。其中，在每一组中最小的数据值为下限，最大的数据值为上限。
- 组距是指每一组的上限与下限之间的距离，即组距=上限-下限。各组组距都相等的分组称为等距组，各组组距不相等的分组则称为不等距组。
- 组中值是指每组上、下限的中点值，是各组数据值的代表值。假设各组数据在本组内均匀分布，则组中值=（上限+下限）÷2。

采用数量指标分组分析法应该遵循"相互独立，完全穷尽"的原则。相互独立即组与组之间不能存在交叉的现象，组别之间要具有明显的差异性，每个数据只能归属于某一组；完全穷尽即分组中不要遗漏任何数据，保持数据的完整性，各组的空间足以容纳总体的所有数据。

3．平均分析法

平均分析法是指利用平均数指标来反映某一特征数据总体的一般水平。它先通过特征数据的平均指标来反映事物目前所处的位置和发展水平，然后通过对不同时期、不同类型单位的平均指标进行对比，说明事物的发展趋势和变化规律。

4．结构分析法

结构分析法，又称比重分析法，是反映某个个体占总体比重的一种分析方法。结构分析法是在统计分组的基础上计算各组部分占总体的比例，进而分析总体数据的内部特征。例如，新媒体编辑可以统计粉丝所在的地域分布，然后统计出各个地方粉丝的占比情况，这就属于结构分析法。

5．相关分析法

相关分析法是研究两个或两个以上处于同等地位的随机变量间的相关关系的统计分析方法。例如，人的身高和体重之间的相关关系、空气中的相对湿度与降雨量之间的相关关系都是相关分析研究的问题。

在现实生活中，很多现象之间都存在着大量的相互联系、相互依赖、相互制约的数量关系。这种关系可分为两种类型，一种是函数关系，另一种是相关关系。

- 函数关系反映现象之间严格的依存关系，也称确定性的依存关系。在这种关系中，对于变量的每一个数值，都有一个或几个确定的值与之对应。
- 在相关关系中，变量之间存在着不确定、不严格的依存关系，对于变量的某个数值，可以有另一变量的若干数值与之相对应，这若干个数值围绕着它们的平均数呈现出有规律的波动。

例如，批量生产的某类产品的产量与单位产品的成本，某些产品价格的升降与消费者需求的变化，就存在着相关关系。

6.4.2　常用的数据分析工具

选择适当的工具对数据进行合理分析，能够有效提升新媒体运营效率，而使用数据分析工具与人工手动分析相比，效率要高得多。因此，新媒体编辑在分析新媒体数据时必须掌握常用的数据分析工具。

常用的数据分析工具共有4类，包括网站数据分析工具、自媒体数据分析工具、第三方数据分析工具和本地Excel工具。

1. 网站数据分析工具

网站数据分析工具是指收集网站运营数据，为网站优化提供数据支持的工具。网站数据分析工具可以查看网站各种信息，包括网站IP地址、服务器托管位置、域名注册信息、网站流量等，还可以查询网站的搜索引擎收录情况、网站SEO和关键字排名等。

网站数据分析工具包括百度统计、CNZZ统计、Google Analytics、站长工具、爱站网等。网站站长可以在第三方站长工具平台注册账户，然后申请统计代码，获取统计代码后，将统计代码粘贴至网站对应的位置，随后即可在第三方站长工具平台查看与分析数据。

在使用网站数据分析工具之前，要先确定商业需求、完成什么样的目标、需要什么样的分析报告，然后根据需求特性决定采用哪种数据收集方式，接着采用一种该数据收集方式对应的免费分析工具进行试用，最后根据免费分析工具生成的报告判断是否已经满足需求，并决定下一步是否需要使用收费工具。

2. 自媒体数据分析工具

自媒体数据分析工具是指自媒体平台后台自带的数据分析工具，如微博、今日头条、抖音等，其后台都具有完整的统计功能，新媒体编辑无须掌握分析函数或统计代码，可以一键生成所有数据，所以使用难度很低，新媒体编辑可以很直观地看到用户量、用户增长、互动量等数据。

3. 第三方数据分析工具

第三方数据分析工具指的是非官方平台自带的、需要官方平台授权后才可以使用的数据分析工具。在授权完毕后，第三方数据分析工具的后续操作与自媒体数据分析工具类似，直接查看即可。与自媒体数据分析工具相比，第三方数据分析工具可以查看精细化数据，如单条微博转发效果数据、微博用户管理数据、微信公众号用户跟踪数据等。目前，常见的第三方数据分析工具有新榜有数、飞瓜数据、蝉妈妈、考拉新媒体助手等。

4. 本地Excel工具

如果自媒体数据分析工具和第三方数据分析工具不具备某些数据的抓取统计功能，如后台评论类别、同行口碑分析等，新媒体编辑就要进行手动统计，并利用Excel对数据进行分类汇总与分析。

当自媒体数据分析工具和第三方数据分析工具无法满足个性化数据分析时，新媒体编辑可以将后台数据导出到本地Excel表格后再进行处理。

6.5 数据可视化

数据可视化是指将数据通过图表的形式表现出来，让用户能快速、准确地理解所要表达的信息，从而提高沟通效率。在完成数据的收集与分析工作后，即可进入数据可视化制作阶段。

6.5.1 数据可视化的基本流程和设计原则

要想制作出优质的数据可视化图表，新媒体编辑应当事先了解数据可视化的基本流程，做好相关准备工作，同时在设计过程中遵循相关的设计原则，以生成视觉冲击力强、信息清晰易懂的数据可视化图表。

1. 数据可视化的基本流程

数据可视化的基本流程如下。

（1）数据准备

数据可视化的前提是要有数据，所以在进行数据可视化之前，新媒体编辑要对数据进行整理、清洗与筛选，以更清楚地了解数据的特征和趋势。

（2）选择可视化工具

选择合适的可视化工具可以帮助新媒体编辑更高效地制作高质量的可视化图表。常见的可视化工具有 Excel、Tableau、Python 等。不同的工具有着不同的适用场景和细节操作，选择一款熟悉的工具是提高数据可视化效率的关键。

（3）设计图表

在设计图表时，新媒体编辑要考虑诸多因素，如颜色搭配、文字排版、标签设置等，要注重美观程度，同时不要忽略数据本身的表达效果。

（4）绘制图表

在确定可视化工具和可视化图表样式后，新媒体编辑即可开始绘制图表，并在此过程中对数据进行调整、填充，添加标签，以显示更完整的信息。

（5）分析和分享

在绘制图表之后，新媒体编辑可以根据图表进行更深入的数据分析，同时把数据结果分享出去，使更多的人了解该数据。

2. 数据可视化的设计原则

遵循数据可视化的设计原则是为了让数据可视化图表更美观、更清晰，使用户的阅读体验更好。从整体的排版布局方面来考虑，数据可视化的设计原则有两点，一是最大化数据墨水比，二是 CRAP 原则。

（1）最大化数据墨水比

最大化数据墨水比是指在墨水数量一定的情况下，最大化数据墨水所占的比例。数据墨水是指为了呈现数据所用的墨水，在图表中主要表现为柱状图中的柱形、折线图中的折线等；而非数据墨水是指除了以上提到的数据以外的元素所用的墨水，在图表中主要指网格线、坐标轴、背景填充等元素。

最大化数据墨水比原则要求新媒体编辑在设计图表时尽可能多地突出数据元素，淡化非数据元素。

（2）CRAP原则

CRAP原则是设计的四大基本原则，包括对比（Contrast）、重复（Repetition）、对齐（Alignment）、亲密性（Proximity）等原则。

- 对比：要求避免图表中的元素太过于相似。该原则利用尺寸、色彩、元素等方面的不同来引起用户的关注，凸显重点内容，丰富画面层次，建立信息层级，加强视觉效果。
- 重复：让图表中的视觉要素在整个图表中重复出现，可以重复颜色、形状、字体、空间关系、大小和图片等，增强图表的条理性和统一性。
- 对齐：任何视觉元素都不能随意放置在图表中，要相互之间产生关联，通过对齐方式产生有秩序感的排列，方便用户快速而准确地理解图表所要传达的信息。
- 亲密性：将彼此相关的同一类元素靠近，使其成为一个视觉单元，同时远离不相关的元素，从而提高图表的可读性。例如，在各项之间加一条分割线，或者分组添加矩形框或背景色。

6.5.2　数据可视化图表

只有充分了解数据可视化图表的类型及其样式，并熟悉数据可视化图表的构成元素，新媒体编辑在设计数据可视化图表时才能有的放矢，制作出符合要求、结构完整的图表。

1. 数据可视化图表的类型

按照不同的分类标准可以将数据可视化图表分为不同的类型，按照展现形式来划分，数据可视化图表可以分为以下几类。

- 柱状图：柱状图用高低不一的柱形来表示不同量值的数据，以反映数据之间的差异，如图6-9所示。
- 条形图：条形图用水平排放的横条来显示各个项目之间的比较情况，纵轴表示分类，横轴表示值。条形图强调各个值之间的比较，不太关注时间的变化，如图6-10所示。

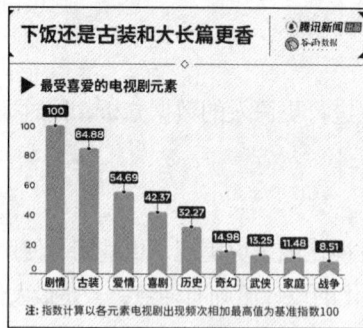

图6-9　柱状图

图6-10　条形图

- 折线图：折线图是将点和线连在一起形成的图表，可以反映在一段时间内不同事物数量的增减情况，或同一事物在不同时间段内的变化。与柱状图和条形图相比，折线图的末端是一种开放的状态，有助于在展现事物前段变化规律的基础上反映事物未来发展的趋势，如图6-11所示。
- 面积图：面积图是在折线图下方加上阴影面积来反映事物的发展趋势和分布情况的图

表类型。面积图强调数量随时间而变化的程度，也可用于引起用户对总值变化趋势的注意，如图 6-12 所示。

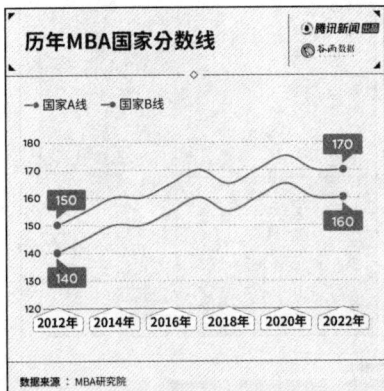

图 6-11　折线图

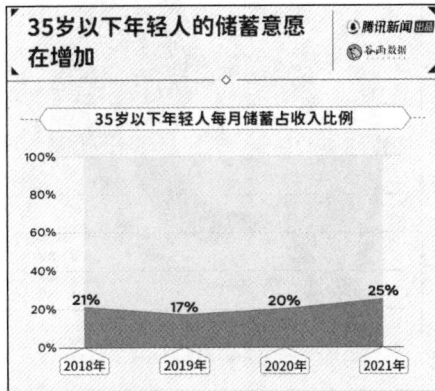

图 6-12　面积图

- 饼状图：饼状图是将一个圆饼分为若干份，用于反映某个整体与其各个部分之间的关系，或各个部分在整体中的占比情况。饼状图适合展现简单的占比情况，通常在不要求数据精细的情况下可以使用，如图 6-13 所示。

- 词云图：词云图用于描述事物的主要特征。一张优秀的词云图能够让人一眼就看出一个事物的主要特征，事物越明显的特征就越要突出显示。象形的词云图，如轮廓是一个人、一只鸟等，用于反映事物的主题，这样会让词云图更形象、生动。此外，词云图中词汇的大小还可以显示词汇出现的频率，可用于绘制用户画像、用户标签等，如图 6-14 所示。

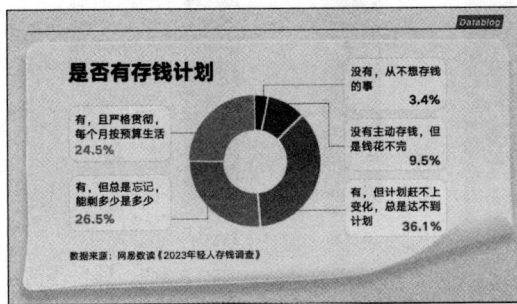

图 6-13　饼状图

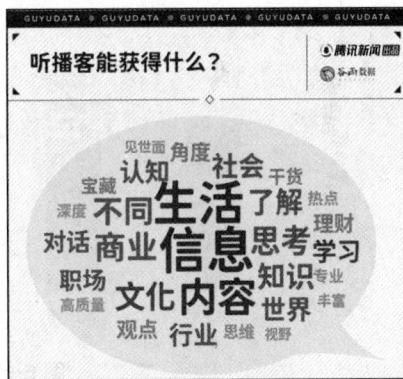

图 6-14　词云图

- 玫瑰图：又称南丁格尔玫瑰图、鸡冠花图、极坐标区域图，其不同于饼状图用角度表现数值或占比，玫瑰图是用扇形的半径表示数据的大小，各扇形的角度保持一致。对照饼状图，玫瑰图会将数据的比例大小夸大，尤其适合对比大小相近的数值，如图 6-15 所示。当然，玫瑰图适合展示类目比较多的数据，而类目较少的数据则会显得格格不入。

- 矩形树图：矩形树图把具有层次关系的数据可视化为一组嵌套的矩形，直观地以面积表示数值，以颜色表示类目。所有矩形的面积之和表示整体的大小，各个小矩形的面积表示每个子项的占比，矩形面积越大，表示子数据在整体中的占比就越大，如图 6-16 所示。

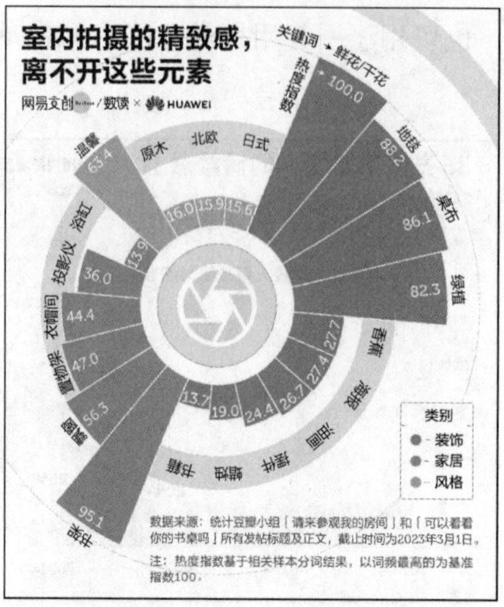

图6-15 玫瑰图

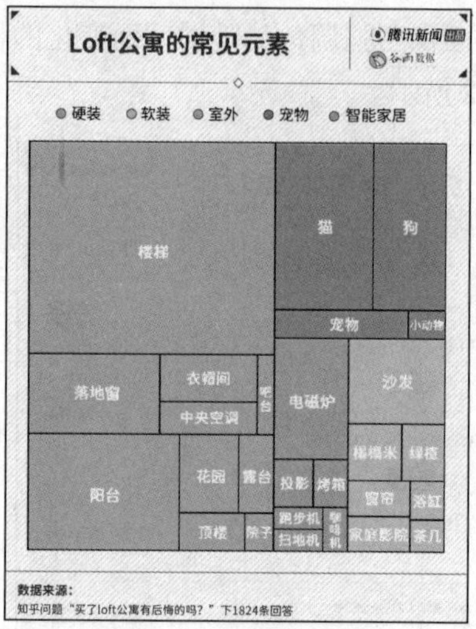

图6-16 矩形树图

2. 数据可视化图表的构成元素

数据可视化图表包含丰富的构成元素，如图 6-17 所示。不同元素有着不同的作用，也是图表中可以调整设置的最小单元，新媒体编辑可以灵活选择图表所需的元素。

图6-17 图表的构成要素

图表中各元素名称及说明如表 6-3 所示。

表6-3 图表中各元素名称及说明

序号	名称	说明
①	图表标题	图表的名称，它说明了这是一张关于什么数据的图表，是图表核心观点的体现，一般位于图表的正上方。新媒体编辑可以根据图表想要展现的内容来拟定图表标题：如果图表只是展现数据状况，可以为图表拟定一个概括性的标题；如果图表是为了展示某个结论或强调某个观点，可以使用该结论或观点作为图表标题

序号	名称	说明
②	坐标轴	图表的 x 轴和 y 轴。如果图表中的数据项目添加了数据标签，则无须通过 y 轴来确定数据的大小，此时，新媒体编辑在制作图表时可以考虑不添加 y 轴。坐标轴上的刻度应等距或具有一定的规律性，并标明数值。复杂的图表中可以构建多个坐标轴
③	坐标轴标题	说明了 x 轴和 y 轴分别代表的是什么数据。通常情况下，用户通过 x 轴的项目名称就可以判断出 x 轴代表的是什么数据，因此，在不影响图表解读的前提下，新媒体编辑可以不添加 x 轴的轴标题，如果图表有两个 y 轴，此时必须要为 y 轴添加轴标题，以便让用户区分两个 y 轴分别代表的是什么数据
④	图例	说明了图表中不同类型、不同颜色的图形分别代表了什么
⑤	数据标签	项目的具体数值和名称。在图表中添加数据标签，能使数据项目和数据值更加清晰，便于用户理解
⑥	网格线	分为水平网格线和垂直网格线，主要起引导作用，能让用户在阅读图表时快速找到数据项目所对应的 x 轴和 y 轴的坐标，从而准确地判断数据值
⑦	趋势线	模拟数据变化趋势的预测线

6.5.3 数据可视化图表的制作与优化

运用合适的数据可视化工具来执行数据可视化不仅能制作出高品质的数据可视化作品，还能有效地提高新媒体编辑的工作效率。Excel 是一款非常基础的数据可视化工具，它不仅能处理表格，还能制作折线图、饼图、柱状图、条形图、气泡图、组合图等可视化图形。

与其他高级的数据分析和可视化工具相比，虽然 Excel 的数据可视化功能并不是很强大，难以创建看上去炫酷的数据可视化作品，但它能满足新媒体编辑制作数据可视化图表的基础需求，而且 Excel 简单易学、易操作。

除了 Excel 之外，还有一些常用的数据可视化工具，如表 6-4 所示。

表 6-4 常用的数据可视化工具

工具类型	工具名称	简介
数据可视化库类	ECharts	一个使用 JavaScript 实现的开源可视化库，可以流畅地运行在 PC 端和移动端设备上，兼容当前绝大部分的浏览器。ECharts 为用户提供了丰富的可视化类型，支持多种数据格式，支持以 Canvas、SVG（4.0+）、VML 的形式渲染图表，提供了图例、视觉映射、数据区域缩放、Tooltip、数据筛选等交互组件，用户可以对数据进行多维度数据筛取、视图缩放和展示细节等交互操作
	Highcharts	与 ECharts 相似，同样是可视化库，其优势是文档详细，实例也很详细，用户学习和使用起来比较省时省力，产品的稳定性较好。个人网站、学校网站和非营利机构可以免费使用，商用需要付费
	AntV	蚂蚁金服推出的一套数据可视化工具，带有一系列的数据处理 API（Application Programming Interface，应用程序接口），在为用户提供可视化库的同时也具有简单的数据归类与分析功能

续表

工具类型	工具名称	简介
可视化报表类	百度图说	由 ECharts 衍生出来的子产品，具有图表种类多的特点。它支持把表格数据转换成图表展现形式，支持 Excel 数据导入，适合做静态的图表报告
	FineReport	一款纯 Java 编写的、集数据展示（报表）和数据录入（表单）功能于一身的企业级 Web 报表工具。用户仅需进行简单的拖曳操作，便可以设计出精美的报表
	Tableau	内置常用的分析图表和数据分析模型，可以实现快速探索式数据分析、制作数据分析报告。Tableau 程序很容易上手，用户可以用它将大量数据拖到数字"画布"上，转眼间就能创建各种图表
	Fine BI	一款自助式的 BI（Business Intelligence，商务智能）工具，也是一款成熟的数据分析产品。它内置了丰富的图表，用户无须使用代码，直接拖曳数据即可生成图表。Fine BI 可用于企业业务数据的快速分析、制作商务智能仪表盘，也可用于构建可视化大屏
	Power BI	微软推出的一款工具，能与 Excel 无缝连接使用。Power BI 支持各类数据源，除了 Excel 和 CSV 文件，还支持 Access、SQL 数据库、Hadoop/HDFS、Spark 和第三方 API 等。 建立表间的联系是数据可视化中非常重要的一个环节，在 Excel 中一般使用 Vlookup 函数来实现，而在 Power BI 中可以通过拖曳来关联数据，非常方便
可视化大屏类	阿里 DataV	阿里云推出的拖曳式可视化工具，提供了丰富的模板与图形，支持多数据源，不需编程，通过简单的拖曳配置就能生成可视化大屏或仪表盘，主要用于业务数据与地理信息融合的数据可视化，适合展览中心、企业管控中心使用
	FineReport	既能做可视化报表，也能做可视化大屏。用户可以通过布局、色彩、绑定数据等环节完成大屏的制作，适合展览中心、BOSS 驾驶舱、城市交通管控中心、交易大厅等场景使用
数据地图类		很多工具都能实现数据地图，如 Echarts、Finereport、Tableau 等。除了这些工具外，比较专业的制作数据地图的工具有地图慧、Power Map 等
数据挖掘编程语言	R-ggplot2	R 语言最流行的第三方扩展包，是机器学习、数学、科学计算领域专业的绘图语言。专业与技术要求都很高，不是专业从事机器学习或科学计算的工程师一般不会用到
	Python	一门编程语言，其绘图库比较丰富，利用 Pandas 能绘制线图、柱图、饼图、密度图、散点图等；而 Matplotlib 主要是绘制与数学函数相关的图，如三角函数图、概率模型图等

下面以使用 Excel 制作数据可视化图表为例，通过图表展示 2023 年上半年乳制品细分品类在抖音和快手电商平台上的市场规模，具体操作方法如下。

（1）使用 Excel 2016 打开"素材文件\第 6 章\图表.xlsx"素材文件，选中单元格数据，选择"插入"选项卡，在"图表"组中单击"插入组合图"按钮 ，选择"创建自定义组合图"选项，如图 6-18 所示。

微课视频
数据可视化图表的
制作与优化

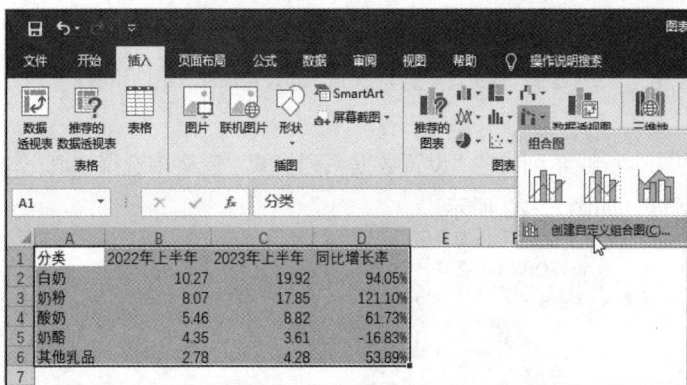

图 6-18　选择"创建自定义组合图"选项

（2）在弹出的对话框中设置各系列的图表类型，然后选中"同比增长率"系列右侧的"次坐标轴"复选框，单击"确定"按钮，如图 6-19 所示。

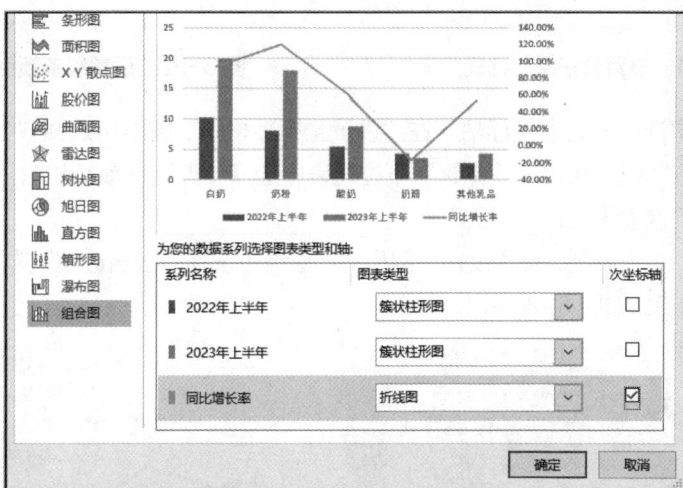

图 6-19　设置组合图表

（3）此时，即可插入组合图表。选中图表，单击图表右上方的"图表样式"按钮，在弹出的面板中选择"颜色"选项卡，选择所需的颜色样式，如图 6-20 所示。

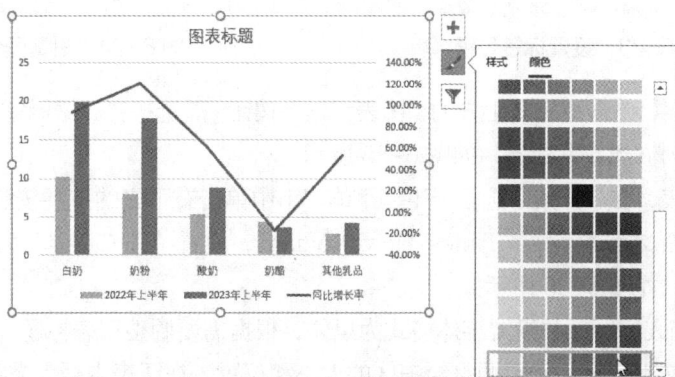

图 6-20　选择颜色样式

（4）用鼠标右键单击图表数据系列，选择"设置数据系列格式"命令，打开"设置数据系列格式"窗格，选择"系列选项"选项卡▉，设置"系列重叠"和"间隙宽度"参数，如图 6-21 所示。

（5）在图表中选中折线系列，在"设置数据系列格式"窗格中选择"填充与线条"选项卡▉，设置线条颜色和宽度，如图 6-22 所示。

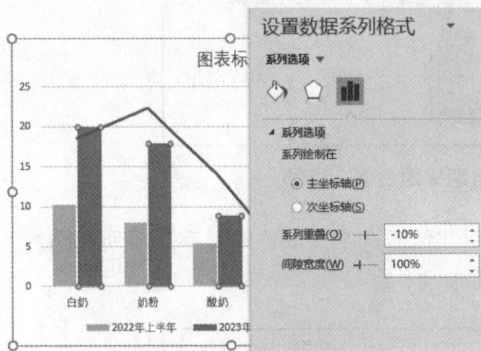

图 6-21　设置数据系列格式

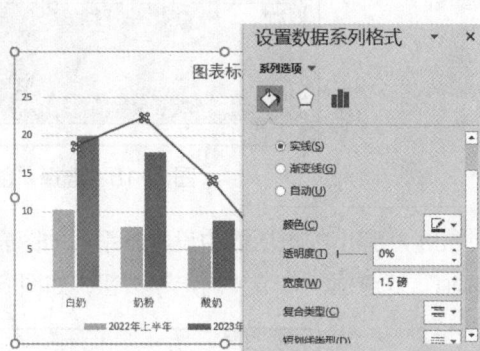

图 6-22　设置线条颜色和宽度

（6）在图表中选中主要纵坐标轴，在"设置坐标轴格式"窗格中选择"坐标轴选项"选项卡▉，展开"标签"组，在"标签位置"下拉列表中选择"无"选项，如图 6-23 所示，采用同样的方法，设置次要纵坐标轴"无"标签。

（7）在图表中选中图例，在"设置图例格式"窗格中选择"图例选项"选项卡▉，设置"图例位置"为"靠上"，如图 6-24 所示。

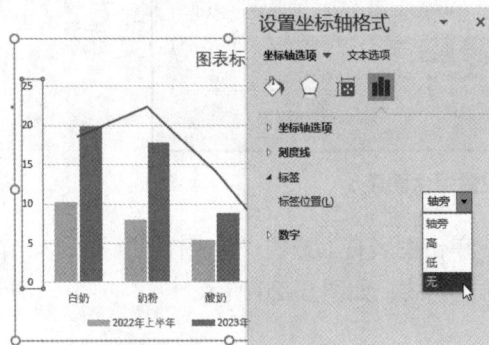

图 6-23　设置标签位置

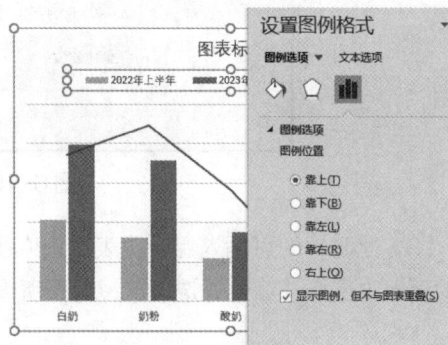

图 6-24　设置图例位置

（8）选中图表，单击图表右上方的"图表元素"按钮▣，选择"数据标签"｜"数据标签外"选项，为数据系列添加数据标签，如图 6-25 所示。

（9）选中图表，在"开始"选项卡下"字体"组中单击右下方的扩展按钮▣，弹出"字体"对话框，设置"西文字体"为"Times New Roman"，设置"中文字体"为"宋体"，然后单击"确定"按钮，如图 6-26 所示。

（10）输入图表标题，并设置字体格式为黑体，根据需要调整图表标题、图例、数据标签、横坐标轴标签的文本格式，然后调整绘图区的大小和位置，在图表中插入文本框，输入文本说明数据相关情况，效果如图 6-27 所示。

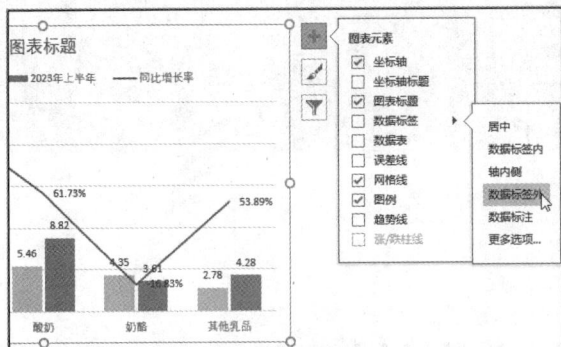

图 6-25 选择"数据标签外"选项

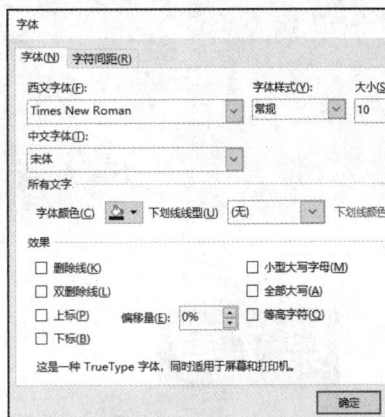

图 6-26 设置字体格式

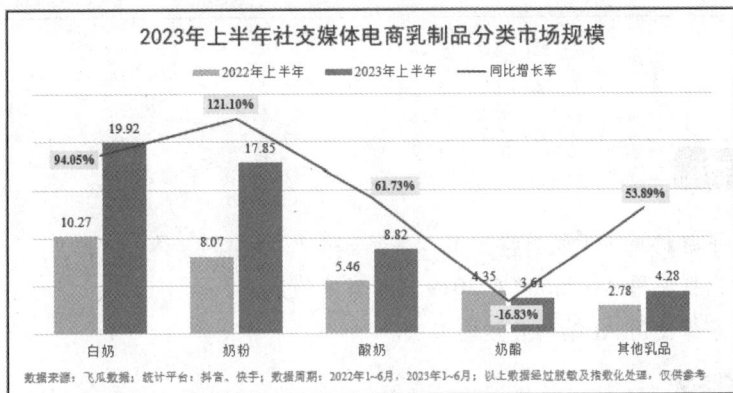

图 6-27 查看图表效果

实训案例

打开"素材文件\第 6 章\实训案例"文件夹，使用 Excel 2016 打开"数据可视化.xlsx"工作簿，其中包括了一些数据工作表，请参考提供的图表效果，制作相同的数据可视化图表。

课后思考

1. 简述新媒体数据分析的基本步骤。
2. 简述新媒体数据的获取来源。
3. 简述数据可视化的设计原则。
4. 简述数据可视化图表的构成元素。

第 7 章

新媒体音频编辑

知识目标

➤ 了解新媒体音频编辑常用工具。

➤ 掌握使用 Audition CC 2019 编辑音频的方法。

➤ 掌握使用 AI 编辑音频的方法。

能力目标

➤ 能够使用 Audition CC 2019 录制与编辑音频。

➤ 能够使用 Audition CC 2019 对音频进行降噪处理。

➤ 能够使用腾讯智影进行文字转音频。

➤ 能够使用讯飞听见完成音频转文字。

素养目标

➤ 培养实践精神，勤于实践，敢于实践。

➤ 坚持创新驱动发展战略，发展 AI 技术，运用 AI 技术。

　　高品质的新媒体音频是新媒体视频不可或缺的组成部分，新媒体编辑要根据画面表现的需要，通过背景音乐、音效、旁白和解说等手段来增强画面的感染力，让用户获得沉浸式的视听享受。本章将介绍新媒体音频编辑的相关知识。

7.1 新媒体音频编辑常用工具

常见的音频编辑软件根据软件的功能（能否处理视频）可以分为两类：一类是专门的音频编辑软件，只能进行音频的录制、混合、编辑制作与处理，不支持视频图像的处理；另一类是视音频编辑软件，以处理视频图像为主，兼顾音频编辑处理，如剪映、Premiere 等。下面介绍几款操作比较简单的专门的音频编辑工具。

1. Audition CC

Audition CC 是 Adobe 公司旗下专业的音频编辑工具，该软件操作简单，具有先进的音频混合、编辑、控制和效果处理功能。图 7-1 所示为 Audition CC 2019 的工作界面。

图 7-1　Audition CC 2019 的工作界面

2. Audacity

Audacity 是一款跨平台的音频编辑工具，用于录音和编辑音频，能够免费使用，且为用户提供源代码。Audacity 支持音频录制、编辑、复制、混音与音频特效功能，能让用户轻松编辑各类音频文件。图 7-2 所示为 Audacity 的工作界面。

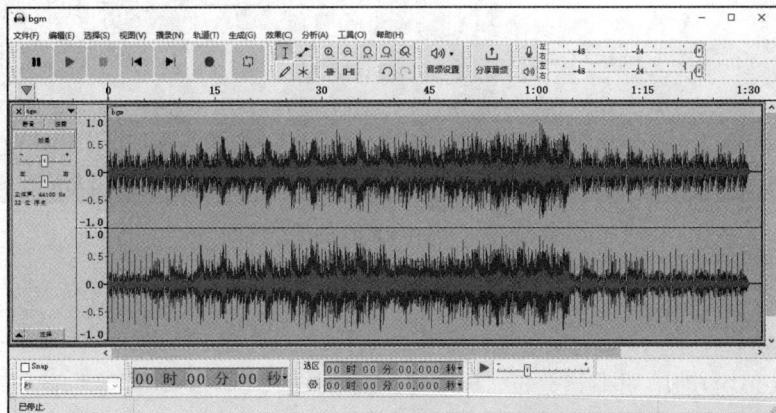

图 7-2　Audacity 的工作界面

3. Wavosaur

Wavosaur 是一款免费的音频编辑工具，其体积很小，但提供了非常专业的音频编辑功能。使用它可以直接对 MP3、WAV 等格式的音频文件进行编辑，或者利用它的录音功能来录制由外部输入的音源进行编辑。图 7-3 所示为 Wavosaur 的工作界面。

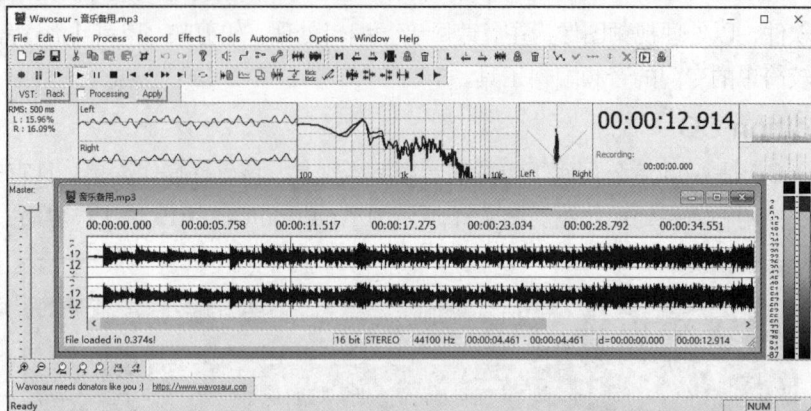

图 7-3　Wavosaur 的工作界面

4. OcenAudio

OcenAudio 是一款易于使用、功能强大的跨平台音频编辑工具，支持 Virtual Studio Technology 插件，能够预览实时效果，支持段落多重选择，可以对长达数小时的音频文件进行即时编辑操作，同时为用户提供录制个性化音频的功能。图 7-4 所示为 OcenAudio 的工作界面。

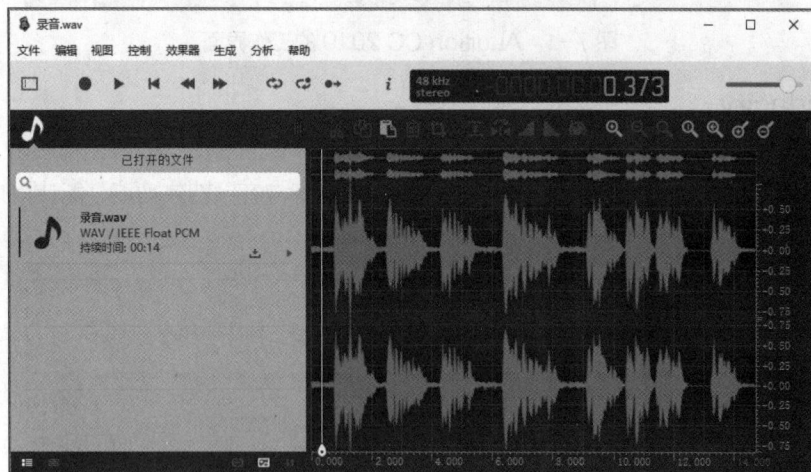

图 7-4　OcenAudio 的工作界面

5. WaveShop

WaveShop 是一款免费的轻量级音频编辑工具，该软件体积非常小，具有峰值、RMS（Root Mean Square，均方根）和频谱分析、标准化、衰落效果、采样率转换等功能，可以对选定的音频文件进行编辑。图 7-5 所示为 WaveShop 的工作界面。

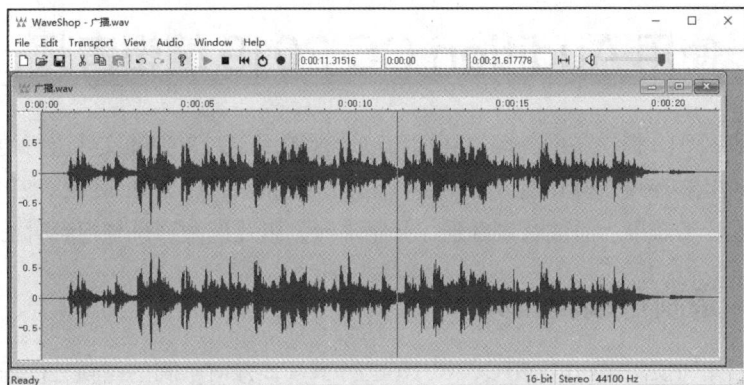

图 7-5　WaveShop 的工作界面

6. 傲奇音频剪辑器

傲奇音频剪辑器是音频在线处理和歌曲创作一站式综合服务平台，目前提供音频剪辑、多音频剪辑、音频混音、音频拼接、音频转换格式、标签编辑器、音乐创作、录制音频、节拍音序器、伴奏分离、音频转文等功能。图 7-6 所示为傲奇音频剪辑器网站首页。

图 7-6　傲奇音频剪辑器网站首页

7. XAudioPro

XAudioPro 是一款先进的在线音频编辑工具，兼具专业化与便携化，能够高效地完成音频的常规剪辑操作及在线实时转码。图 7-7 所示为 XAudioPro 网站首页。

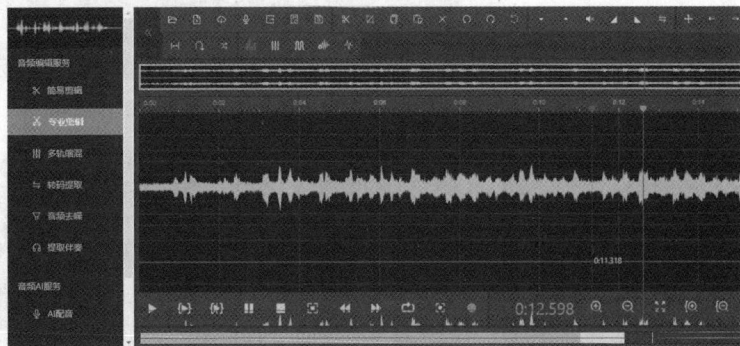

图 7-7　XAudioPro 网站首页

·(7.2) 使用 Audition CC 2019 编辑音频

Audition CC 2019 提供了两种编辑环境，波形视图用于对单独的文件进行更改，多轨视图用于组合时间轴上的音频并将其混合在一起。下面介绍如何使用 Audition CC 2019 进行录制与编辑音频、设置音频效果、添加背景音乐、音频降噪，以及匹配音乐与视频时长。

7.2.1 录制与编辑音频

下面将介绍如何使用 Audition CC 2019 进行录音，并对录制的音频进行编辑，具体操作方法如下。

（1）启动 Audition CC 2019，单击"波形"按钮 ▦，如图 7-8 所示。

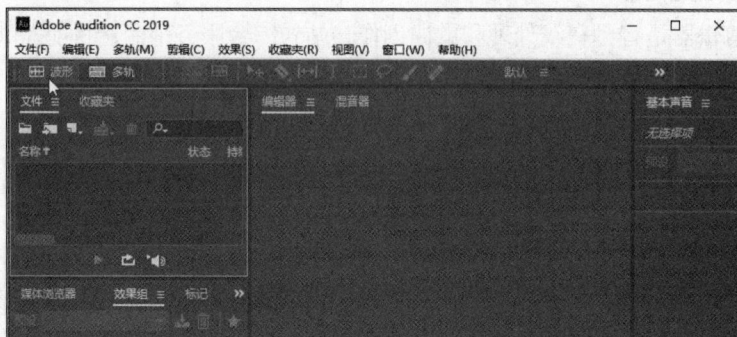

图 7-8 单击"波形"按钮

（2）弹出"新建音频文件"对话框，输入文件名，单击"确定"按钮，即可新建一个空白音频文件，如图 7-9 所示。

（3）单击"编辑"|"首选项"|"音频硬件"命令，打开"首选项"对话框，在"默认输入"下拉列表中选择输入设备，要录制计算机中播放的声音，可以选择"立体声混音"选项，在此选择计算机上安装的 USB 麦克风设备，即第 3 个选项，如图 7-10 所示，然后单击"确定"按钮。

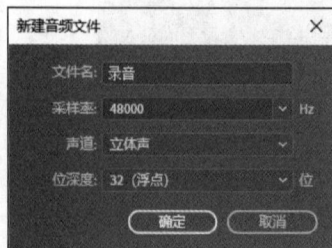

图 7-9 "新建音频文件"对话框

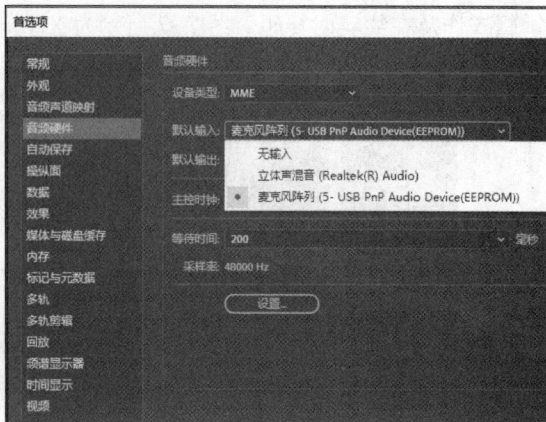

图 7-10 选择输入设备

（4）在"编辑器"面板下方单击"录制"按钮 ，如图7-11所示。

（5）在录音过程中，"编辑器"面板中会实时显示录制的声音音波，如图7-12所示。在此录制一段音频后，又重复录制一遍，录音完毕后单击"停止"按钮 。

图7-11　单击"录制"按钮　　　　　　　图7-12　录制音频

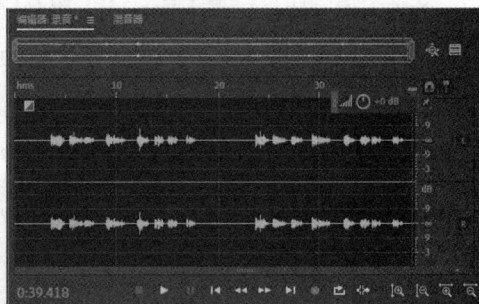

（6）按【Ctrl+S】组合键打开"另存为"对话框，输入文件名，单击"浏览…"按钮，选择保存位置，然后单击"确定"按钮，如图7-13所示。

（7）使用时间选择工具 选中第一段音频中最后一句话的波形，按【Ctrl+C】组合键进行复制操作，如图7-14所示。

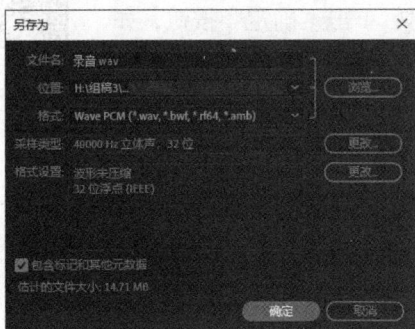

图7-13　保存音频　　　　　　　　　图7-14　复制音频

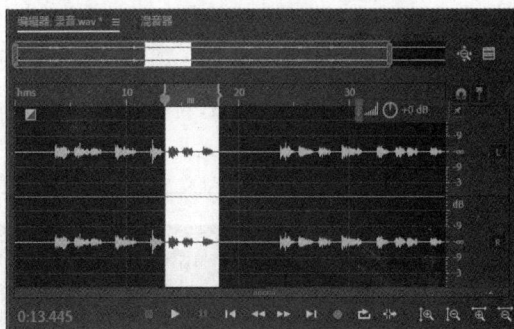

（8）将播放头移至要粘贴的位置，按【Ctrl+V】组合键即可粘贴复制的音频，如图7-15所示。

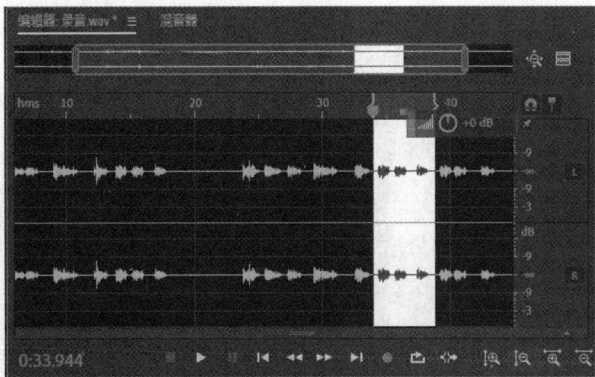

图7-15　粘贴音频

（9）使用时间选择工具 █ 选中多余的音频，按【Delete】键将其删除。要增加音频之间的间隔，可以通过复制操作插入空白波形或者插入一段静音，在此单击"编辑"｜"插入"｜"静音"命令，在弹出的对话框中设置静音的持续时间，然后单击"确定"按钮即可，如图7-16所示。音频编辑完成后，按【Ctrl+S】组合键保存录制的音频文件。

图 7-16　插入静音

7.2.2　设置音频效果

下面将介绍如何设置音频效果，使制作的音频更符合要求，具体操作方法如下。

（1）在 Audition CC 2019 中单击"多轨"按钮 ▦，在弹出的对话框中输入会话名称，单击"浏览…"按钮，选择保存位置，然后单击"确定"按钮，如图7-17所示。

（2）此时即可新建多轨会话，将前面录制的"录音"音频素材导入"文件"面板，如图7-18所示。

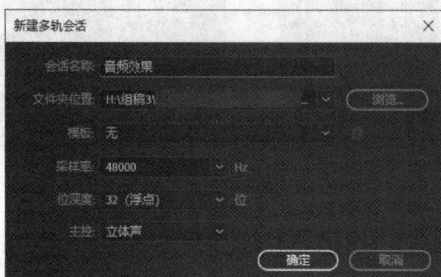

微课视频

设置音频效果

图 7-17　"新建多轨会话"对话框

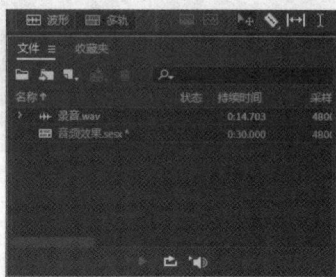

图 7-18　导入"录音"音频素材

（3）将"录音"音频素材拖至"编辑器"面板的轨道1中，如图7-19所示。

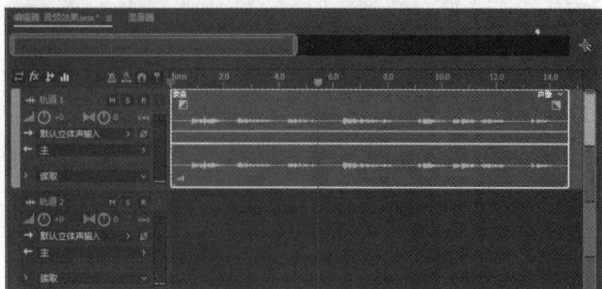

图 7-19　添加"录音"音频素材

（4）选中"录音"音频，在"基本声音"面板中单击"对话"按钮💬，即可将该音频剪辑设置为"对话"类型，如图7-20所示。

（5）在"基本声音"面板中展开"修复"选项，分别选中"减少杂色""降低隆隆声""消除嗡嗡声""消除齿音"复选框，并分别拖动下方的滑块调整参数，以消除录音中的杂音，如图7-21所示。在Audition CC 2019中设置音频效果时，可以边播放音频边调整参数，实时预览调整效果。

（6）展开"透明度"选项，选中"动态"复选框，然后拖动滑块调整参数为6.0，增加音频的清晰度。选中"EQ"复选框，在"预设"下拉列表框中选择音频预设效果，在此选择"播客语音"效果，然后拖动"数量"滑块调整参数，并在下方选中"增强语音"复选框，如图7-22所示。

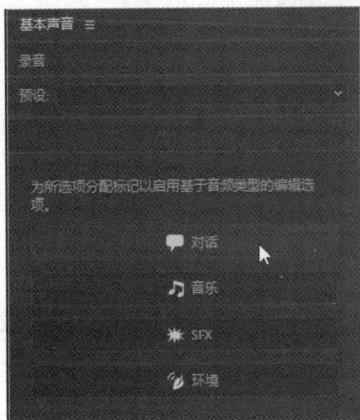

图7-20　单击"对话"按钮　　图7-21　设置"修复"选项　　图7-22　设置"动态"选项

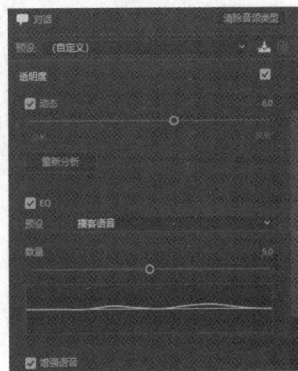

（7）在"效果组"面板中可以看到通过对"基本声音"面板的设置，自动为音频添加的音频效果。单击空白效果中右侧的▶按钮，在弹出的菜单中选择所需的音频效果，在此选择"振幅与压限"|"多频段压缩器"效果，如图7-23所示。

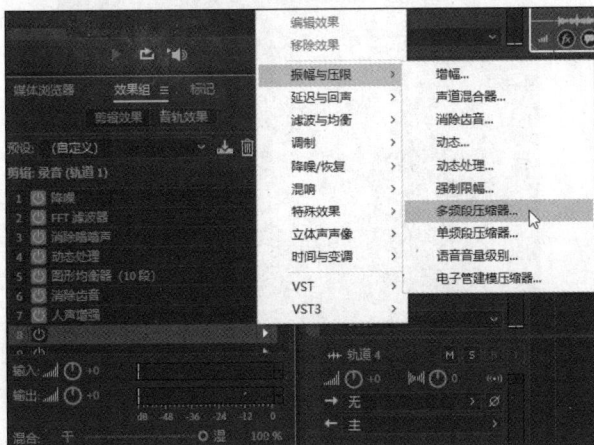

图7-23　选择"多频段压缩器"效果

（8）弹出"组合效果 - 多频段压缩器"对话框，在"预设"下拉列表框中选择"消除齿音"选项，然后根据需要调整低、中间、高频段参数，在"输出增益"选项区中调整增益值，如图 7-24 所示。

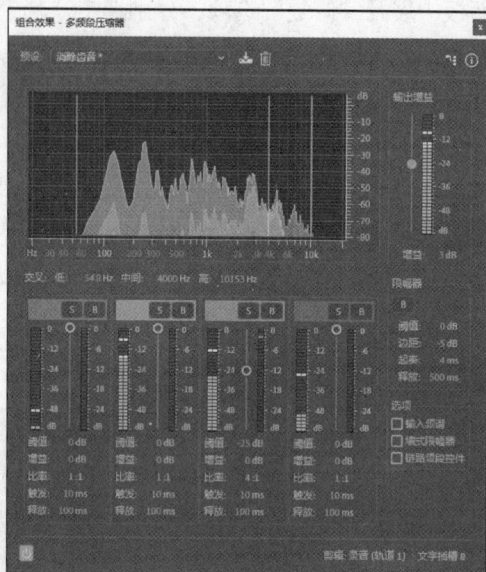

图 7-24　设置"多频段压缩器"效果

（9）采用同样的方法为音频添加"混响"效果，在"组合效果 – 混响"对话框的"预设"下拉列表框中选择"扩音器"选项，然后调整"输出电平"选项区中的"干""湿"参数，如图 7-25 所示。

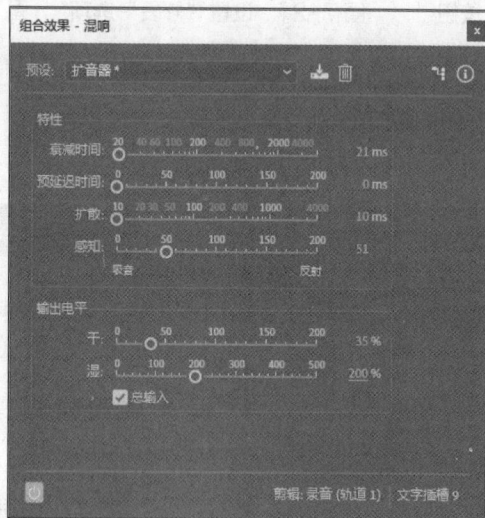

图 7-25　设置"混响"效果

7.2.3　添加背景音乐

下面为"录音"音频添加背景音乐，并设置背景音乐的混音属性，使其自动回避人声，具体操作方法如下。

微课视频

添加背景音乐

（1）将"音乐1"素材导入"文件"面板，然后将其添加到"编辑器"面板的"轨道2"中。根据"音乐 1"音频中的歌词将播放头移至某句歌词的开始位置，按【M】键添加标记。拖动"轨道1"中的"录音"音频，使标记位置对齐"录音"音频中某句语音的开始位置，如图7-26所示。

图7-26　使标记位置对齐"录音"音频中某句语音的开始位置

（2）选中"轨道2"中的"音乐1"音频，在"基本声音"面板中单击"音乐"按钮，如图7-27所示。

（3）选中"回避"选项右侧的复选框，启用"回避"功能。选择"回避依据"为"对话"，调整"敏感度""降噪幅度""淡化"等参数，选中"监控剪辑更改"复选框，即可实时调整回避效果。在下方"剪辑音量"选项区向右拖动滑块增加音量，如图7-28所示。

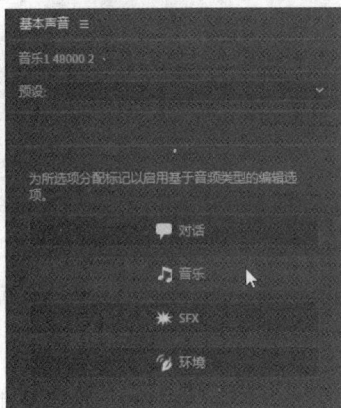

图7-27　单击"音乐"按钮　　　图7-28　设置"回避"选项

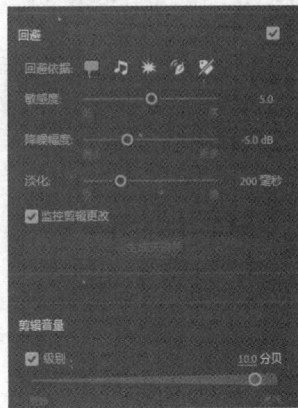

（4）在"轨道1"中拖动"录音"音频左下方的图标，增大音量。在"轨道2"中拖动"音乐1"音频开始位置左上方的图标，设置音乐淡入效果，如图7-29所示。

（5）多轨音频编辑完毕后，单击"文件"｜"导出"｜"多轨混音"｜"整个会话"命令，在弹出的对话框中输入文件名，单击"浏览..."按钮，选择保存位置，然后单击"确定"按钮，即可导出音频，如图7-30所示。要导出音频片段，可以使用"时间选择工具"选择区域，然后设置导出多轨混音的时间区域即可。

图 7-29 设置音乐淡入效果

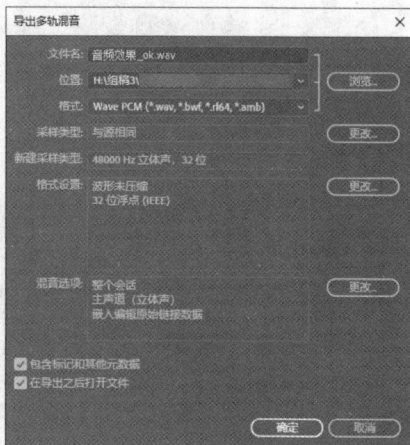

图 7-30 "导出多轨混音"对话框

7.2.4 音频降噪

下面使用 Audition CC 2019 对一段带有杂音的广播音频进行降噪处理，具体操作方法如下。

（1）使用 Audition CC 2019 打开"广播.wav"音频素材，播放该音频，可以听到音频中有很大的背景噪声，如图 7-31 所示。

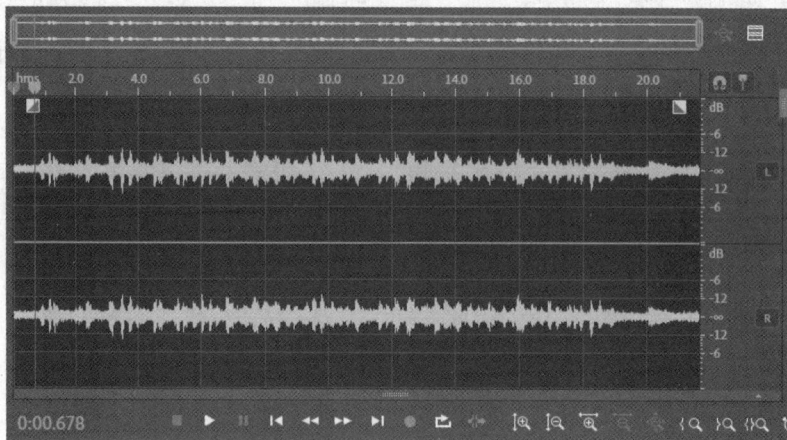

微课视频

音频降噪

图 7-31 播放音频

（2）在工具栏中单击"显示频谱频率显示器"按钮■，打开频谱，放大时间码，在音频的结尾部分选中一段环境噪声，如图 7-32 所示。

（3）单击"效果"｜"降噪/恢复"｜"降噪（处理）"命令，弹出"效果 - 降噪"对话框，单击"捕捉噪声样本"按钮，获取噪声样本。单击"选择完整文件"按钮，可在"编辑器"面板中选中全部音频文件，根据需要调整"降噪"和"降噪幅度"参数。单击"预览播放"按钮▶，试听降噪后的效果，达到满意效果后单击"应用"按钮，如图 7-33 所示。

（4）播放音频，预览降噪效果，如图 7-34 所示。若对降噪效果不满意，可以采用同样的方法再次进行降噪处理。

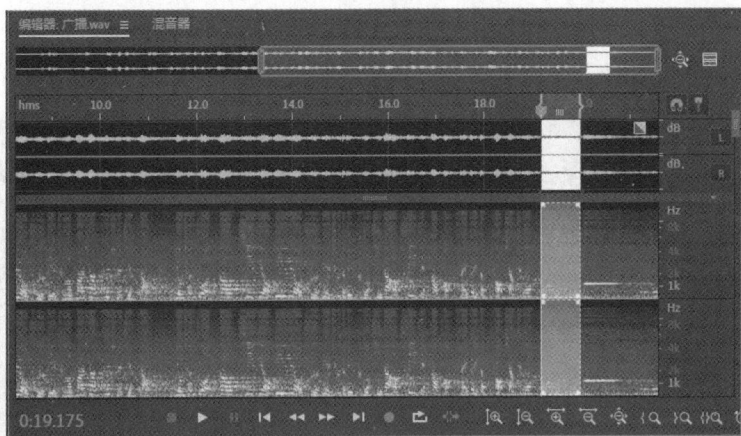

图 7-32 选择环境噪声

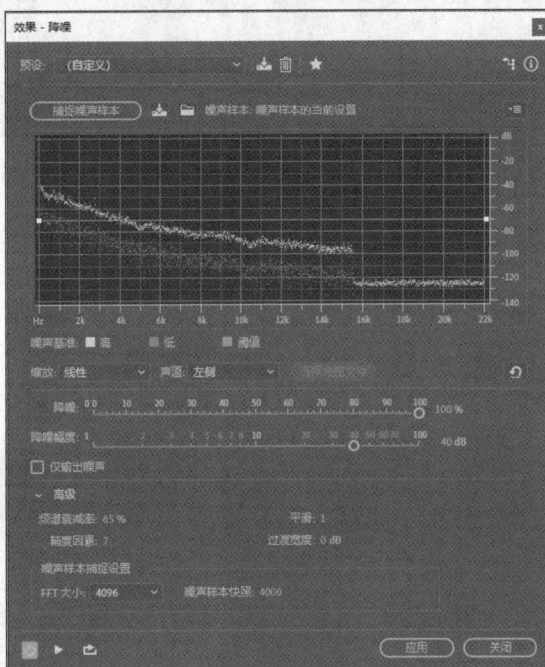

图 7-33 "效果 – 降噪"对话框

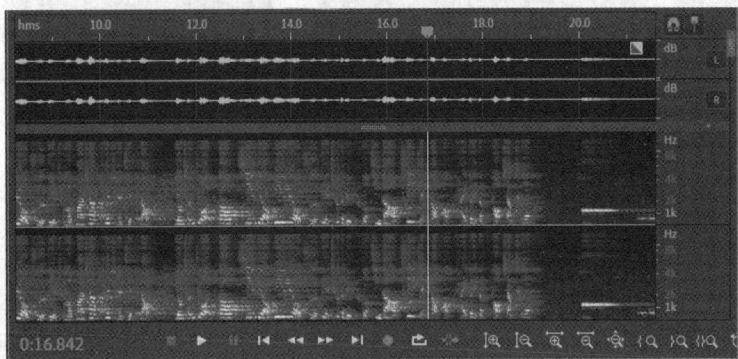

图 7-34 预览降噪效果

（5）在音频的末尾有一个广播提示音，在工具栏中选择"污点修复画笔"工具 ✐，在频谱中的广播提示音上进行涂抹即可将其擦除，如图 7-35 所示。

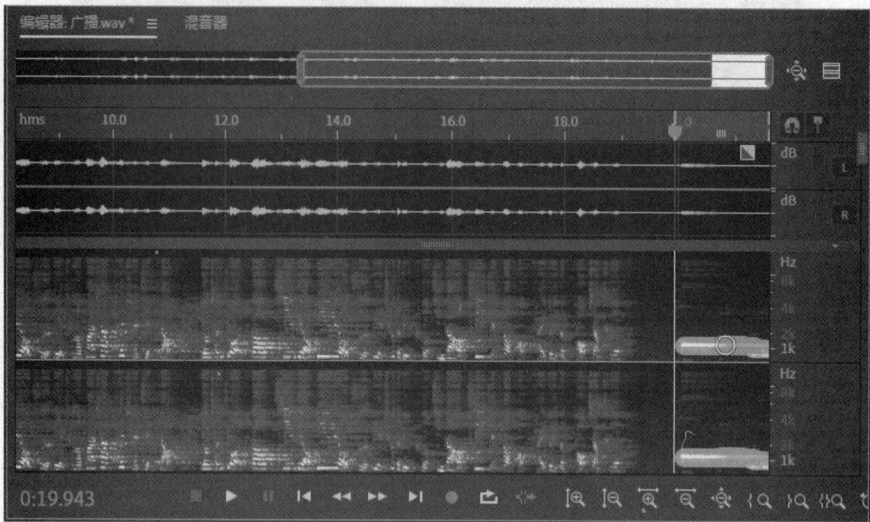

图 7-35　使用"污点修复画笔"工具擦除广播提示音

（6）采用同样的方法擦除音频中的其他噪声，例如，将音频中的一个哨声噪声擦除，如图 7-36 所示。

（7）在"效果组"面板的"预设"下拉列表框中选择所需的音频预设效果，在此选择"源点深远"效果，为广播音频添加一些混响效果，然后拖动面板下方的"混合"滑块，调整干湿混合效果，如图 7-37 所示。音频降噪完成后，按【Ctrl+S】组合键保存音频文件。

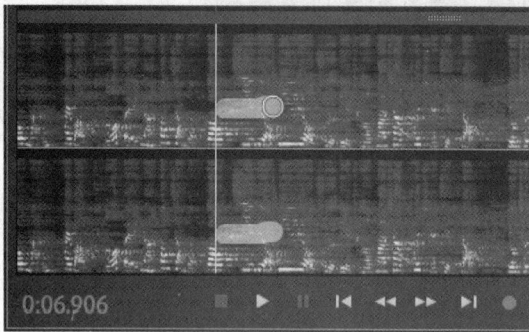

图 7-36　擦除哨声噪声

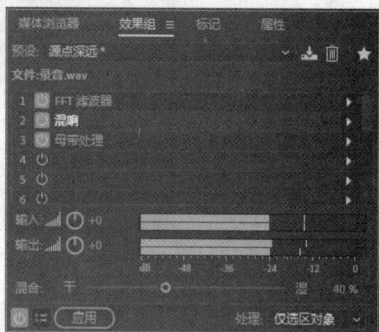

图 7-37　添加"源点深远"效果

7.2.5　匹配音乐与视频时长

新媒体编辑可以利用 Audition CC 2019 的"重新混合"功能来调整音乐的长度，使其适应视频的时长，具体操作方法如下。

（1）在 Audition CC 2019 中单击"多轨"按钮 ▦，在弹出的对话框中输入会话名称，单击"浏览…"按钮，选择保存位置，然后单击"确定"按钮，如图 7-38 所示。

微课视频

匹配音乐与视频时长

（2）将"音乐2"素材导入"文件"面板中，并将其添加到多轨编辑器的"轨道1"中，如图7-39所示。该音乐的时长为60秒，而视频需要时长约35秒的音乐，这时就要对该音乐进行重新制作。

图7-38 "新建多轨会话"对话框

图7-39 添加"音乐2"素材

（3）打开"属性"面板，展开"重新混合"选项，单击"启用重新混合"按钮，如图7-40所示。

（4）将"目标持续时间"设置为30秒，可以看到重新混合后的音乐持续时间为34秒，如图7-41所示。

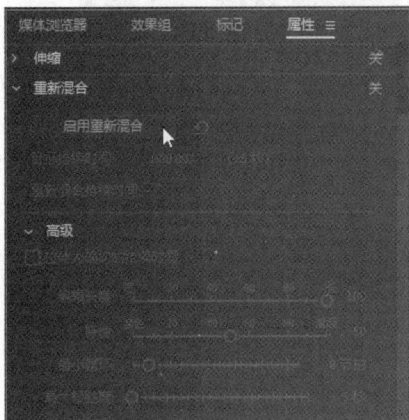

图7-40 单击"启用重新混合"按钮

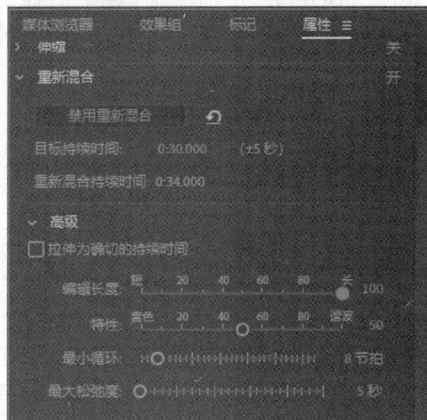

图7-41 设置目标持续时间

（5）此时，即可对"音乐2"素材进行重新混合。在"轨道1"中播放音乐，预览重新混合后的音乐效果，如图7-42所示，然后导出该音频文件即可。

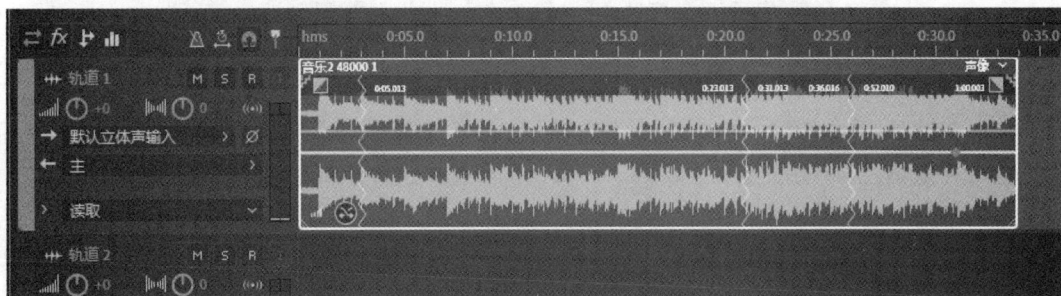

图7-42 预览重新混合后的音乐效果

7.3 使用 AI 编辑音频

利用 AI 技术可以实现文字转音频、音频转文字、语音变声、人声提取/消除等功能。用户可以在一些 AI 网站进行相关操作，也可以利用微信小程序搜索相关工具进行操作。下面将介绍如何使用 AI 将文字转换为音频，或者将音频转换为文字。

7.3.1 文字转音频

下面以腾讯智影为例，介绍如何将文字转换为音频。腾讯智影是一个集素材搜集、视频剪辑、后期包装、渲染导出和发布于一体的在线剪辑平台。其强大的 AI 智能工具，支持文本配音、数字人播报、字幕识别、文章转视频、视频解说等功能。

使用腾讯智影将文字转换为音频的具体操作方法如下。

（1）打开"腾讯智影"网站并登录账号，单击"文本配音"模块的"去创作"按钮，如图 7-43 所示。

微课视频

文字转音频

图 7-43　单击"文本配音"模块的"去创作"按钮

（2）在打开的页面中单击"新建文本配音"按钮，如图 7-44 所示。

图 7-44　单击"新建文本配音"按钮

（3）在打开的编辑器页面中输入文字内容，如图 7-45 所示。

（4）在工具栏中单击发音人图标，在弹出的界面中选择配音主播，并调整朗读速度和音量，然后单击"确定"按钮，如图 7-46 所示。

（5）单击"试听"按钮，试听生成的音频效果。如果音频有问题，可以利用"插入停顿""局部变速""词组连读""多音字""数字符号""单词读法"等工具进行调整，然后单击"生成音频素材"按钮，如图 7-47 所示。

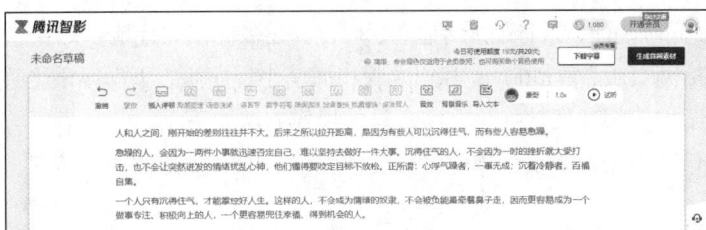

图 7-45　输入文字内容

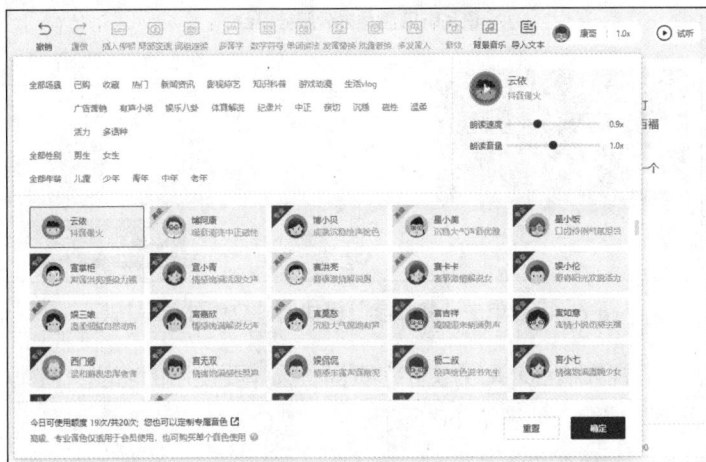

图 7-46　选择配音主播并调整朗读速度和音量

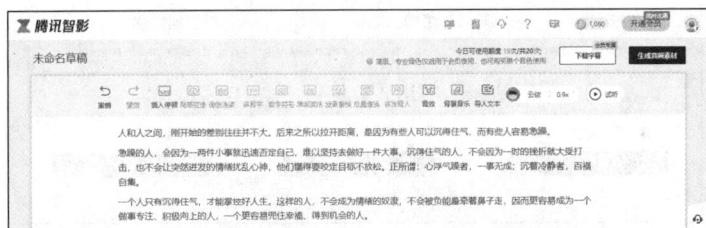

图 7-47　单击"生成音频素材"按钮

（6）等待片刻，即可生成音频文件。单击"下载"按钮，将音频文件下载到本地计算机中，如图 7-48 所示。

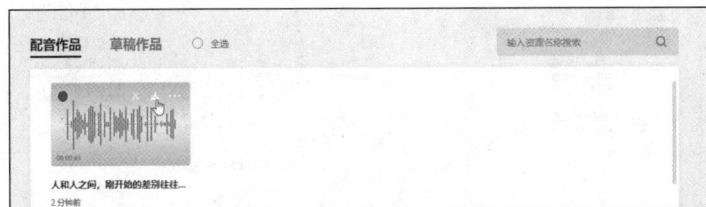

图 7-48　单击"下载"按钮

7.3.2　音频转文字

下面以讯飞听见为例，介绍如何将音频快速转换为文字。讯飞听见是一个以音频转文字及多语种翻译为核心功能的智慧办公服务平台，提供语音转文字、录音转文字、视频会议、视频转文字、视频加字幕、同声翻译、语音翻译等服务，可以满足多样化的音频转文字需求。

讯飞听见包括网页版、Windows 客户端版和微信小程序版，下面以讯飞听见网页版为例，介绍如何将音频转换为文字，具体操作方法如下。

（1）打开"讯飞听见"首页，单击"转文字"模块的"立即体验"按钮，如图 7-49 所示。

图 7-49　单击"转文字"模块的"立即体验"按钮

（2）进入"音频、视频快速转写为文字"页面，选择要使用的功能，在此单击"机器快转"功能中的"上传音频"按钮，如图 7-50 所示。

图 7-50　单击"上传音频"按钮

（3）在打开的页面中上传一个音频文件，在右侧选择音频语言，然后单击"提交转写"按钮，如图 7-51 所示。

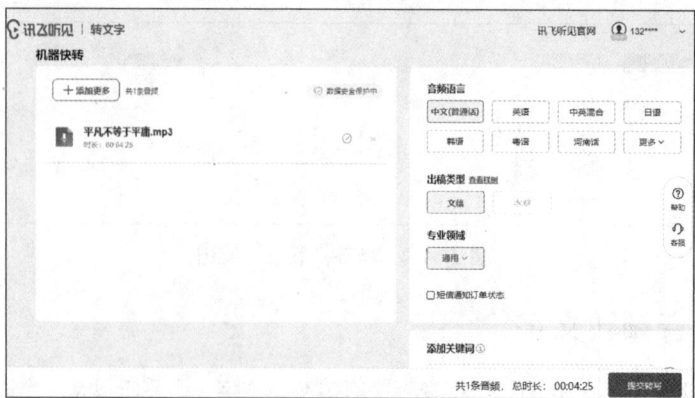

图 7-51　上传音频文件

（4）在打开的页面中支付订单，讯飞听见会赠送新用户一定的免费时长，单击"立即转写"按钮，如图7-52所示。

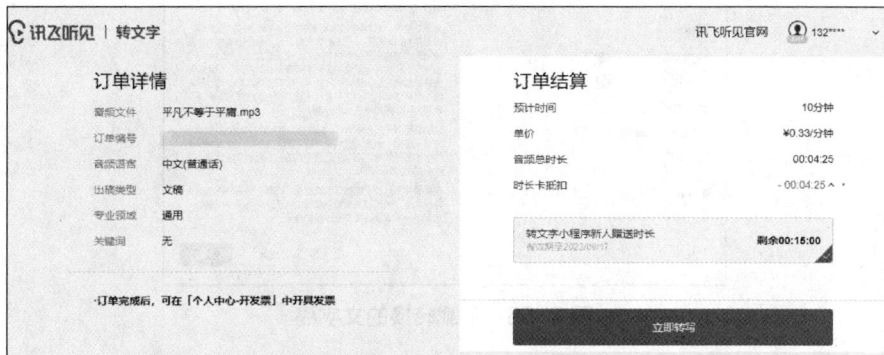

图7-52　单击"立即转写"按钮

（5）在打开的页面中等待转写完成，然后单击"查看结果"按钮，如图7-53所示。

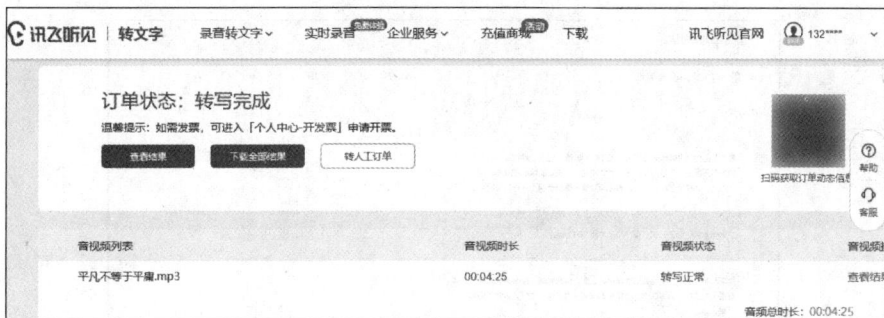

图7-53　单击"查看结果"按钮

（6）在打开的页面中查看转换结果，如图7-54所示。

图7-54　查看转换结果

（7）单击"下载结果"按钮，在弹出的对话框进行下载设置，单击"下载"按钮，即可将转换的文字稿下载到本地计算机中，如图7-55所示。

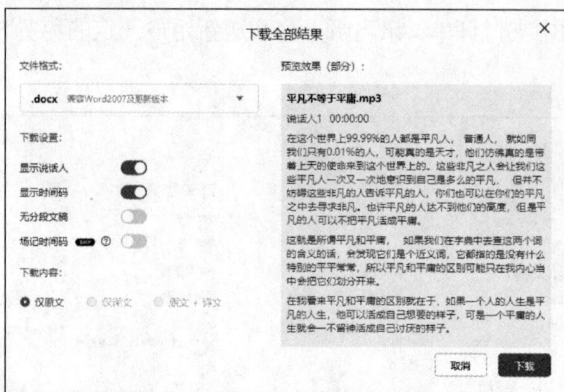

图 7-55　下载转换的文字稿

（8）在"音频、视频快速转写为文字"页面中单击"实时录音"功能中的"开始录音"按钮，在打开的页面中使用麦克风录音，在其左侧将展示录音实时转写结果，如图 7-56 所示。单击⏸按钮可以暂停录音，单击✅按钮可以结束录音。

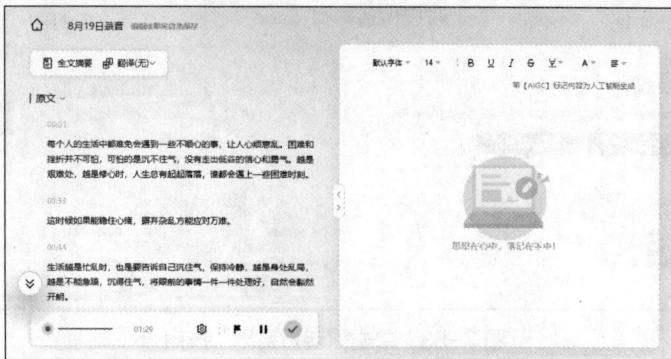

图 7-56　展示录音实时转写结果

（9）在录音过程中，新媒体编辑可以在右侧笔记区快速编辑相关内容，也可以在左侧选中录音原文文本，在弹出的菜单中选择"插入笔记区"命令，即可将所选文本插入笔记区，如图 7-57 所示。

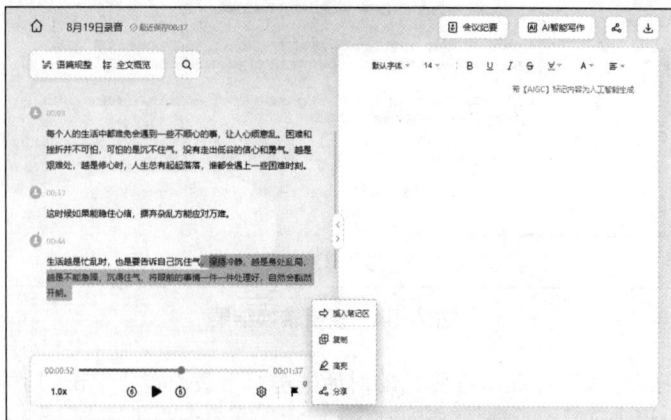

图 7-57　选择"插入笔记区"命令

（10）单击页面右上方的"下载"按钮，在弹出的对话框中设置下载内容和文件格式，然后单击对话框右下方的"下载"按钮，即可将录音文本下载到本地计算机中，如图 7-58 所示。

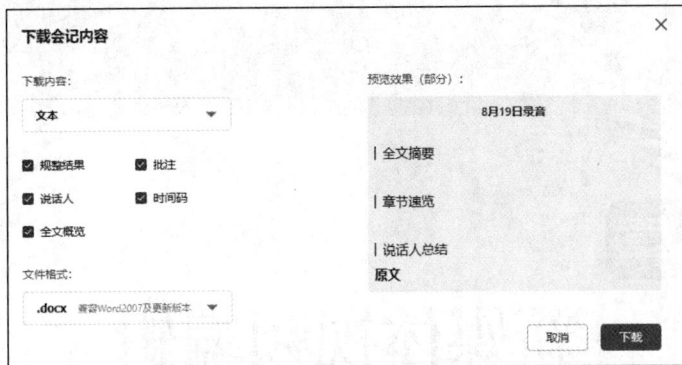

图 7-58　下载录音文本

实训案例

使用 Audition CC 2019 录制一段音频，并对录制的音频进行降噪处理，然后为音频添加一些音频效果，提升音质，最后为该音频添加合适的背景音乐。

课后思考

1. 在 Audition CC 2019 中如何录制话筒声音和计算机中正在播放的声音？
2. 在 Audition CC 2019 中如何进行音频降噪？

第8章

新媒体视频编辑

知识目标

➤ 了解常用的新媒体视频编辑工具。

➤ 掌握使用剪映专业版编辑视频的方法。

➤ 掌握使用 Premiere CC 2019 编辑视频的方法。

能力目标

➤ 能够熟练使用剪映专业版编辑视频。

➤ 能够熟练使用 Premiere CC 2019 编辑视频。

素养目标

➤ 坚持文化自信，讲好中国故事，在新媒体视频编辑中培养家国情怀。

➤ 在新媒体视频编辑中弘扬工匠精神，一丝不苟，精益求精。

视频是一种影音结合体，是一种能够给人带来更为直观感受的表达形式，具有感染力强、形式多样、创意新颖、互动性强、传播速度快等优势。互联网时代信息瞬息万变，视频在信息超载的时代以视听结合的形式传播，更容易让人接受。因此，视频编辑也成为新媒体编辑的基本技能之一。本章将介绍新媒体视频编辑的相关知识。

8.1 新媒体视频编辑的常用工具

借助各类视频编辑软件，能够轻松实现视频的合并与剪辑、添加音频、添加特效等操作。下面简要介绍几款常用的新媒体视频编辑工具。

1. 剪映专业版

剪映专业版是由抖音官方推出的一款视频编辑软件，带有全面的视频编辑功能，支持变速、多种滤镜效果，让视频创作变得更简单。此外，剪映专业版还包含海量曲库、丰富的素材库、视频特效、视频剪同款、图文成片、识别字幕/歌词、云剪辑、一键美化等特色功能。图 8-1 所示为剪映专业版的工作界面。

图 8-1　剪映专业版的工作界面

2. Premiere

Premiere 作为一款流行的非线性编辑软件，能够完成视频采集、修剪、调色、音频编辑、字幕添加、输出等一系列工作，在影视后期、广告制作、电视节目制作等领域有着广泛的应用，同样也是新媒体视频编辑领域非常重要的工具之一。图 8-2 所示为 Premiere CC 2019 的工作界面。

图 8-2　Premiere CC 2019 的工作界面

3．After Effects

After Effects 是由 Adobe 公司推出的一款图形视频编辑软件，广泛应用于 2D 和 3D 合成、动画制作和视觉特效合成。图 8-3 所示为 After Effects CC 2019 的工作界面。

图 8-3　After Effects CC 2019 的工作界面

4．Canopus Edius

Canopus Edius 是一款功能强大的非线性编辑软件，是专为广播和后期制作环境而设计的工具。Canopus Edius 拥有完整的视频编辑工作流程，提供了实时、多轨道、多格式混编、合成、色键、字幕和时间线输出等功能。图 8-4 所示为 Canopus Edius 的工作界面。

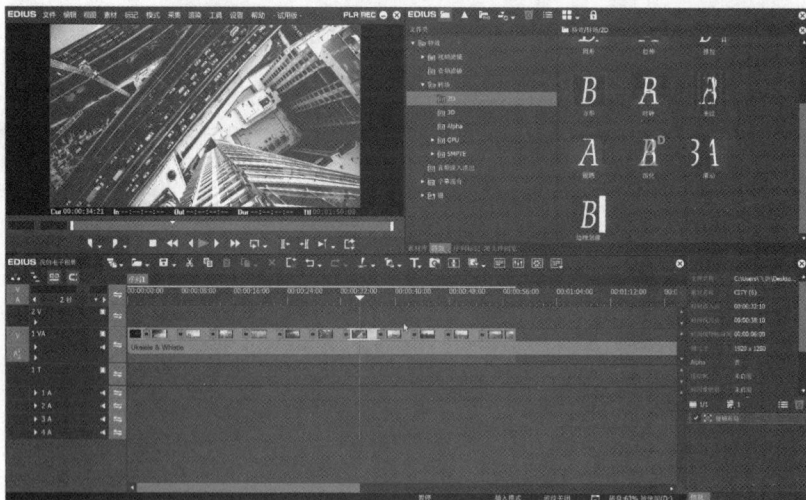

图 8-4　Canopus Edius 的工作界面

5．会声会影

会声会影是一款专业、流行的视频编辑软件，其功能强大，具有视频编辑时所需的视频提取、素材修剪、添加字幕、添加特效等功能，还提供了许多专业的模板、实时特效、字幕和转场效果，支持导出多种常见的视频格式。图 8-5 所示为会声会影的工作界面。

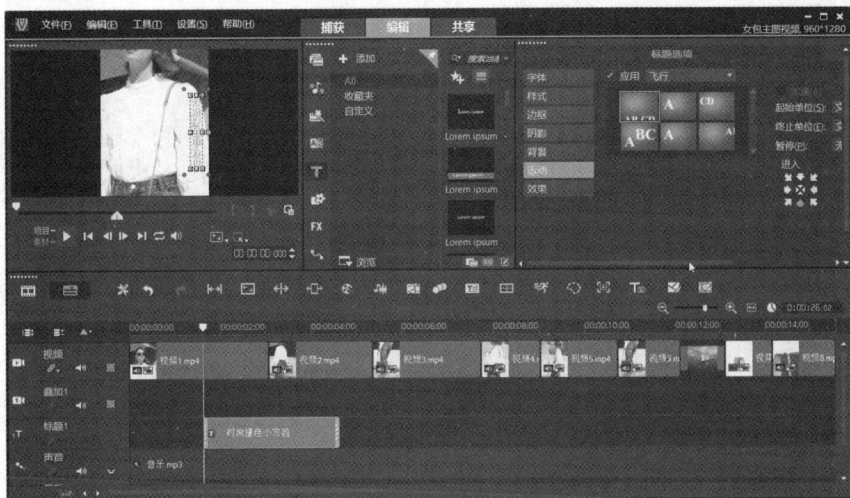

图 8-5　会声会影的工作界面

8.2　使用剪映专业版编辑视频

　　下面使用剪映专业版对一场企业马拉松活动视频进行编辑，详细介绍使用剪映专业版编辑短视频的方法和技巧。

8.2.1　修剪视频素材

　　下面在剪映专业版中对视频素材进行修剪，具体操作方法如下。

　　（1）在 PC 端启动剪映专业版，登录抖音账号，然后在"首页"界面中单击"开始创作"按钮，如图 8-6 所示。

> 微课视频
>
> 修剪视频素材

图 8-6　单击"开始创作"按钮

　　（2）进入视频编辑界面，如图 8-7 所示。界面左上方为素材区，单击"媒体"按钮▣，然后将计算机中的视频和音频素材添加到本地素材库中。双击"视频 22"素材，即可在中间的"播放器"面板中预览该视频素材，界面右上方为功能区，用来对选中的视频素材进行各种功能设置。界面下方为时间轴面板，用来添加各种素材和效果，以及对素材进行修剪。

图 8-7　视频编辑界面

（3）在功能区中单击"修改"按钮，在弹出的对话框中设置草稿名称、比例、分辨率、草稿帧率等选项，然后单击"保存"按钮，如图 8-8 所示。

（4）将"视频 1"素材拖至时间轴面板中，在"播放器"面板右下方单击"比例"按钮比例，在弹出的列表中选择"16∶9（西瓜视频）"选项，设置视频比例，如图 8-9 所示。

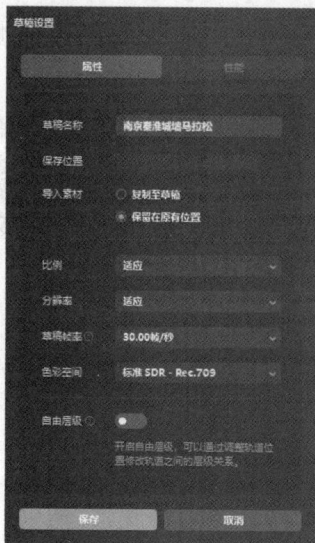

图 8-8　"草稿设置"对话框

图 8-9　设置视频比例

（5）在左上方本地素材库中将视图方式切换为"列表"视图，选择要添加的视频素材，拖动视频素材两端的滑杆修剪视频素材的开始和结束位置，将视频素材拖至时间轴面板或单击"添加到轨道"按钮➕，即可将视频素材添加到时间轴面板中，如图 8-10 所示。

（6）在时间轴面板中拖动视频片段的左端或右端，修剪视频片段的长度，也可以选中视频片段后，在时间轴面板上方工具栏中单击"分割"按钮Ⅱ、"向左裁剪"按钮Ⅱ或"向右裁剪"按钮Ⅱ来分割或修剪视频片段，如图 8-11 所示。

（7）采用同样的方法，将其他视频素材添加到时间轴面板中，并对时间轴面板中的视频片段进行修剪，如图 8-12 所示。

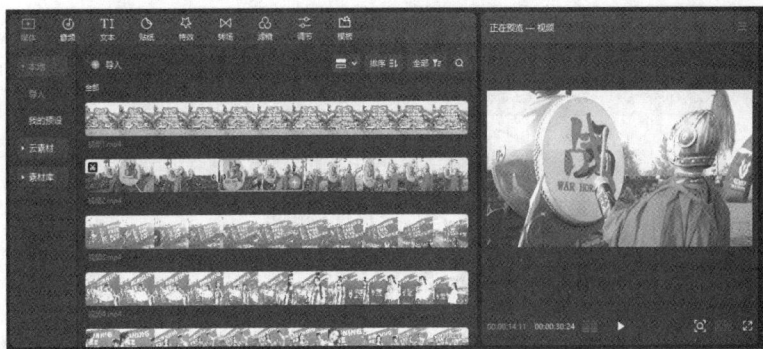

图 8-10　在本地素材库中修剪视频素材

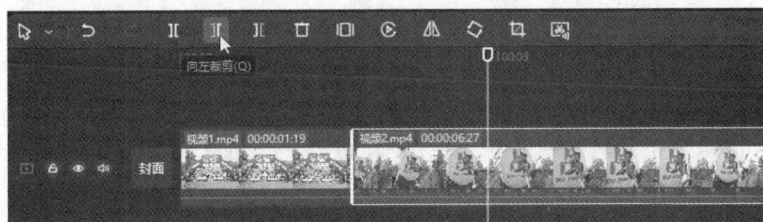

图 8-11　在时间轴面板中修剪视频片段

图 8-12　添加其他视频素材

（8）在时间轴面板中选中"视频 17"片段，在"播放器"面板中单击"缩放"按钮 ，拖动滑块调整缩放比例，拖动画面边缘的控制柄调整画面大小和位置，改变画面构图。在功能区中调整"缩放"和"位置"参数，对画面构图进行精确调整，如图 8-13 所示。

图 8-13　调整画面构图

（9）在时间轴面板中选中最后一个视频片段，在工具栏中单击"倒放"按钮 ，设置视频倒放，如图 8-14 所示。

图 8-14　设置视频倒放

8.2.2　调整视频播放速度

下面为视频添加背景音乐，然后根据背景音乐的节奏调整各视频片段的播放速度，使视频更具节奏感，具体操作方法如下。

微课视频

调整视频播放速度

（1）将"音乐"素材添加到时间轴面板的音频轨道中，选中音乐，在时间轴面板的工具栏中单击"自动踩点"按钮，选择"踩节拍Ⅰ"选项，即可在音乐上自动添加节拍点，如图 8-15 所示。

（2）在时间轴面板的工具栏中单击"关闭主轨磁吸"按钮，禁用主轨道的磁吸功能。选中"视频 1"片段，按【Ctrl+R】组合键唤起"变速"面板，拖动该片段上方的速度控制柄，调整"视频 1"片段的长度，即可对"视频 1"片段进行提速和降速调整，在此将"视频 1"片段的右端调至音乐节拍点位置，如图 8-16 所示。采用同样的方法，对"视频 2"片段进行变速调整。

图 8-15　添加音乐节拍点

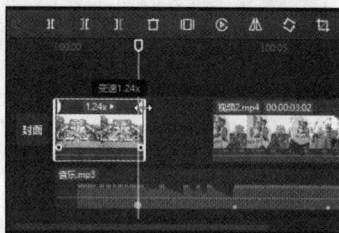

图 8-16　调整"视频 1"片段长度

（3）在时间轴面板中选中"视频 3"片段，在功能区中单击"变速"按钮，然后单击"曲线变速"按钮，选择"自定义"选项，调整各速度控制点的速度，使视频播放更有节奏感，如图 8-17 所示。

（4）采用同样的方法，对其他视频片段进行速度调整，然后单击"打开主轨磁吸"按钮，对各视频片段的长度进行修剪，使其与音乐节奏更匹配，如图 8-18 所示。

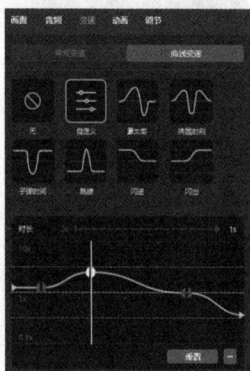

图 8-17　曲线变速

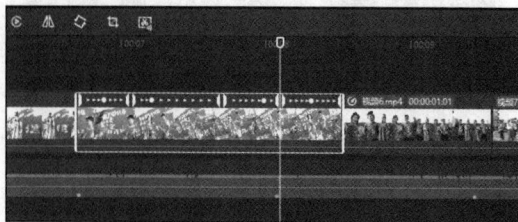

图 8-18　修剪其他视频片段

8.2.3　添加视频效果

下面在剪映专业版中为视频画面添加效果，如添加动画效果、添加转场效果、添加画面特效等，具体操作方法如下。

（1）在素材区上方单击"转场"按钮◹，在左侧选择"运镜"分类，在右侧选择"拉远"转场，如图 8-19 所示。

（2）将"拉远"转场拖至"视频 9"和"视频 10"片段的组接位置，然后拖动"拉远"转场的边缘，调整其时长，如图 8-20 所示。采用同样的方法，为其他视频片段添加转场效果，在此为视频末尾的两个视频片段添加"叠化"分类中的"闪白"转场。

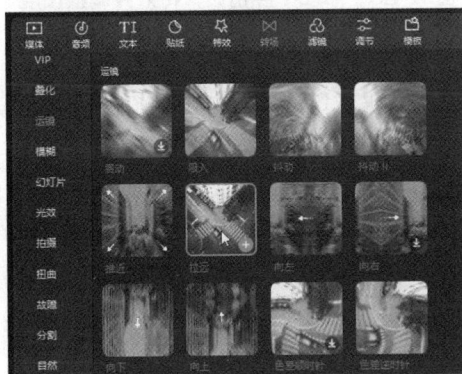

图 8-19　选择"拉远"转场

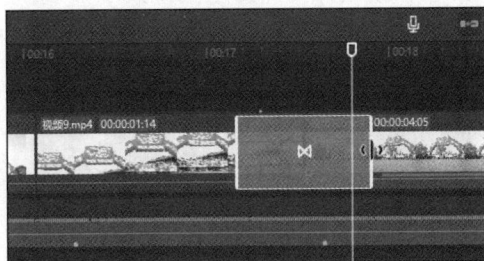

图 8-20　添加"拉远"转场

（3）在时间轴面板中选中第 1 个视频片段，在功能区中单击"动画"按钮，然后在"入场"动画中选择"折叠开幕"动画，在下方调整动画时长，如图 8-21 所示。

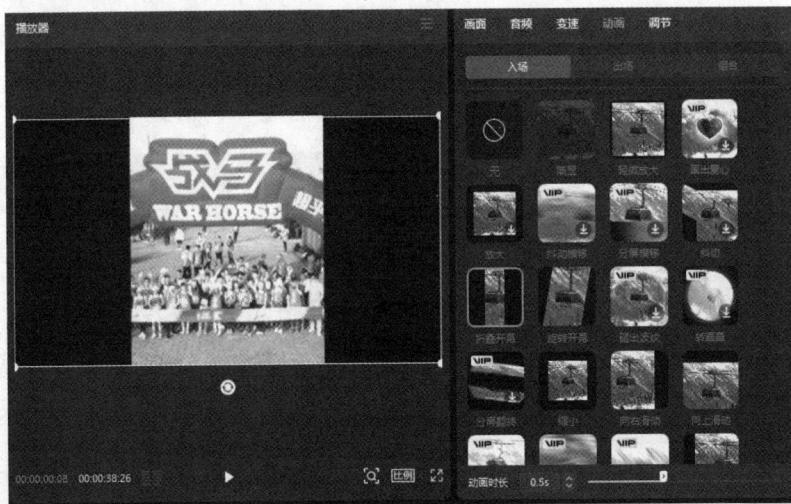

图 8-21　添加"折叠开幕"动画并调整动画时长

（4）在素材区上方单击"特效"按钮▨，在左侧选择"动感"分类，在右侧选择"冲击波"特效，如图 8-22 所示。

（5）将"冲击波"特效拖至"视频 2"片段上方，并调整该特效的长度，如图 8-23 所示。

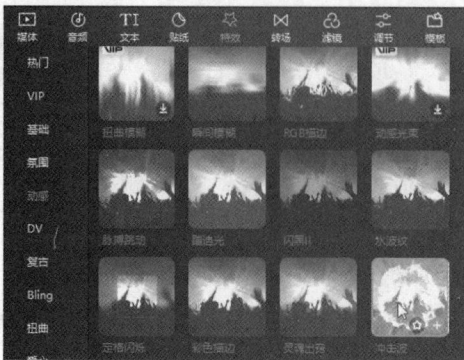

图 8-22 选择"冲击波"特效

图 8-23 添加"冲击波"特效并调整长度

（6）在功能区中调整特效参数，在此将"速度"调整为 100，如图 8-24 所示。

（7）采用同样的方法，在"视频 2"片段上方添加"水波纹"特效，在"视频 1"和"视频 2"片段的组接位置添加"闪光震动"特效，然后根据需要调整特效参数，如图 8-25 所示。

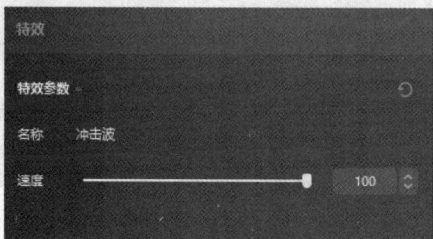

图 8-24 调整特效参数

图 8-25 继续添加特效

（8）将"视频 3"片段复制到上层轨道中，然后将"动感"分类中的"震动光束"特效拖至该视频片段上，单击该视频片段左上方"特效"按钮选中"震动光束"特效，然后调整"震动光束"特效的开始位置，如图 8-26 所示。

（9）在功能区中调整"震动光束"特效的参数，如图 8-27 所示。

图 8-26 为视频片段添加特效

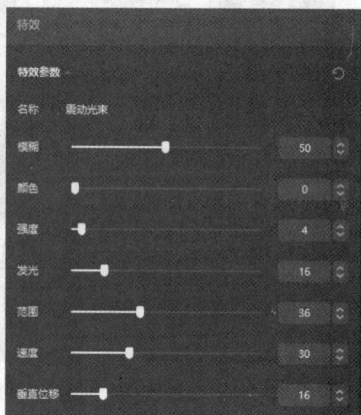

图 8-27 调整"震动光束"特效的参数

（10）选中上层轨道中的"视频 3"片段，在功能区中单击"画面"按钮，然后单击"蒙版"按钮，选择"矩形"蒙版，在画面中调整蒙版的大小和位置，然后调整"羽化"和"圆角"参数，即可使"震动光束"特效只应用在蒙版区域，如图 8-28 所示。采用同样的方法，为其他视频片段添加所需的特效。

图 8-28　编辑蒙版

8.2.4　视频调色

下面使用剪映专业版的"调节"功能校正视频画面的色彩和曝光，然后为视频添加调色滤镜，提升视频画质，具体操作方法如下。

（1）在时间轴面板中选中"视频 6"片段，在功能区中单击"调节"按钮，在"基础"调节中调整"对比度""高光""阴影""光感"等参数，如图 8-29 所示。采用同样的方法，对其他视频片段进行基础调色。

图 8-29　基础调色

（2）在素材区上方单击"滤镜"按钮 🖾，在左侧选择"风景"分类，在右侧选择"古都"滤镜，如图 8-30 所示。

（3）将"古都"滤镜拖至时间轴面板中，根据需要调整滤镜的长度和位置，如图 8-31 所示。

（4）在时间轴面板中选中"古都"滤镜，然后在功能区中调整"古都"滤镜强度，在"播放器"面板中预览调色效果，如图 8-32 所示。

图 8-30　选择"古都"滤镜

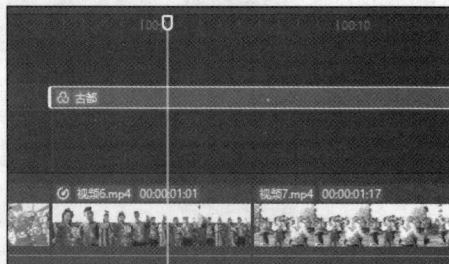

图 8-31　添加"古都"滤镜

图 8-32　调整"古都"滤镜强度并预览调色效果

（5）采用同样的方法继续为视频添加滤镜，在此添加"基础"分类中的"清晰"滤镜，然后在功能区中调整滤镜强度，如图 8-33 所示。最后分别调整两个滤镜片段的长度，使其覆盖整个视频。

图 8-33　调整"清晰"滤镜强度

8.2.5　添加文字

下面为视频添加必要的文字，用于画面信息提示，具体操作方法如下。

（1）在素材区上方单击"文本"按钮 TI，在左侧单击"文字模板"按钮，展开文字模板列表，如图 8-34 所示。

微课视频

添加文字

（2）在左侧选择"时间地点"分类，在右侧选择所需的文字模板，并将其拖至时间轴面板中，如图8-35所示。

图8-34　单击"文字模板"按钮

图8-35　选择所需的文字模板

（3）在功能区中对文字进行修改，如图8-36所示。

图8-36　修改文字

（4）单击"花字"按钮，选择所需的花字样式，如图8-37所示。

图8-37　选择所需的花字样式

8.2.6　导出视频

视频编辑完成后，即可预览视频整体效果，并根据需要进行调整。确认不需修改后即可导出视频，在导出前还可为视频设置一个封面，具体操作方法如下。

（1）在时间轴面板的主轨道左侧单击"封面"按钮，如图8-38所示。

微课视频

导出视频

（2）弹出"封面选择"对话框，在下方拖动播放头选择要设为封面的视频画面，然后单击"去编辑"按钮，如图8-39所示。

图8-38　单击"封面"按钮　　　　　图8-39　选择视频画面

（3）弹出"封面设计"对话框，单击"文本"按钮，在左侧选择"花字"选项，选择自己喜欢的花字样式，在封面中输入所需的文字并设置字体格式，然后单击"完成设置"按钮，如图8-40所示。

图8-40　设置封面

（4）在视频编辑界面右上方单击"导出"按钮 🖴，弹出"导出"对话框，在封面下方选中"封面添加至视频片头"复选框，然后在右侧设置分辨率、码率、编码、格式、帧率等选项，如图8-41所示。设置完成后，单击"导出"按钮，即可导出视频。

图8-41　设置导出选项

8.3 使用 Premiere CC 2019 编辑视频

下面以制作某品牌商业活动视频为例，详细介绍使用 Premiere CC 2019 编辑视频的方法和技巧。

8.3.1 导入素材与创建序列

先在 Premiere CC 2019 项目中导入素材，并创建序列，具体操作方法如下。

（1）启动 Premiere CC 2019，在菜单栏中单击"文件"｜"新建"｜"项目"命令，弹出"新建项目"对话框，设置项目名称和保存位置，单击"确定"按钮，如图 8-42 所示。

（2）在"项目"面板中双击或直接按【Ctrl+I】组合键，打开"导入"对话框，选中要导入的素材文件，单击"打开"按钮，如图 8-43 所示。

微课视频

导入素材与创建序列

图 8-42 "新建项目"对话框

图 8-43 "导入"对话框

（3）此时即可将素材文件导入"项目"面板中，在列表视图下可以看到视频素材的帧速率为 50.00fps。单击"新建项"按钮，在弹出的菜单中选择"序列"选项，如图 8-44 所示。

（4）弹出"新建序列"对话框，选择"设置"选项卡，在"编辑模式"下拉列表框中选择"自定义"选项，在"时基"下拉列表框中选择"25.00 帧/秒"选项，设置"帧大小"为"1920"水平、"1080"垂直，如图 8-45 所示。在下方输入序列名称，单击"确定"按钮。

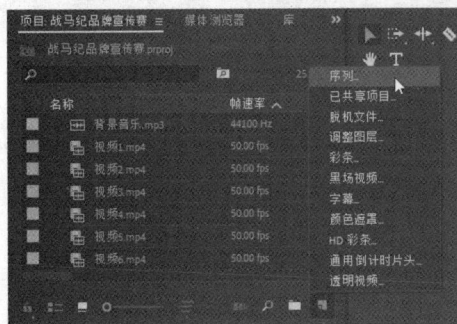

图 8-44 选择"序列"选项

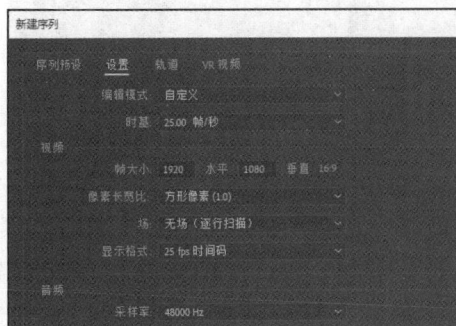

图 8-45 "新建序列"对话框

（5）此时即可新建序列，在时间轴面板中自动打开新建的序列，如图 8-46 所示。序列相当于视频的"容器"，添加到序列内的剪辑就会形成一段连续播放的视频。

（6）在时间轴面板中选中序列，单击"序列"｜"序列设置"命令，在弹出的"序列设置"对话框中可以对序列参数进行更改，在此将"时基"改为"30.00 帧/秒"，然后单击"确定"按钮，如图 8-47 所示。

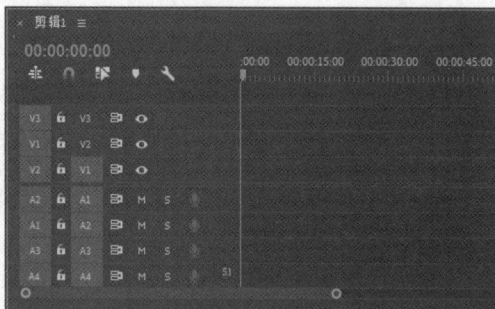

图 8-46　新建序列

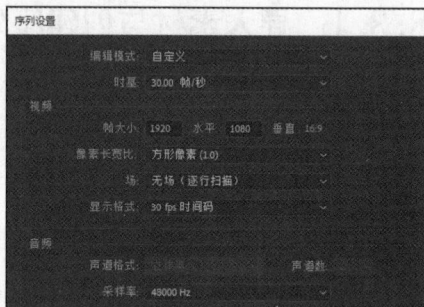

图 8-47　"序列设置"对话框

8.3.2　粗剪视频素材

下面对视频素材进行粗剪，按照制作思路将要使用的视频素材依次添加到序列中，具体操作方法如下。

（1）在"项目"面板中选中"视频 1"至"视频 5"5 个视频素材，并将其拖至时间轴面板的序列中，在弹出的对话框中单击"保持现有设置"按钮，如图 8-48 所示。

微课视频

粗剪视频素材

（2）此时，即可将 5 个视频剪辑添加到序列中。在时间轴面板头部双击 V1 轨道将其展开，单击时间轴面板左上方的"链接选择项"按钮，断开视频和音频的链接，或者按住【Alt】键的同时选中音频剪辑，然后按【Delete】键删除音频剪辑，如图 8-49 所示。

图 8-48　单击"保持现有设置"按钮

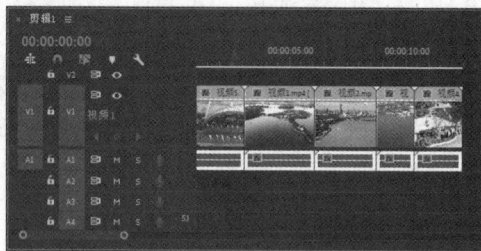

图 8-49　删除音频剪辑

（3）按住【Ctrl+Alt】组合键的同时将"视频 5"剪辑拖至最右侧，调整视频剪辑的排列顺序，如图 8-50 所示。

（4）在"项目"面板中双击"视频 6"素材，在"源"面板中预览"视频 6"素材，将播放头拖至"视频 6"素材的开始位置，单击"标记入点"按钮，标记"视频 6"剪辑的入点；将播放头拖至"视频 6"素材的结束位置，单击"标记出点"按钮，标记"视频 6"剪辑的出点，然后拖动"仅拖动视频"按钮到序列中，如图 8-51 所示。

图 8-50　调整视频剪辑的排列顺序

图 8-51　标记"视频 6"剪辑的入点和出点

（5）将"视频 6"剪辑拖至"视频 5"剪辑的右侧，然后采用同样的方法将"视频 7"和"视频 8"剪辑依次添加到序列中，如图 8-52 所示。

（6）在"源"面板中预览"视频 9"素材，发现视频画面的速度有些快。此时可以通过"解释素材"功能更改视频素材的帧速率，实现慢速播放。在"项目"面板中选中"视频 9"素材，单击"剪辑"｜"修改"｜"解释素材"命令，弹出"修改剪辑"对话框，在"帧速率"选项区中选中"采用此帧速率"单选按钮，设置帧速率为 30.00fps，与序列的帧速率相同，单击"确定"按钮，即可以 0.6 倍的速率播放"视频 9"素材，如图 8-53 所示。

图 8-52　添加视频剪辑

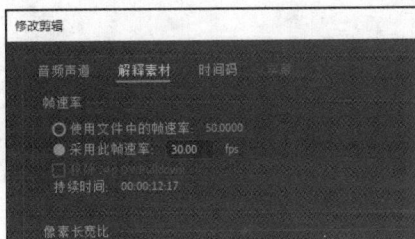

图 8-53　设置帧速率

（7）此时在"项目"面板中可以看到"视频 9"素材的帧速率已改变，如图 8-54 所示。

（8）将剩余的其他视频剪辑依次添加到序列中，如图 8-55 所示。

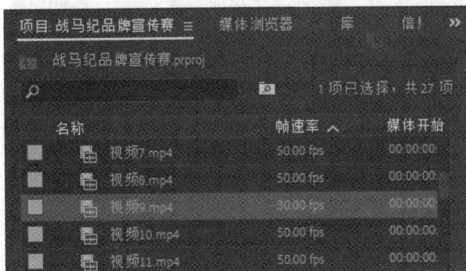

图 8-54　查看帧速率

图 8-55　添加其他视频剪辑

（9）在序列中选中"视频 22"剪辑，按【F】键即可在"源"面板中匹配相应的帧，拖动"仅拖动音频"按钮，将该视频剪辑的音频剪辑添加到 A2 轨道中，如图 8-56 所示。

（10）将音频剪辑拖至"视频 22"剪辑下方，即可为"视频 22"剪辑添加匹配的音频剪辑，如图 8-57 所示。

图 8-56　拖动"仅拖动音频"按钮

图 8-57　添加音频剪辑

（11）在时间轴轨道头部双击 A2 轨道将其展开，向上拖动音频上的音量控制柄，增大音量，如图 8-58 所示。

（12）按住【Shift】键的同时选中"视频 22"剪辑及其相应的音频剪辑，然后用鼠标右键单击所选剪辑，选择"链接"命令，即可链接"视频 22"剪辑的视频和音频，如图 8-59 所示。

图 8-58　增大音量

图 8-59　选择"链接"命令

（13）在序列中拖动播放滑块预览各视频剪辑，选中"视频 5"剪辑，如图 8-60 所示。

（14）在"效果控件"面板中调整"缩放"和"位置"参数，调整画面构图，如图 8-61 所示。

图 8-60　选中"视频 5"剪辑

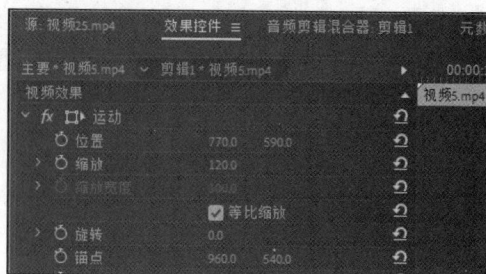

图 8-61　调整"缩放"和"位置"参数

（15）在"节目"面板中预览画面构图调整前后的对比效果，如图 8-62 所示。

（16）在序列中拖动播放头，在"节目"面板中预览粗剪效果，图 8-63 所示为部分镜头。整个视频的镜头组成依次为：赛场外空镜头、赛场布置、赛前合影、赛前热身准备、开始比赛、跑步途中、途中补给、冠军撞线、赛后颁奖、大合影等。

图 8-62　预览画面构图调整前后的对比效果

图 8-63　预览粗剪效果

8.3.3　调整视频节奏

下面在视频中添加背景音乐，并根据背景音乐的节奏调整每个视频剪辑的快慢速度，具体操作方法如下。

（1）在"项目"面板中双击"背景音乐"素材，在"源"面板中预览音频，按空格键播放音乐。随着背景音乐的播放，在背景音乐的节奏点位置快速按【M】键添加标记，如图 8-64 所示。添加标记后，可以根据音乐波形对标记位置进行微调，使其对准背景音乐的节奏点位置。

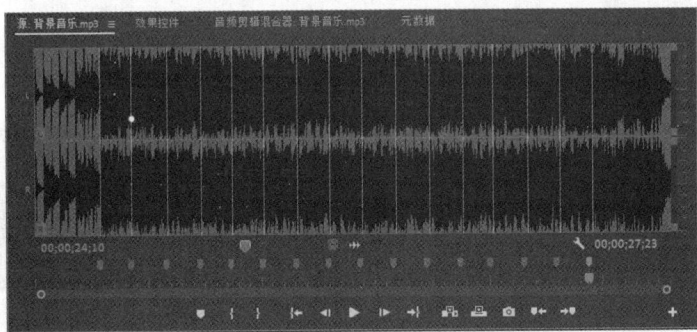

图 8-64　在背景音乐的节奏点位置添加标记

（2）将背景音乐添加到序列的 A1 轨道，用鼠标右键单击"视频 1"剪辑左上方的█图标，选择"时间重映射"|"速度"命令，如图 8-65 所示。

（3）此时"视频 1"剪辑变为蓝色，在"视频 1"剪辑的中心位置出现速度控制柄，按住【Ctrl】键的同时在速度控制柄上单击添加速度关键帧。向上或向下拖动速度控制柄，即可进行加速或减速调整。在此将速度关键帧左侧的速度调整为 520.00%，按住【Alt】键的同时拖动速度关键帧，调整其位置，使其对齐背景音乐节奏点的波形，然后对"视频 1"剪辑的右端进行调整，使其对齐背景音乐节奏点的波形，如图 8-66 所示。

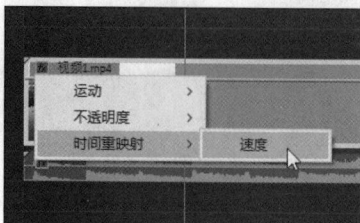

图 8-65　选择"速度"命令　　　　图 8-66　视频剪辑变速调整

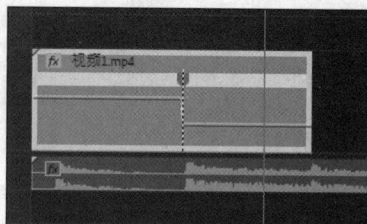

（4）采用同样的方法，对"视频 2""视频 3""视频 4"剪辑进行变速调整，拖动速度关键帧，将其拆分为左、右两个部分，出现的两个标记之间的斜坡表示速度逐渐变化，如图 8-67 所示。

（5）选中"视频 5"剪辑，按【Ctrl+R】组合键打开"剪辑速度/持续时间"对话框，设置"速度"为 500%，单击"确定"按钮，如图 8-68 所示。采用同样的方法，对其他视频剪辑进行速度调整。若要使视频剪辑倒放播放，可以选中"倒放速度"复选框。

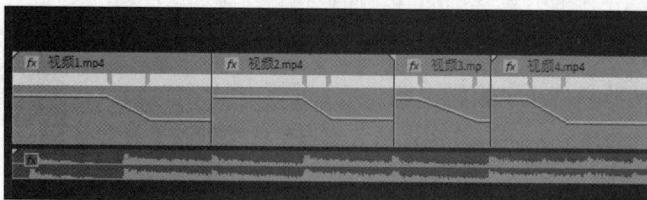

图 8-67　拆分速度关键帧　　　　图 8-68　设置"速度"为 500%

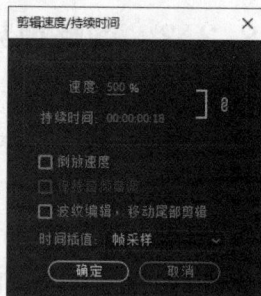

（6）根据背景音乐的节奏对其他视频剪辑进行速度调整，在调整视频剪辑剪切点的位置时，根据需要使视频剪辑的剪切点与音乐标记位置对齐，如图 8-69 所示。

图 8-69　调整其他视频剪辑速度

（7）在"节目"面板中预览视频节奏调整效果，并根据背景音乐的节奏调整视频剪辑剪切点位置。此时可以按【N】键调用滚动编辑工具，使用该工具调整剪切点的位置，如将"视频 10"剪辑和"视频 11"剪辑的剪切点位置调整到音乐标记位置，如图 8-70 所示。在移动多个视频剪辑的位置时，可以使用"向前选择轨道工具"或"向后选择轨道工具"进行移动。要替换视频剪辑内容，可以在"源"面板中重新标记视频剪辑，然后在按住【Alt】键的同时将视频剪辑从"源"面板拖至序列中要替换的视频剪辑上。

图 8-70　调整剪切点位置

8.3.4　添加动画效果

在 Premiere CC 2019 中可以使用关键帧设置运动、效果、速度、音频等多种属性，随时间更改属性值即可自动生成动画。下面使用关键帧为视频添加动画效果，具体操作方法如下。

微课视频

添加动画效果

（1）用鼠标右键单击"视频 7"剪辑，选择"嵌套"命令，在弹出的"嵌套序列名称"对话框中输入名称，单击"确定"按钮，新建嵌套序列，如图 8-71 所示。

（2）在"效果控件"面板中将播放头移至最左侧，单击"缩放"属性左侧的"切换动画"按钮，启用"缩放"动画，即可自动在播放头位置添加一个关键帧，如图 8-72 所示。

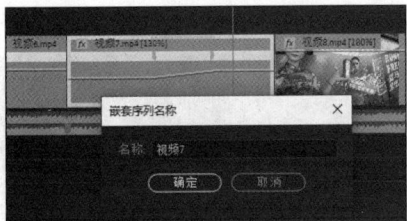

图 8-71　新建嵌套序列

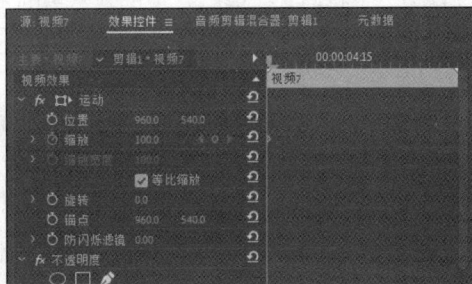

图 8-72　启用"缩放"动画

（3）将播放头移至右侧，设置"缩放"参数为 120.0，将自动添加第 2 个关键帧，此时在两个关键帧之间将形成放大动画，如图 8-73 所示。

（4）用鼠标右键单击选中第 1 个"缩放"关键帧，选择"缓入"命令，如图 8-74 所示。再次用鼠标右键单击选中第 2 个"缩放"关键帧，选择"缓出"命令。

（5）单击"缩放"属性左侧的 按钮展开属性，显示"值"和"速率"图表。分别调整第 1 个关键帧和第 2 个关键帧上的控制手柄，调整贝塞尔曲线，改变运动变化速率，曲线越陡峭，动画运动或速度变化就会越剧烈，如图 8-75 所示。

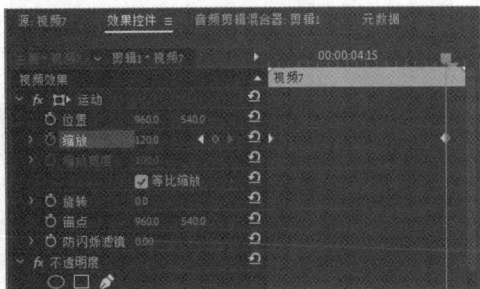

图 8-73　设置"缩放"参数

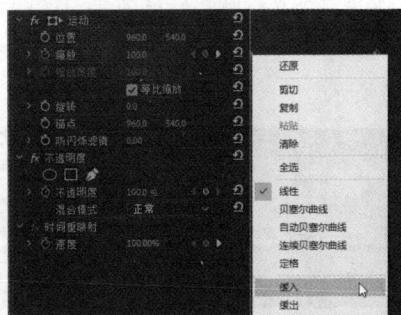

图 8-74　设置关键帧"缓入"和"缓出"

（6）在序列中选中"视频25"剪辑，在"效果控件"面板中将播放头拖至最左侧，启用"位置"和"缩放"动画，并根据画面构图需要调整"位置"和"缩放"参数，此时将自动添加第1个关键帧，如图8-76所示。

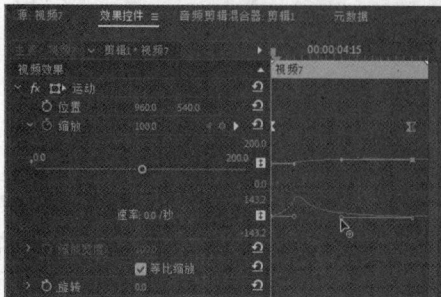

图8-75　调整贝塞尔曲线

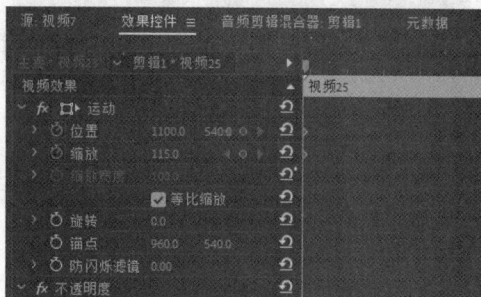

图8-76　启用"位置"和"缩放"动画

（7）将播放头移至右侧，分别单击"位置"和"缩放"属性右侧的"重置参数"按钮，还原"位置"和"缩放"参数，此时将自动添加第2个关键帧，如图8-77所示。

（8）展开V1轨道，在最后一个视频剪辑的末尾部分按住【Ctrl】键的同时单击不透明度控制柄，添加两个不透明度关键帧，然后将第2个不透明度关键帧向下拖至视频剪辑的底部（使其不透明度变为0），即可制作渐隐动画效果，如图8-78所示。

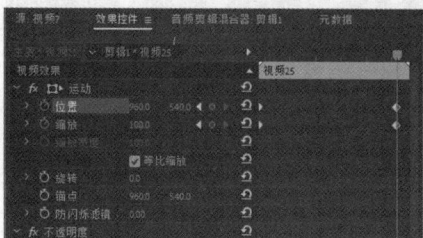

图8-77　还原"位置"和"缩放"参数

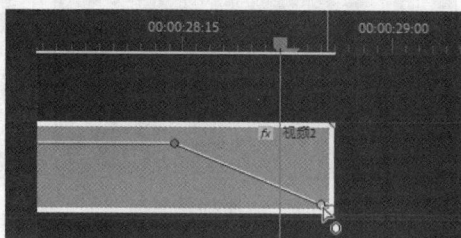

图8-78　制作渐隐动画效果

8.3.5　添加转场效果

下面在视频中添加转场效果，新媒体编辑可以添加Premiere CC 2019内置的转场效果或安装第三方转场插件，还可以利用视频效果自制转场效果，具体操作方法如下。

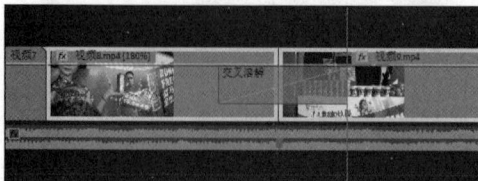

微课视频

添加转场效果

（1）在序列中选中"视频8"和"视频9"剪辑，按【Ctrl+D】组合键即可添加默认的"交叉溶解"转场效果，如图8-79所示。

（2）选中"交叉溶解"转场效果并左右拖动，调整"交叉溶解"转场效果的开始位置，如图8-80所示。

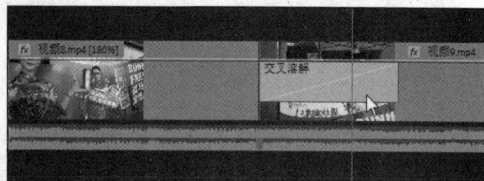

图8-79　添加"交叉溶解"转场效果

图8-80　调整"交叉溶解"转场效果的开始位置

（3）双击"交叉溶解"转场效果，在弹出的对话框中设置过渡持续时间，单击"确定"按钮，如图8-81所示。

（4）在"节目"面板中预览"交叉溶解"转场效果，如图8-82所示。

图8-81　设置过渡持续时间

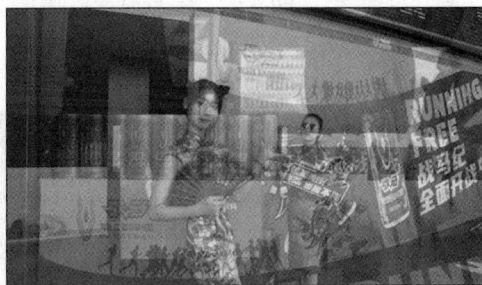

图8-82　预览"交叉溶解"转场效果

（5）除了使用Premiere CC 2019内置的转场效果外，还可以安装第三方转场插件，在此安装FilmImpact插件，在"效果"面板的"视频过渡"组中可以看到安装的转场效果。选择"Impact缩放模糊"转场效果，如图8-83所示。

（6）将"Impact缩放模糊"转场效果拖至"视频5"和"视频6"剪辑之间，即可添加该转场效果，如图8-84所示。

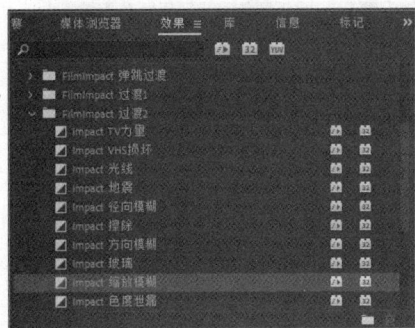

图8-83　选择"Impact 缩放模糊"转场效果

图8-84　添加"Impact 缩放模糊"转场效果

（7）选中添加的"Impact缩放模糊"转场效果，在"效果控件"面板设置各项参数，在此分别设置"缩放中心"和"缩放数量"参数，如图8-85所示。

（8）在"节目"面板中预览"Impact缩放模糊"转场效果，如图8-86所示。

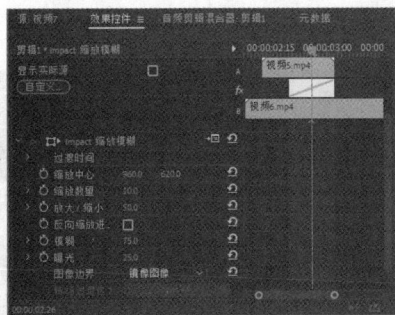

图8-85　设置"缩放中心"和"缩放数量"参数

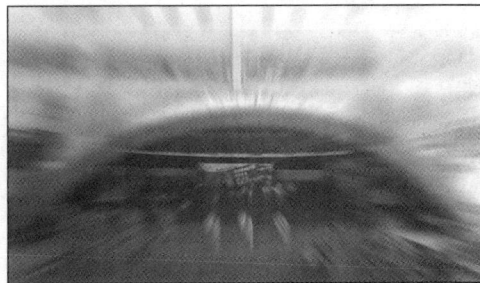

图8-86　预览"Impact 缩放模糊"转场效果

（9）在"项目"面板右下方单击"新建项"按钮■，选择"调整图层"选项，在弹出的"调整图层"对话框中单击"确定"按钮，即可新建调整图层，如图8-87所示。

（10）在"项目"面板中选中调整图层，按【Ctrl+R】组合键打开"剪辑速度/持续时间"对话框，设置"持续时间"为"00:00:00:10"，然后单击"确定"按钮，如图8-88所示。

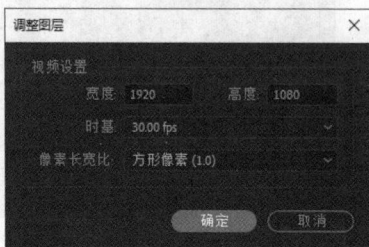

图8-87 "调整图层"对话框

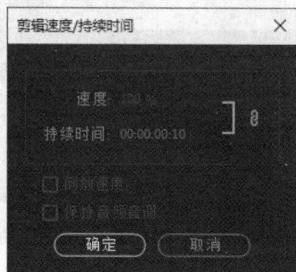

图8-88 设置"持续时间"

（11）将调整图层添加到V2轨道中，并将其移至"视频10"和"视频11"剪辑的组接位置，如图8-89所示。

（12）打开"效果"面板，搜索"色阶"，然后将"色阶"效果拖至调整图层上，如图8-90所示。

图8-89 添加调整图层

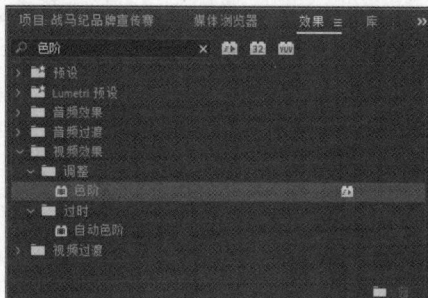

图8-90 添加"色阶"效果

（13）在"效果控件"面板的"色阶"效果中启用"（RGB）输入白色阶"动画，添加3个关键帧，设置其参数分别为255、25、255，即可制作"曝光"转场效果，如图8-91所示。

（14）按住【Alt】键的同时拖动调整图层，复制调整图层并将其拖至"视频11"和"视频12"剪辑的组接位置，如图8-92所示。

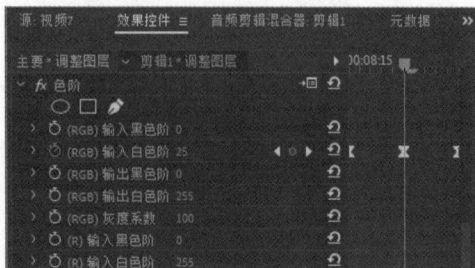

图8-91 设置"（RGB）输入白色阶"动画

图8-92 复制调整图层

（15）在"节目"面板中预览自制的"曝光"转场效果，如图 8-93 所示。

图 8-93　预览自制的"曝光"转场效果

8.3.6　视频调色

下面使用 Premiere CC 2019 中的"Lumetri 颜色"工具对视频进行调色，统一各视频剪辑的颜色，提升视频画质，具体操作方法如下。

（1）在序列中选中"视频 22"剪辑，打开"Lumetri 颜色"面板，展开"基本校正"选项，调整"曝光""对比度""高光""阴影""白色"等参数，进行颜色基本校正，如图 8-94 所示。

（2）展开"曲线"选项，在"RGB 曲线"中调整白色曲线，如图 8-95 所示。

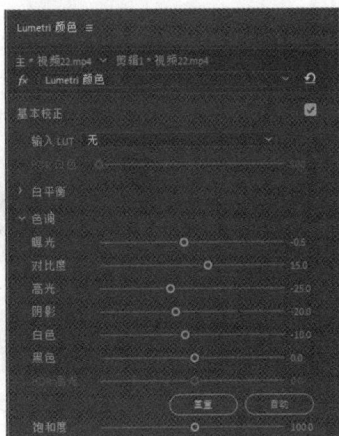

图 8-94　颜色基本校正

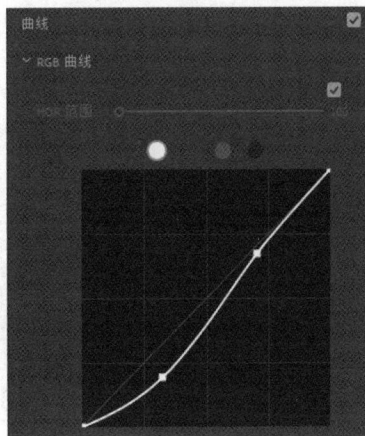

图 8-95　调整白色曲线

（3）在"节目"面板中预览"视频 22"剪辑调色前后的对比效果，如图 8-96 所示。

图 8-96　预览调色前后的对比效果

（4）打开"Lumetri 范围"面板，在该面板中单击鼠标右键，选择"波形类型"｜"RGB"命令，显示画面 RGB 分量图，可以看到高光区域红色和蓝色相对偏多，如图 8-97 所示。根据 RGB 加色原理，红色和蓝色相加合成紫色，该分量图显示画面中高光区域偏紫红色。

（5）在"Lumetri 颜色"面板中展开"色轮和匹配"选项，调整"高光"色轮，将颜色向紫红色的反方向进行调整，然后向上拖动滑块增加亮度，如图8-98所示。

图8-97　查看RGB分量图　　　　图8-98　调整"高光"色轮

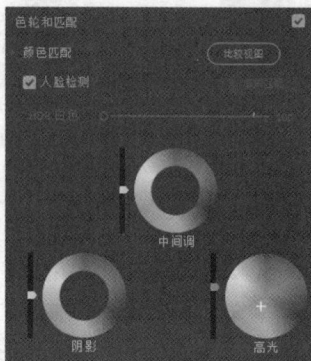

（6）查看此时的RGB分量图，如图8-99所示。

（7）在"节目"面板中预览"视频22"剪辑调色效果，如图8-100所示。

图8-99　查看RGB分量图　　　　图8-100　预览"视频22"剪辑调色效果

（8）在序列中选中"视频15"剪辑，在"色轮和匹配"选项区中单击"比较视图"按钮，如图8-101所示。

（9）进入"比较视图"面板，左侧为参考画面，右侧为当前画面。在参考画面下方拖动滑块，将画面定位到要参考的位置，如图8-102所示。

图8-101　单击"比较视图"按钮　　　　图8-102　选择参考画面

（10）单击"应用匹配"按钮，即可匹配参考画面的颜色，可以看到色轮和明暗滑块自动做出调整，如图8-103所示。

（11）在"节目"面板中预览调色效果，如图8-104所示。根据需要使用"基本校正"和"曲线"工具对"视频15"剪辑进行微调。采用同样的方法，对"视频17"剪辑进行调色。

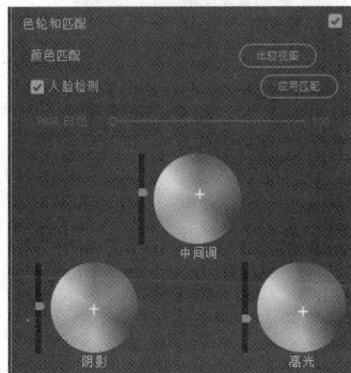

图8-103 单击"应用匹配"按钮

图8-104 预览调色效果

（12）在序列中选中"视频8"剪辑，在"Lumetri颜色"面板中展开"HSL辅助"选项，单击"设置颜色"选项区中的"吸管工具"按钮 🖊️，如图8-105所示。

（13）在"节目"面板中人物的皮肤上单击，采样人物皮肤上的颜色，如图8-106所示。

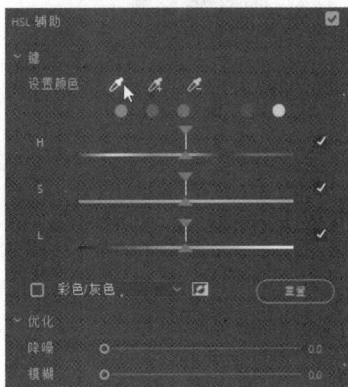

图8-105 单击"吸管工具"按钮

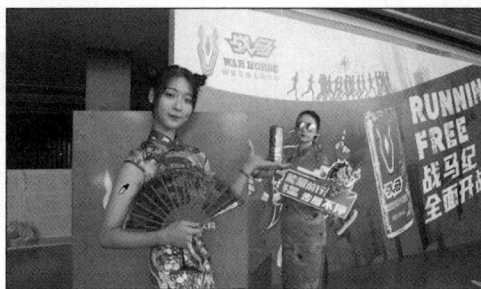

图8-106 采样人物皮肤上的颜色

（14）在下方"颜色模式"下拉列表框中选择"彩色/黑色"选项，并选中其前面的复选框，此时在画面中可以看到除目标颜色以外的其他颜色都变为黑色。单击 🖊️ 按钮可以在画面中添加颜色，单击 🖊️ 按钮可以在画面中减少颜色，拖动H、S、L滑块调整选区，然后调整"降噪"和"模糊"参数优化画面效果，如图8-107所示。

（15）在"节目"面板中查看所选的颜色范围，可以看到此时已将人物的皮肤全部选中，如图8-108所示。

（16）取消选择"彩色/黑色"复选框，退出该颜色模式。在"更正"选项中使用色轮调色并向上拖动滑块增加亮度，如图8-109所示。

（17）在"节目"面板中可以看到人物皮肤已经提亮，如图8-110所示。

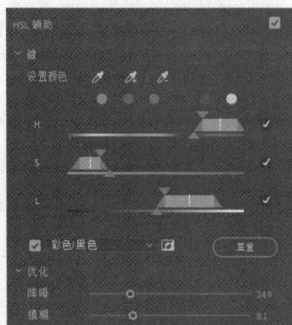

图 8-107　调整和优化画面效果　　　　图 8-108　查看所选的颜色范围

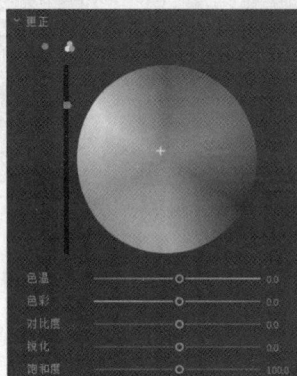

图 8-109　使用色轮调色并增加亮度　　　图 8-110　预览调色效果

（18）在"视频 8"剪辑上方添加调整图层，并将调整图层移至 V3 轨道中，如图 8-111 所示。

（19）选中调整图层，在"Lumetri 颜色"面板中展开"创意"选项，在"Look"下拉列表框中选择"浏览"选项，如图 8-112 所示。

图 8-111　添加调整图层　　　　　　图 8-112　选择"浏览"选项

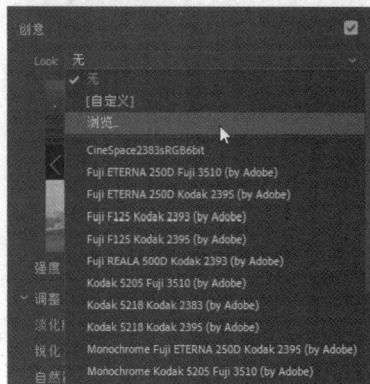

（20）在弹出的对话框中选择所需的颜色预设文件，然后单击"打开"按钮，如图 8-113 所示。

（21）调整"强度"参数为 60.0，如图 8-114 所示，然后调整"调整图层"的长度，使其覆盖要调色的视频剪辑。

图 8-113　选择颜色预设文件

图 8-114　调整"强度"参数

8.3.7　添加与编辑文字

下面在视频中添加与编辑文字，并为文字制作动画效果，具体操作方法如下。

（1）将播放头移至要添加文字的位置，使用文字工具▊在"节目"面板中单击，输入所需的文字，然后在序列中调整文本剪辑的长度和位置，如图 8-115 所示

（2）在"效果控件"面板的"文本"效果中设置文字的字体、大小、对齐方式、外观等样式，如图 8-116 所示。

微课视频

添加与编辑文字

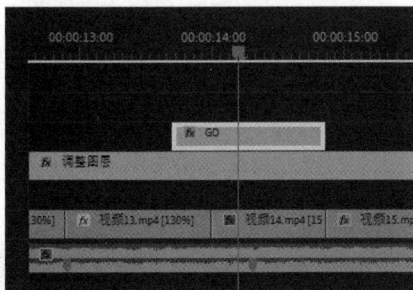

图 8-115　添加文本剪辑

图 8-116　设置文字样式

（3）在"节目"面板中预览文字效果，如图 8-117 所示。

（4）为文本剪辑添加"变换"效果，在"效果控件"面板中启用"缩放"动画，添加 4 个关键帧，分别设置"缩放"参数为 300.0、100.0、100.0、300.0，然后根据需要调整关键帧贝塞尔曲线，如图 8-118 所示。

图 8-117　预览文字效果

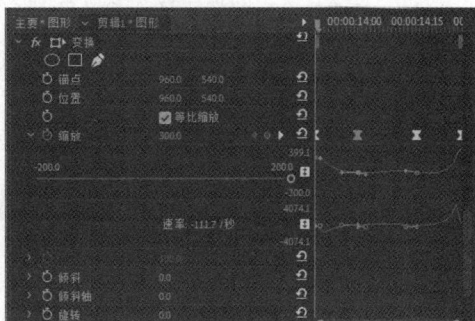

图 8-118　设置"缩放"参数并调整关键帧贝塞尔曲线

（5）取消选中"使用合成的快门角度"复选框，设置"快门角度"参数为360.00，增加动画的运动模糊效果，如图8-119所示。

（6）在"效果控件"面板中调整文本剪辑的开场持续时间，使其包括开场的关键帧动画，然后用同样的方法调整文本剪辑的结尾持续时间，避免在裁剪文本剪辑长度时改变开场和结尾的动画，如图8-120所示。

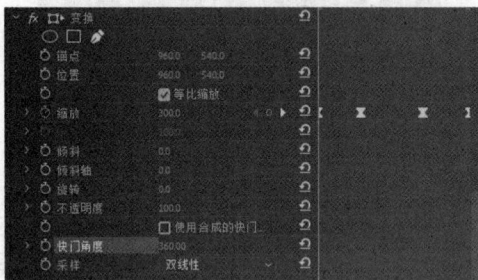

图8-119　设置"快门角度"参数　　　　图8-120　调整文本剪辑的开场和结尾持续时间

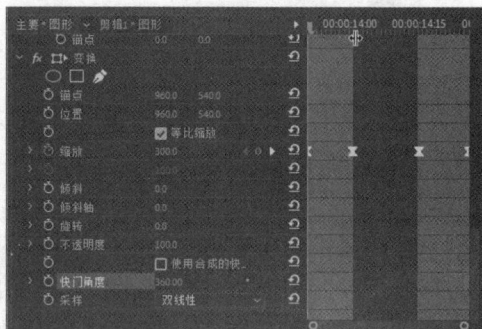

（7）为文本剪辑添加"VR发光"效果，在"效果控件"面板中启用"VR发光"效果中的"亮度阈值""发光半径""发光亮度"动画，添加3个关键帧，分别设置第1个和第3个关键帧的"亮度阈值"为1.00，"发光半径"为0，"发光亮度"为0.00；设置第2个关键帧的"亮度阈值"为0.00，"发光半径"为180，"发光亮度"为5.00，第2个关键帧的"VR发光"效果如图8-121所示。

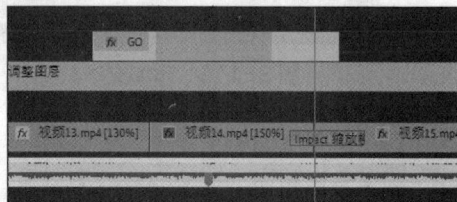

（8）在序列中根据需要调整文本剪辑的长度和位置，如图8-122所示。

图8-121　设置第2个关键帧的"VR发光"效果　　　图8-122　调整文本剪辑的长度和位置

（9）在"节目"面板中预览文字动画效果，如图8-123所示。

图8-123　预览文字动画效果

8.3.8　导出视频

下面将在Premiere CC 2019中编辑完成的视频导出，在导出时可以根据需要设置视频格式、比特率等参数，具体操作方法如下。

（1）视频编辑完成后，在"节目"面板中预览整体效果，在背景音乐的结尾添加"指数淡化"音频过渡效果，如图 8-124 所示。

（2）在时间轴面板中选中要导出的序列，单击"文件"｜"导出"｜"媒体"命令，弹出"导出设置"对话框，在"格式"下拉列表框中选择"H.264"选项，如图 8-125 所示。

图 8-124 添加"指数淡化"音频过渡效果

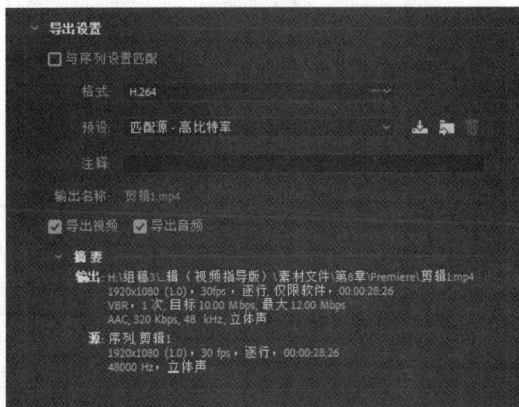

图 8-125 选择导出格式

（3）单击"输出名称"选项右侧的文件名超链接，在弹出的"另存为"对话框中选择导出位置，输入文件名，然后单击"保存"按钮，如图 8-126 所示。

（4）返回"导出设置"对话框，选择"视频"选项卡，调整"目标比特率[Mbps]"参数，对视频大小进行压缩，在下方可以看到"估计文件大小"数值，如图 8-127 所示。设置完成后，单击"导出"按钮，即可导出视频。

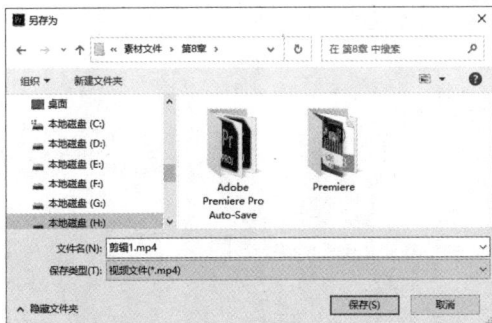

图 8-126 "另存为"对话框

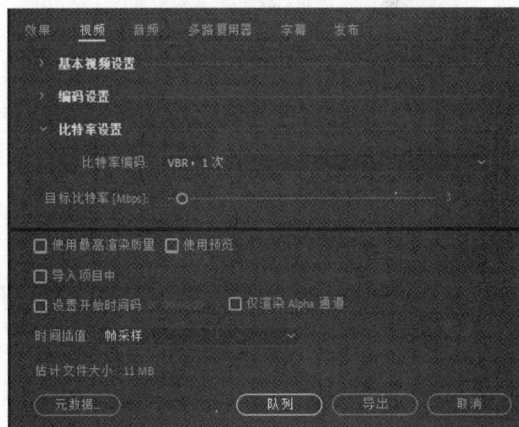

图 8-127 调整"目标比特率[Mbps]"参数

实训案例

打开"素材文件\第 8 章\实训案例"文件夹，其中提供了两组视频素材，使用剪映专业版对"品牌活动"文件夹中的视频素材进行编辑，制作一条活动宣传视频；使用 Premiere CC 2019 对"店铺宣传"文件夹中的视频素材进行编辑，制作一条店铺宣传视频。

课后思考

1. 在剪映专业版中如何对视频进行速度调整？
2. 在剪映专业版中如何为视频添加画面特效？
3. 在 Premiere CC 2019 中如何为视频剪辑添加转场效果？

第 9 章

新媒体 H5 页面设计

知识目标

➢ 了解 H5 页面的类型和展示形式。

➢ 了解 H5 页面设计的原则和技巧。

➢ 掌握 H5 页面的设计方法。

能力目标

➢ 能够根据需要选择合适的 H5 页面展示形式。

➢ 能够使用易企秀设计完整的 H5 页面。

素养目标

➢ 培养创意思维，敢于打破思维定势寻找创意思路。

➢ 坚持以用户为中心，注重用户体验，站在用户的角度思考问题。

H5 是由 HTML5 简化而来的词汇，其设计目的是为了在移动设备上展示多媒体内容。与传统广告媒介相比，H5 页面具有开发周期短、传播范围广、传播速度快、开发成本小、形式丰富等优势，因此 H5 页面已经成为如今新媒体营销的首要选择。本章将介绍新媒体 H5 页面设计的相关知识。

9.1 了解 H5

H5 是 HTML5 的简称，也指用 H5 语言制作的一切数字产品。H5 之所以能够引发广泛关注，根本原因在于它为下一代互联网提供了全新的框架和平台，包括提供免插件的音频或视频、图像动画、本体存储及更多炫酷且重要的功能，并使这些应用标准化和开放化。

H5 最显著的优势在于其跨平台性，用 H5 搭建的站点与应用可以兼容 PC 端与移动端。它可以轻易地移植到各种不同的开放平台与应用平台上，这种强大的兼容性可以显著降低站点与应用的开发与运营成本，让企业特别是创业者获得更多的发展机遇。

此外，H5 的本地存储特性也给用户带来了更多的便利性。基于 H5 开发的轻应用比本地 App 拥有更短的启动时间和更快的联网速度，而且无须下载占用存储空间，特别适合手机等移动终端。H5 让开发者无须依赖第三方浏览器插件即可创建高级图形、版式、动画及过渡效果，这也能让用户用较少的流量就可以享受到炫酷的视觉与听觉效果。

9.2 H5 页面设计基础

H5 页面通过简单明了的文字介绍、炫酷的动画及图片拼接，并搭配背景音乐和视频的形式，将营销内容以一种合理、有趣的方式来进行推广。由于其营销效果显著，传播方便，H5 页面已经成为众多企业开展营销推广活动的首选方式之一。

9.2.1 H5 页面的类型

H5 页面是针对移动端的一种营销推广方式，从 H5 页面的功能与设计目的来看，H5 页面主要有以下几种类型。

1. 活动运营型

活动运营型 H5 页面是为进行活动推广而专门设计的（见图 9-1），是一种常见的 H5 页面类型，其展示形式包括游戏、贺卡、邀请函和测试题等。与传统的静态广告图片相比，活动运营型 H5 页面具有更强的互动性、话题性和吸引力，更利于吸引用户进行分享传播。

图 9-1 活动运营型 H5 页面

2. 品牌宣传型

活动运营型 H5 页面讲究活动推广的时效性,而品牌宣传型 H5 页面则相当于一个品牌的微型官网,其主要作用是塑造品牌形象,向用户传达品牌理念。在设计品牌宣传型 H5 页面时,要使用与品牌气质相符合的视觉语言,给用户留下深刻的印象。

图 9-2 所示为伊利牛奶为宣传纸盒回收计划推出的环保主题"一个奶盒的五行之旅"H5 页面,其将伊利牛奶包装盒的资源回收再利用技术与传统五行结合,让用户了解牛奶盒是怎样变成生活用品的,宣传企业保护环境的品牌理念和社会责任感,增强用户对品牌的好感。

图 9-2 "一个奶盒的五行之旅"H5 页面

3. 产品介绍型

产品介绍型 H5 页面主要用于介绍产品的功能,利用 H5 页面形成的互动效果全面、形象地展示产品的特性,以刺激用户的购买兴趣。图 9-3 所示为一汽丰田对旗下"放"系列四种车型进行详细介绍的"放·自由我"H5 页面,用户在移动端点击和滑动即可查看各个车型在外观、空间、内饰、人性化设计、智行互联、安全、驾驶、车主说等方面的大图介绍和文字解析。

图 9-3 "放·自由我"H5 页面

4．总结报告型

近几年，年度使用报告是各大平台常见的 H5 玩法，通过互动式体验将原本枯燥乏味的总结报告变得生动有趣，并且让用户觉得这样的总结报告与自己息息相关。图 9-4 所示为小红书推出的一份用户使用报告，该 H5 页面用"数据+场景+内容"的方式，让用户在回顾中丈量自己的使用足迹，最终形成自身独特的小红书形象标签。

图 9-4 "小红书之城，我的足迹报告"H5 页面

5．职位招聘型

为了更好地展示自己的企业文化，很多企业会将职位招聘广告做成 H5 页面，并将其分享到微信、微博、QQ 等平台。求职者可以在 H5 页面一键填写个人信息，同时企业还可以对相关招聘数据进行实时监控。

6．教学教程型

一些步骤式的教学教程，非常适合采用 H5 翻页的形式来展现。一页展示一个步骤，通过滑动页面的交互形式，让用户加深对教程步骤的认识和理解，进而达到良好的学习效果。

9.2.2 H5 页面的展示形式

明确了 H5 页面的功能目标之后，新媒体编辑在设计 H5 页面的展示形式时还需要考虑 H5 页面的具体应用场景和传播对象。新媒体编辑应当从用户的角度来思考用户最想看、最愿意分享的页面是什么样的。下面将介绍几种常见的 H5 页面的展示形式。

1．简单图文式

简单图文式是典型的 H5 页面展示形式。其中，"图"可以是插画、漫画、照片、GIF 图等多种形式，"文"是标题与文字。简单图文式的 H5 页面通过翻页、滑动页面、点击页面等简单的交互操作，让页面产生类似幻灯片的显示效果，如图 9-5 所示。

图 9-5　简单图文式 H5 页面

2．礼物、贺卡、邀请函式

礼物式、贺卡式（见图 9-6）、邀请函式（见图 9-7）的 H5 页面抓住了用户喜欢收到礼物的这一心理，通过给用户制造好感来潜移默化地达到宣传产品与品牌的目的。

图 9-6　贺卡式 H5 页面　　　　图 9-7　邀请函式 H5 页面

3．问答、评分、测试式

问答、评分、测试式的 H5 页面利用用户的求知欲和探索欲，吸引用户不断关注页面中的信息，以寻找最终的答案。这类 H5 页面要求文案主线逻辑清晰，页面视觉效果出众，问题有趣。

图 9-8 所示为喜马拉雅平台在第 22 个世界睡眠日推出的"测一测你的夜猫子类型"H5 页面，用户可以在线测试自己属于哪种类型的夜猫子，获得自己专属的"夜猫子身份"。

4．视频、动画式

视频、动画式的 H5 页面以全屏视频或动画为主，大多通过讲述故事来吸引用户的注意力，用户对 H5 页面的体验不会被轻易中断，而且能够展现一些 H5 页面实现不了的特效，结合音乐和音效使用户全身心沉浸其中。整个 H5 页面播放过程几乎没有交互，或者只使用简单的交互（如点击按钮后继续播放），当故事进入尾声时会出现一屏广告画面。

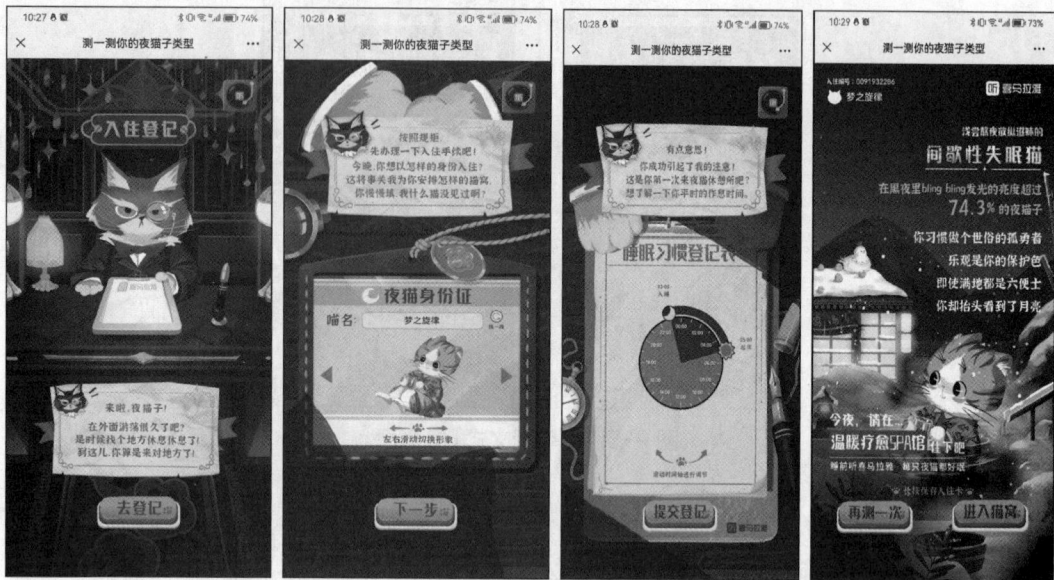

图 9-8　测试式 H5 页面

5. 全景、VR 式

随着 H5 技术的发展与成熟，全景、VR 式的 H5 页面已经成为行业流行趋势之一。用户可以滑动手机屏幕或移动手机，查看上下左右 360° 的画面，这种互动能让用户的视角更大，更有身临其境的体验。

9.2.3　H5 页面设计的原则

为了给用户打造良好的视觉体验，新媒体编辑在进行 H5 页面设计时应遵守以下原则。

1. 页面内容要有条理性

无论 H5 页面中包含的内容有多少，都要按照一定的顺序进行展示，做到"一个页面只讲一件事"。如果一个页面中包含的信息量太大，就会增加用户的阅读负担。因此，在设计 H5 页面时，要先对页面内容做一个整体的规划，分清页面内容的主次、并列等关系，将页面内容有条理地展示出来。

2. 页面内容要精简

现在是信息碎片化时代，一般情况下用户更倾向于浏览简洁易记的内容。因此，H5 页面中所包含的内容要精简，挑选最精准、最核心的内容进行展示，其他次要或多余的内容可以去除。此外，为了更好地帮助用户理解页面内容，可以设置一些概括性的标题提升页面内容的条理性和简洁性。

3. 少使用虚拟元素

虚拟元素是指向用户解释关于页面内容的信息或操作该内容的提示。在 H5 页面中添加这些虚拟元素往往会造成页面空间的浪费，使有效内容的展示区域减少，进而影响用户的阅读体验。若有些虚拟元素是不可缺少的，可以将其简化，或者将其设置为隐藏状态。

4. 提高页面加载速度

如果用户打开 H5 页面花费的时间过长，往往会导致一部分用户因缺乏耐心而直接关闭页面，所以要保证 H5 页面的加载速度。在设计 H5 页面时，可以通过减少页面数量、合理添加图片及精简信息等方式来提高 H5 页面的加载速度。

9.2.4　H5 页面设计的技巧

当下是眼球经济的时代，只有极具吸引力的 H5 页面才更容易吸引用户的注意力。在设计 H5 页面时，新媒体编辑可以运用以下技巧来提升 H5 页面的吸引力。

1. 信息情景化、故事化

H5 页面实际上是一种承载和传达信息的工具，将信息情景化、故事化是让信息得以更快、更好地传播的有效方式。因此，在设计 H5 页面时，可以将信息融入一定的故事情景中，最好是多数人都经历过的情景，这样才能让用户从中找到熟悉感并感同身受，进而唤起其发自内心的认同感，使用户更乐意接受 H5 页面所传达的信息。

图 9-9 所示为网易云音乐推出的"父亲的老相册——播客种草机"H5 页面，以翻开父亲相册的方式回顾父亲的记忆，每一页都是一篇简短的日记、一张照片和播客推荐，在父亲节当天获得了大量网易云音乐用户的点赞、转发和评论。

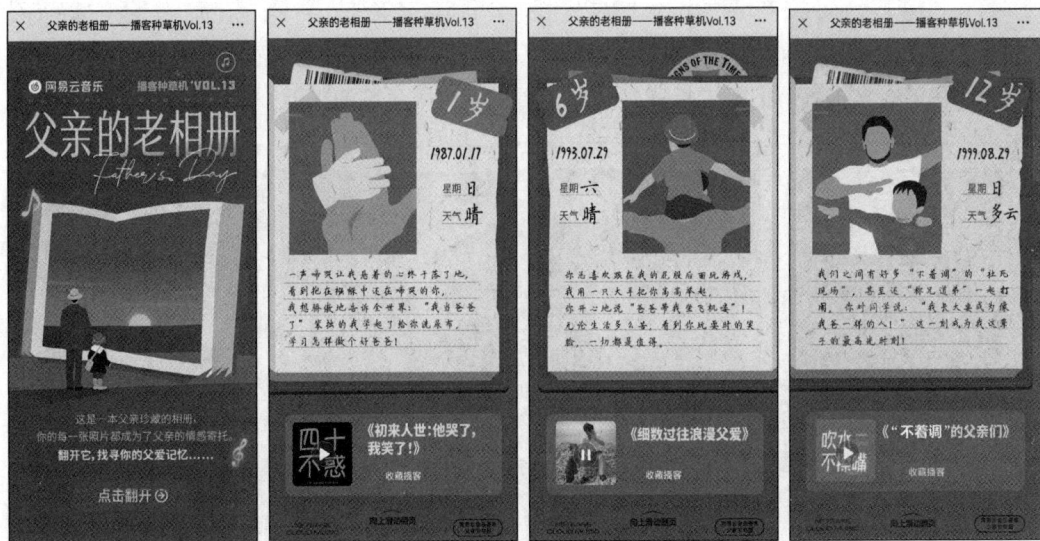

图 9-9　"父亲的老相册——播客种草机"H5 页面

2. 增强互动性

在 H5 页面加入互动机制，能让用户在充满趣味的氛围中深入地感知与体验 H5 页面所宣传的产品，进而提升其对产品的认知。

图 9-10 所示为阅文和国家图书馆推出的"阅字如愿"H5 页面，这个 H5 页面让用户采用第一视角乘坐一叶扁舟，泛舟于古文字长河中。从开屏动画，到场景选择，再到最后结果页的呈现，整个 H5 页面都融入了丰富的甲骨文和国风元素，让人仿佛置身于远古时代，沉浸式感受象形文字的魅力。

图 9-10 "阅字如愿"H5 页面

3. 增加参与感

让用户深入了解产品的一种有效方法是让其切实地参与产品的设计与生产，所以能让用户产生参与感的 H5 页面更容易获得他们的喜爱。在设计 H5 页面时，新媒体编辑可以根据产品本身的特性和用户的喜好设置参与机制。

图 9-11 所示为小米商城推出的"360°探索 Redmi K30 Pro"H5 页面，一台立体的手机在屏幕中央，用户可以拖动屏幕 360°旋转观看，可以为手机配置不同颜色的外观，查看摄像头配置，还可以点击屏幕把手机拆开，全景查看各个机械层面的配置。

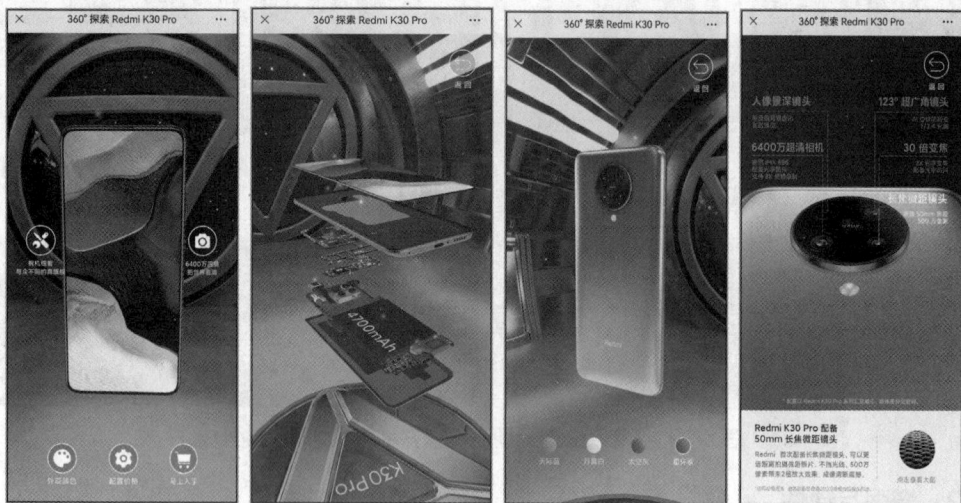

图 9-11 "360°探索 Redmi K30 Pro"H5 页面

4. 借势营销，增强话题性

想让 H5 页面迅速爆红，就要第一时间抓住当前热点并借机进行品牌宣传。图 9-12 所示为科普中国推出的"流言之书"H5 页面，它将生活中热度高的伪科学说法一网打尽，传播正确的科学知识和应该养成的生活习惯。

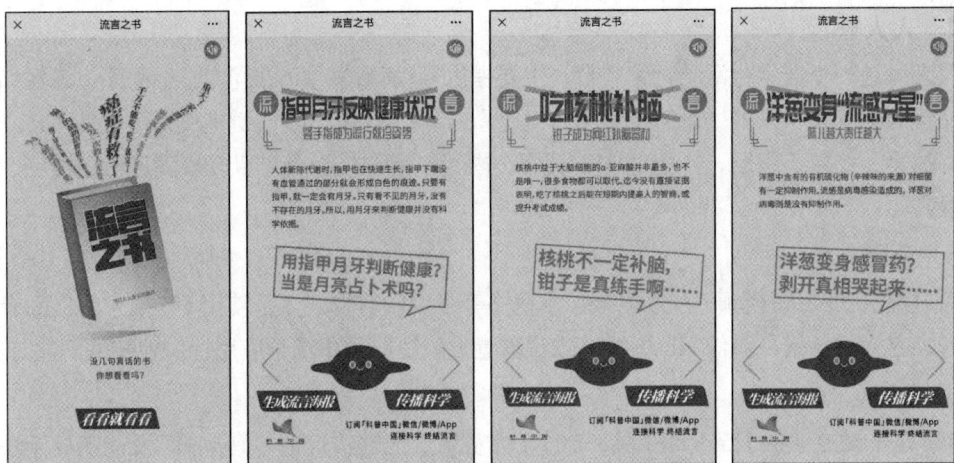

图 9-12 "流言之书" H5 页面

9.3 H5 页面设计

当前，H5 页面所带来的惊艳展示效果越来越受用户的欢迎。随着诸多 H5 页面设计工具的不断涌现，H5 页面的设计变得越来越简单。

9.3.1 常用的 H5 页面设计工具

以前人们若既不懂设计又不懂代码，设计 H5 页面非常困难。随着 H5 页面设计工具的不断推出，这个问题已经得到解决。人们借助各类 H5 设计工具，通过修改模板就可以快速设计出符合自己需求的 H5 页面。下面介绍几款比较常用的 H5 页面设计工具。

1. 易企秀

易企秀是一个基于智能内容创意设计的数字化营销软件，主要提供 H5 创景、海报图片、营销长页、问卷表单、互动抽奖小游戏和特效视频等各式内容的在线设计，且支持 PC、App、小程序、WAP 多端使用，用户可以根据自己的需要进行创意设计，并快速分享到社交媒体平台开展营销活动。

2. MAKA

MAKA 是一个集在线设计、活动营销于一身的全平台工具，用户可以使用 MAKA 轻松设计 H5、海报、视频等类型的作品，以及策划报名预约、接力、在线投票、抽奖、趣味答题、收款、拼团等活动。MAKA 还支持分渠道数据统计和社交关系传播贡献分析，帮助用户高效地进行裂变管理和渠道激励。

3. 秀米

秀米是一款微信公众号图文编辑工具，也可以在线设计 H5 页面。秀米 H5 是针对于移动端的一种营销应用方式，可以设计集文字、图片、音乐等信息形式于一身的展示页面，非常适合在移动端传播。使用秀米 H5 可以制作固定页 H5、长页 H5 及合集 H5，其中长页 H5 还可以与秀米图文互通。

4. 人人秀

人人秀是一个数字化活动营销中台，主要提供互动营销、H5、问卷、小程序、海报和画册的产品营销矩阵和丰富的场景解决方案。人人秀的 H5 设计工具，一键拖曳即可设计 VR、游戏、投票、抽奖、红包、答题、拼团等 H5 页面，内置丰富的模板，可以轻松满足活动推广、公司招聘等需要。

5. 兔展

兔展提供 H5、短视频、互动游戏、小程序等多种内容形式，是使用 H5 技术的全面专业生产平台，它为微场景、微信 H5 页面、微信邀请函、短视频和场景应用提供独特的解决方案。

6. iH5

iH5 是一款专业的 H5 设计工具，功能非常强大，能够实现很多其他 H5 设计工具无法实现的功能。作为一款基于云端的网页交互设计工具，用户在无须编码的前提下，通过对多媒体元素的拖拉、排放、设置等可视化的操作，实现在线编辑功能。

9.3.2　使用易企秀设计 H5 页面

微课视频

下面以易企秀为例，设计一个展会活动宣传的 H5 页面，具体操作方法如下。

（1）打开"易企秀"网站并登录账号，在搜索框左侧选择"H5"类别，然后输入关键词，在此输入"开幕"，然后单击"搜索"按钮 🔍，如图 9-13 所示。

使用易企秀设计
H5 页面-1

图 9-13　搜索 H5 页面模板

（2）在搜索结果列表中选择所需的 H5 页面模板，如图 9-14 所示。

图 9-14　选择 H5 页面模板

（3）在打开的页面中预览模板中各页面的效果，选择所需的"版权保障"选项，在此选择"非商用"选项，然后单击"免费制作"按钮，如图 9-15 所示。

图 9-15　单击"免费制作"按钮

（4）进入易企秀 H5 编辑器页面，中间区域为编辑区，左侧为模板和素材区，上方为组件栏，右侧为工具栏和页面管理区域。在左侧单击"我的"按钮，单击"本地上传"按钮，上传设计 H5 页面要用到的图片素材，在编辑区双击文本，根据需要修改文字，如图 9-16 所示。

图 9-16　上传图片素材并修改文字

（5）在页面中选中图片并双击，弹出"图片库"对话框，在左侧选择"我的图片"选项，在右侧选择图片进行替换，如图 9-17 所示。

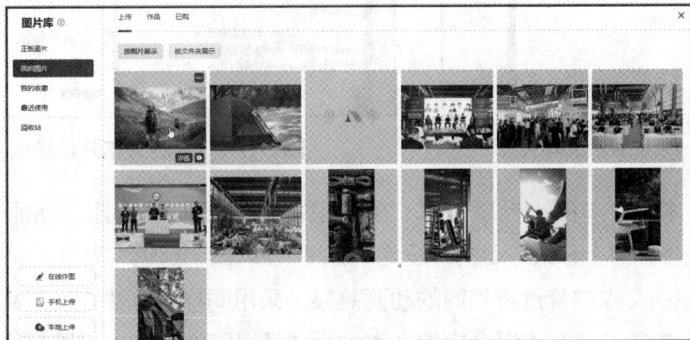

图 9-17　选择图片进行替换

（6）此时，即可替换原有图片。选中图片，在"组件设置"面板可以对图片进行样式、动画、触发等设置，在此对图片进行裁切，如图9-18所示。

（7）在右侧"页面管理"选项卡中选择第2页，双击页面名称并对其进行修改。在编辑区替换图片和文字。选中文本，在"组件设置"面板中选择"动画"选项卡，设置动画的"时间"和"延迟"时长，如图9-19所示。

图9-18　裁切图片

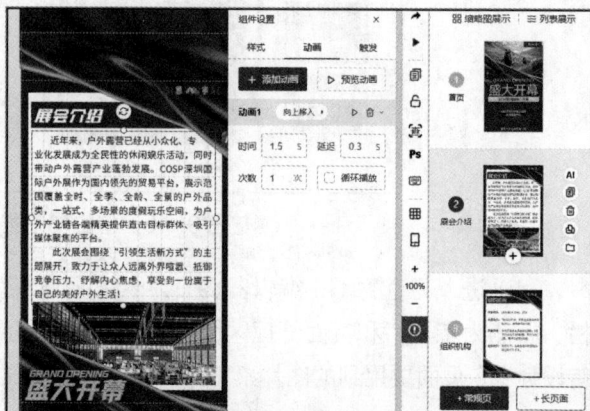

图9-19　设置动画的"时间"和"延迟"时长

（8）在"页面管理"选项卡中选择第3页，删除多余的文本元素，编辑小标题和内容文本。按住【Ctrl】键的同时选中小标题和内容文本并用鼠标右键，选择"组合"命令，组合两个文本元素，如图9-20所示。

（9）复制文本组合，并根据需要修改文字。选中文本内容，在"组件设置"面板中单击"行间距"按钮，拖动滑块调整"行间距"参数为1.5，如图9-21所示。

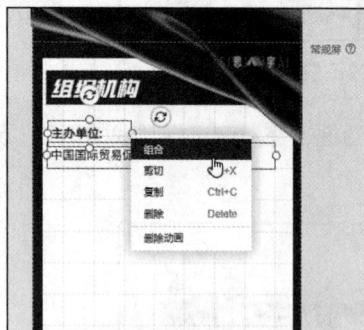

图9-20　组合文本元素

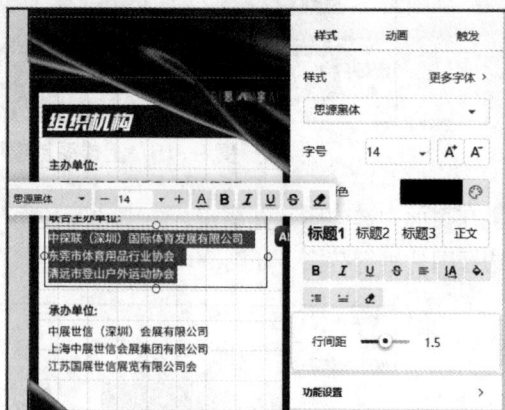

图9-21　复制文本并设置格式

（10）选中文本组合中的小标题文本，在"组件设置"面板中选择"动画"选项卡，在"动画1"选项区中选择"向上移入"动画，设置"时间"为1s，"延迟"为0.3s，如图9-22所示，然后为文本组合中的文本内容设置相同的动画效果。采用同样的方法，设置其他两个文本组合中的文本动画，设置第2个文本组合中的文本动画"延迟"为0.4s，设置第3个文本组合中的文本动画"延迟"为0.5s，这样可以使3个文本组合逐个出现。

（11）在"页面管理"选项卡中单击第 3 页右侧的"复制当前页面"按钮▣，复制本页为第 4 页，并修改页面名称为"展品范围"，如图 9-23 所示。

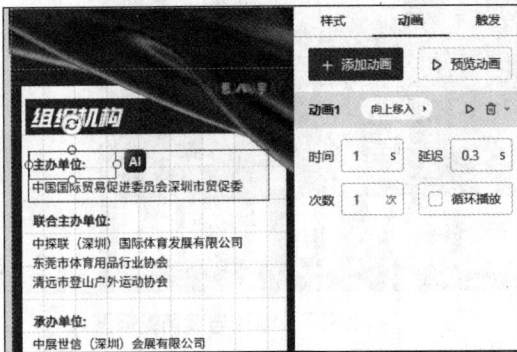

图 9-22　设置文本动画

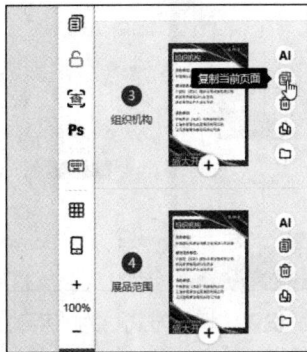

图 9-23　复制页面并修改页面名称

（12）在第 4 页中删除文本内容，在上方单击"组件"按钮▦，在弹出的列表中选择"轮播图"组件，如图 9-24 所示。

（13）此时即可在第 4 页的页面中插入"轮播图"组件，调整组件的大小和位置，在"组件设置"面板中选择"洗牌"轮播图风格，如图 9-25 所示。

图 9-24　选择"轮播图"组件

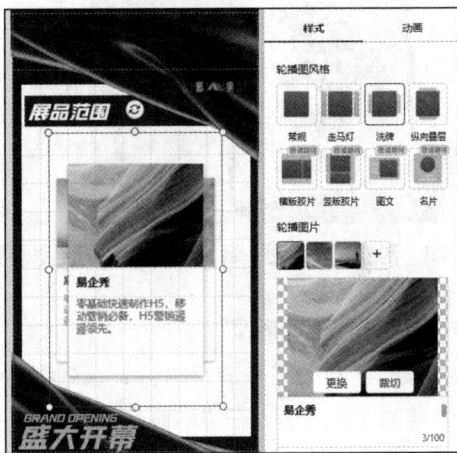

图 9-25　选择"洗牌"轮播图风格

（14）关闭组件"描述"功能，设置"切换方式"为"手动"，如图 9-26 所示。

（15）在"组件设置"面板中选择轮播图片，单击"更换"按钮，在弹出的对话框中选择图片进行更换，然后在弹出的"轮播图裁切"对话框中选择"自定义"裁切比例，拖动裁切框裁切图片，然后添加其他轮播图片并进行裁切，单击"确定"按钮，如图 9-27 所示。

（16）在"组件设置"面板中设置各轮播图片标题，然后用鼠标右键单击"轮播图"组件，在弹出的快捷菜单中多次单击"下移"按钮，调整"轮播图"组件在页面中的层叠顺序，使其位于红色绸缎图片的下层，如图 9-28 所示。

（17）在"组件设置"面板中选择"动画"选项卡，在"动画 1"选项区中选择"中心放大"动画，设置"时间"为 1.2s，"延迟"为 0.3s，如图 9-29 所示。

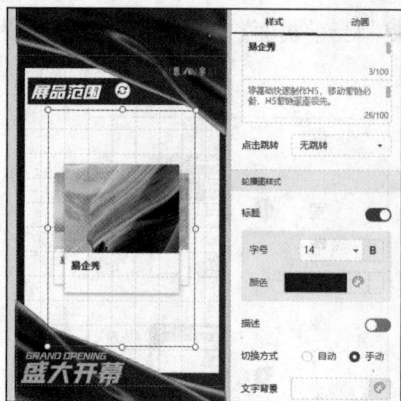

图 9-26　设置"切换方式"为"手动"

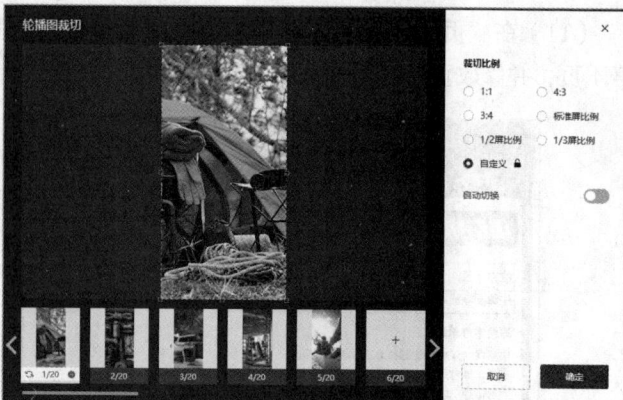

图 9-27　添加与裁切轮播图片

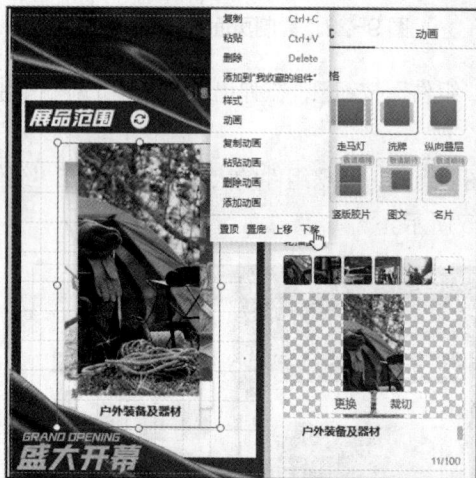

图 9-28　调整"轮播图"组件在页面中的层叠顺序

图 9-29　设置"中心放大"动画

（18）在"页面管理"选项卡中选择第 5 页，删除多余元素，在页面中插入图片、形状和文本并进行组合。选中组合中的图片，在"组件设置"面板中选择"动画"选项卡，在"动画 1"选项区中选择"向上移入"动画，设置"时间"为 1.2s，"延迟"为 0.2s，如图 9-30 所示。

微课视频

使用易企秀设计
H5 页面-2

图 9-30　设置"向上移入"动画

（19）用鼠标右键单击组合中的图片，选择"复制动画"命令，然后选中形状并单击鼠标右键，选择"粘贴动画"命令，使其具有与图片相同的动画效果，如图 9-31 所示，采用同样的方法将"向上移入"动画粘贴到文本上。

（20）将组合复制一个，并调整大小和位置，根据需要更换图片和文本。选中组合中的图片，调整动画"延迟"为 0.3s，使其比上一个组合的动画晚 0.1s，如图 9-32 所示。采用同样的方法，修改第 2 个组合中的形状与文本动画。

图 9-31　复制与粘贴动画

图 9-32　修改图片的动画

（21）根据需要继续设计其他 H5 页面，效果如图 9-33 所示。

图 9-33　设计其他 H5 页面

（22）在页面上方单击"2 个版权风险"按钮，然后单击字体右侧的"去替换"超链接，如图 9-34 所示。

（23）在弹出的对话框中单击"一键替换"按钮，替换有版权风险的字体，如图 9-35 所示。采用同样的方法，替换有版权风险的音乐。

图 9-34　单击"去替换"超链接

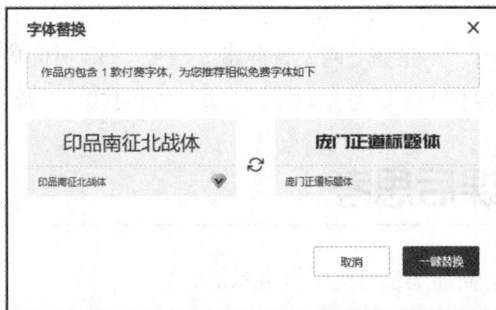

图 9-35　单击"一键替换"按钮

（24）单击页面右上方的"预览和设置"按钮，在弹出的对话框中进行分享设置，如更换封面、输入标题和描述，然后单击"发布"按钮，如图9-36所示。

图9-36　分享设置

（25）在打开的页面中稍等片刻，待审核完毕后即可成功发布H5页面，用户可以利用二维码、海报、复制链接等方式将该H5页面分享出去（见图9-37），也可以使用易企秀提供的"作品分发"功能进行智能分发。

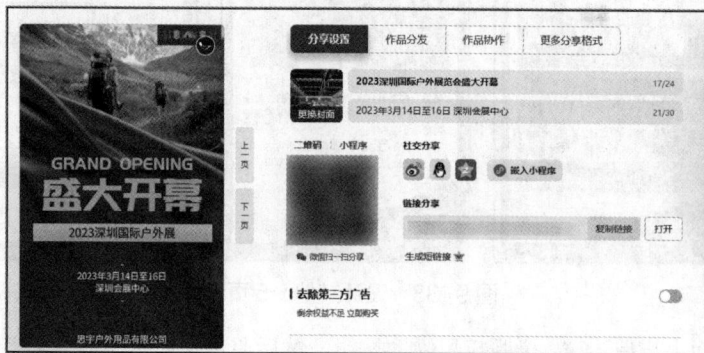

图9-37　分享设置

实训案例

打开"易企秀"网站，搜索"科普"H5页面模板，选择一个合适的模板设计一个生活技能的科普宣传H5页面，如垃圾分类、健康饮食、旅行攻略等，设计完成后将其分享给好友。

课后思考

1. 简述H5的类型与展示形式。
2. 简述H5页面的设计原则和技巧。